乌海历史文化研究文集

内蒙古自治区文物考古研究院
乌海博物馆
编

科学出版社
北京

内 容 简 介

《乌海历史文化研究文集》一书由内蒙古自治区文物考古研究院和乌海博物馆组织编写，本书内容精炼，史料翔实，脉络清晰，图文并茂，融史料性、知识性、学术性、创新性、生动性、可读性于一体，是一本内容丰富、观点新颖的学术论集。全书共收录文章20篇，分别从不同视角切入，从不同对象入手展开研究，对乌海地方历史与文化的传承和创新进行了多维度、多学科的全面探讨，其中不乏富于新见解与厚重学术分量者，具有鲜明的地域特色。

本书可供历史、考古、文物、博物馆专业的师生、研究人员和文博爱好者阅读、参考。

图书在版编目（CIP）数据

乌海历史文化研究文集 / 内蒙古自治区文物考古研究院，乌海博物馆编. —北京：科学出版社，2021.12

ISBN 978-7-03-071089-5

Ⅰ. ①乌… Ⅱ. ①内… ②乌… Ⅲ. ①文化史—乌海—文集 Ⅳ. ①K292.63-53

中国版本图书馆CIP数据核字（2021）第263409号

责任编辑：王琳玮 / 责任校对：邹慧卿
责任印制：肖 兴 / 封面设计：陈 敬

科学出版社 出版
北京东黄城根北街16号
邮政编码：100717
http: //www.sciencep.com

中国科学院印刷厂 印刷

科学出版社发行 各地新华书店经销

*

2021年12月第 一 版 开本：889×1194 1/16
2021年12月第一次印刷 印张：10 插页：16
字数：256 000

定价：218.00 元

（如有印装质量问题，我社负责调换）

《乌海历史文化研究文集》编辑委员会

乌海：农牧交融的历史映照（代序）

自公元前一千纪以来，主要从事游牧业的人群从蒙古高原源源不断地南下，而主要从事农业的人群则源源不断地从中原腹地北上，二者在黄河几字弯、阴山山脉、贺兰山一带相遇，使此地形成了一个农牧交融地带，这里就是河套。

大河套的范围，西抵贺兰山，北至阴山山脉，东部囊括乌兰察布丘陵区西部，南至明长城，中间包含的是几字形的黄河。西面的贺兰山，与北流黄河之间形成宁夏平原，又称西套。北面的阴山山脉，古代分为阴山、阳山两个山系，阴山为今天的大青山—乌拉山山系，阳山为今天的大青山—狼山山系。其中，大青山—乌拉山山系以南、东流黄河以北、南流黄河以东地区为包头平原、呼和浩特平原，又称前套；大青山—狼山山系以南、东流黄河以北地区为后套平原。黄河几字弯内侧，则是鄂尔多斯高原。

乌海位于鄂尔多斯高原西北一隅，黄河自南向北由此切割而过，将乌海分为河东、河西两个地理单元。河东的山地属于贺兰山余脉，河西有宁夏与乌海交界的石嘴子，为历史上的蒙古、西夏发生重要战事的克夷门所在，由石嘴子向北出宁夏平原，进入乌兰布和沙漠。

回溯历史，处于贺兰山、宁夏平原、鄂尔多斯高原、北流黄河、后套平原交会处的乌海，像一面透明的镜子映照出这一地区自古以来农牧交融的景象。

约6800年前，来自中原腹地的新石器时代仰韶文化的农人陆陆续续进入河套地区安营扎寨。仰韶文化人群使用彩陶与磨制石器，从事定居的原始农业，配合渔猎、采集等，他们活动的最西北界就在今天乌海一带。仰韶文化人群在河套地区大约生活了2000年。

进入青铜时代以后，阴山—贺兰山地区生活的人群，遗留下来的文化遗存主要有石构墓、岩画两类。从岩画反映的内容来看，这些人群最初以狩猎为主业，而且处于一种游动性狩猎的状态，大约自公元前1000年开始逐步转化为游牧人。对于后来的游牧民族而言，狩猎业在其日常生活中仍然占有极大比重。阴山—贺兰山的山地之间，可见大量的石构墓遗迹；而阴山—贺兰山的山地之上，遍布岩画。这些青铜时代的人群在汉籍史料中被统称为戎狄。戎狄先民创造的阴山—贺兰山岩画，是我国古代艺术宝库中一颗璀璨的明珠。这些原始图案没有发展成为文字，而没有文字也一直是后来的匈奴、鲜卑等游牧民族心中深深的痛楚。于是，“纸笔驯铁骑”长期成为中原农耕民族与北方游牧民族融合的历史主流。

进入历史时期以后，秦汉王朝、唐朝的首都皆在今天的陕西关中地区，河套作为国家正北疆，战略地位十分重要。秦朝、西汉皆在阴山山脉一线修筑有防御游牧民族的长城，唐朝则修筑了大量军镇，最为著名的是三受降城；到了明代，首都定在北京，河套地位下降，最终为明朝放弃，成为蒙古部落的驻牧地。

位于黄河与桌子山之间的乌海，有山地，有平原，有河流，宜于游牧民族生存，小部分地区也适合农业开垦，是历史上农耕的西北界。今天，这一地区的农村，依然多是一种农牧混合的经济类型，河谷侧谷物茂盛，山坡上羊群缓缓移动，象形般阐述着人群的由来。

中华人民共和国成立以来，乌海发展成为塞上闻名的煤炭工业城市。今天，处于经济转型期的乌海，如何走好以生态优先、绿色发展为导向的高质量发展新路，是需要认真思索的问题。

张文平

2021年10月

目　录

梳理、保护、传承乌海黄河历史文化的根脉

王大方
（内蒙古自治区文物学会）

一、引　　言

2019年9月18日，习近平总书记在黄河流域生态保护和高质量发展座谈会上发表重要讲话，指出："黄河文化是中华文明的重要组成部分，是中华民族的根和魂。要推进黄河文化遗产的系统保护，守好老祖宗留给我们的宝贵遗产。要深入挖掘黄河文化蕴含的时代价值，讲好'黄河故事'，延续历史文脉，坚定文化自信，为实现中华民族伟大复兴的中国梦凝聚精神力量。"[1]

内蒙古地处黄河上、中游地区，地理位置独特，在黄河流域具有承上启下的重要地位。在内蒙古，黄河流经全区总里程为830千米，黄河几字弯贯穿内蒙古中西部的呼和浩特市、包头市、巴彦淖尔市、乌兰察布市、鄂尔多斯市、乌海市、阿拉善盟等7个盟市，拥有高原、草原、平原和沙漠等多种地貌景观，草原文化、黄河文化、大窑文化、鄂尔多斯青铜文化、岩画文化在这里交相辉映，铸就了历史悠久、融汇四方、独具特色的内蒙古黄河文化。

二、乌海市黄河文化遗产的梳理与盘点

乌海市位于内蒙古西南部，平均海拔为1150米，东临鄂尔多斯高原，南与宁夏回族自治区石嘴山市隔河相望，西接阿拉善左旗，北靠河套平原。这里是古代游牧民族与农耕民族交往、交流、交融的地区，文化遗产积淀丰厚。因此，储藏量丰富的乌海市文物遗产，是铸牢中华民族共同体意识的宝贵实证。

1. 总体情况

1982年，乌海市文物工作站成立，自此有了文物工作队伍。近40年来，在历届文化局（处）的领导和支持关心下，在内蒙古自治区文物考古部门指导与帮助下，有效地开展了乌海市境内的文物保护、文物调查、考古勘探、岩画保护与文物科学研究、博物馆展览工作。

［1］习近平：《在黄河流域生态保护和高质量发展座谈会上的讲话》，《习近平谈治国理政》（第三卷），外文出版社，2020年，379页。

据2020年统计，乌海市登记在册的不可移动文物点为41处。按照其类别，共分为古遗址22处，古墓葬8处，古建筑1处，石窟寺及石刻4处，近现代重要史迹与代表性建筑实物6处。其中，由国务院公布的全国重点文物保护单位1处（桌子山岩画群），自治区级重点文物保护单位6处（海勃湾遗址、新地城址及周边墓葬群、桌子山秦代长城、明代长城、满巴拉僧庙、巴音陶亥—渡口扬水站）。

此外，乌海地区有注册登记的博物馆、纪念馆5座，拥有馆藏文物7879件（套）。

2. 古城与古墓葬遗址

主要包括秦长城遗址、汉代古城遗址、明代烽火台、马堡店遗址等。1989年6月，内蒙古自治区文物考古研究所会同乌海市文物站对新地古城的汉墓群进行抢救性考古发掘，探明古墓葬24座，发掘12座。发现秦代的墓葬，汉代的半两钱、五铢钱以及铜器、铁器、桦树皮器、漆器、陶器、陶片等重要文物。2020年夏秋之际，为配合包头—银川高速铁路建设工程，内蒙古自治区文物考古研究所会同乌海博物馆这里开展了抢救性考古发掘，清理多处汉代墓葬，出土有陶仓、陶井、陶灶等重要文物。

3. 古代岩画遗产

重点集中在桌子山岩画群、召烧沟岩画、摩尔沟岩画、苏白沟岩画。属于全国重点文物保护单位的桌子山岩画群在国内外具有广泛影响。岩画的拓片曾经在国内外展出。岩画是青铜时代北方民族的艺术珍品，内容多为太阳神等人面像、动物图形、狩猎图、原始符号等。

4. 宗教文化遗产

主要有满巴拉僧庙、拉僧仲庙、卡布其庙、敖包图庙遗址等。其中满巴拉僧庙位于拉僧庙镇所在地，始建于乾隆五十五年（1790年），由第一代贝勒东日布斯仁捐资兴建。

5. 近现代文化遗产

主要有反映乌海地区党组织建设、城市建设、矿山开发建设历史的文化遗产。乌海渡口一级扬水站、巴音陶亥镇二级扬水站现为自治区级重点文物保护单位 。

三、乌海地区文物历史简要回顾

乌海地区历史上属于黄河流域旧石器时代晚期的“河套文化”，以及新石器时代中期的考古文化。在位于乌海市东南海勃湾区发现的海勃湾新石器时代遗址与仰韶文化同时代，说明乌海是黄河流域较早进入新石器时代的地区之一。

桌子山岩画群是乌海地区最具有代表性的文物遗存，是内蒙古草原先民在距今三四千年的时候，在乌海地区创作的古代岩画作品。岩画考古研究表明，这里的岩画是我国北方重要的青铜时代岩画。

包括乌海地区的内蒙古黄河几字弯地区的历史与中华统一多民族国家形成的历史发展同步，是中华各民族交往、交流、交融的历史。据我国最早的典籍《尚书·禹贡》记载，在夏代，黄河几字弯地区属于中华九州之一的冀州地区。

据殷商甲骨文记载，此地属于古代北方游牧民族舌方、鬼方等三十多个方国游牧的地区。我国最古老的诗歌集《诗经》中描写了周朝大臣南仲在朔方筑城的情况。《诗经· 小雅·出车》曰："天子命我，城彼朔方。赫赫南仲，猃狁于襄。"可见，当时黄河几字弯地区是草原文化与黄河文化并存之地；猃狁、北狄等北方部落与商周王朝在这里交流碰撞。

从战国到秦汉时期，中原王朝开始在黄河几字弯地区建立郡县。公元前221年，秦始皇统一全国，设立三十六郡，在黄河几字弯地区设立了北地郡（今鄂尔多斯、乌海地区 ）。为了阻挡匈奴南下，秦朝又在阴山地区修建了秦长城。同时，还在黄河两岸筑城。考古人员在乌海市的桌子山发现有秦长城遗址，在新地古城发现有秦代文物，证明了乌海地区保存有秦代历史文化遗产。

西汉王朝在北方边境地区稳步建设，又增加了定襄、朔方、西河诸郡。在乌海北部的新地古城，据内蒙古自治区文物专家考察，初步认为它是汉代西河郡下辖一座县城的古城遗址，属于汉代的文物遗产。

由于乌海在黄河几字弯地区具有重要的战略地位，古代王朝多在这一地区建筑长城。其中，以乌海凤凰山秦长城、二道坎明长城最有特点，起到了控扼黄河南北的战略作用。

"黄河百害，唯富一套。"黄河母亲为河套地区，尤其是乌海地区带来了富庶与祥和。从秦汉到北魏、隋唐、辽金元、明清、民国直到中华人民共和国，在漫长的历史上，乌海地区一直是黄河几字弯地区与草原丝绸之路上的重镇，拥有丰富的文化遗产。

四、保护、传承乌海黄河文化的根脉与重点文物

为深入贯彻落实习近平总书记《在黄河流域生态保护和高质量发展座谈会上的讲话》中的精神[1]，深入挖掘乌海地区黄河文化所蕴含的时代价值，延续历史文脉，现对乌海地区黄河几字弯地区文化遗产的保护、展示、开发等问题论述如下。

（一）塑造乌海黄河文化的根脉

如何塑造乌海黄河文化的根脉，是保护、传承乌海黄河文化，讲好乌海文物遗产故事的重大课题。

在乌海地区，最具有代表性的文物遗产应当是桌子山岩画群。桌子山岩画群位于乌海市境内桌子山东部，因其山顶平坦、远眺如桌故此得名。其山势雄伟，巍峨壮观，主峰海拔2149.4米。在桌子山的崇山峻岭中，中华古代游牧民族舌方、猃狁、北狄、羌、鲜卑、突厥、党项、蒙古等民族都曾先后在这里生活，他们在与农耕民族交往、交流、交融的历史的进程，创造了灿烂的古代游牧文

[1] 习近平：《在黄河流域生态保护和高质量发展座谈会上的讲话》，《习近平谈治国理政》（第三卷），外文出版社，2020年。

化，遗留在乌海桌子山的岩画是这一历史进程的宝贵见证和珍贵的人文景观。

桌子山岩画的年代是青铜时代，它是我国古代北方游牧民族的文化艺术，特别是人面像岩画，每幅画都是刻磨而成，古朴生动的画面集中反映了古代先民的神灵崇拜、天体崇拜等原始信仰，对研究古代游牧文化史、原始信仰、探索人类文明进程具有十分重要的价值。

桌子山人面像岩画是中国和世界人面像岩画中的精华，具有独特的风格魅力与极高的观赏价值。因此，应当认为乌海桌子山人面像岩画是乌海黄河文化的代表性文物。为此，建议结合内蒙古开展阴山岩画申报世界文化遗产工程，选择召烧沟岩画等珍贵岩画文物，加入内蒙古岩画申遗工程序列。一方面，使乌海岩画在内蒙古岩画申遗序列中占有一席之地；另一方面，积极开展乌海岩画宣传、推介工作，使得作为中国和世界人面像岩画精华的乌海人面像岩画走向全国，走向世界。

同时，可以考虑在岩画保护专家的指导下，研究编制乌海地区"'十四五'岩画遗产保护工程方案"，组织开展岩画保护工程，在岩画加固、复制、拓印与"防风化""防酸雨"等方面，予以探索研究。还应参考借鉴宁夏贺兰山岩画保护、宣传、展示的先进经验，把乌海岩画保护、展示、宣传、旅游工作积极推进一步。

（二）抓住机遇重点保护乌海长城文物遗产

2019年8月20日，习近平总书记在考察甘肃省嘉峪关城楼时指出："长城凝聚了中华民族自强不息的奋斗精神和众志成城、坚韧不屈的爱国情怀，已经成为中华民族的代表性符号和中华文明的重要象征。要做好长城文化价值发掘和文物遗产传承保护工作，弘扬民族精神，为实现中华民族伟大复兴的中国梦凝聚起磅礴力量。"[1]

习近平总书记关于加强长城保护的重要讲话，是我们开展乌海地区长城保护工作的重要指南。2019年1月，文化和旅游部、国家文物局联合印发了《长城保护总体规划》。在保护对象方面，规划明确提出：我国长城保护的重点是秦汉长城和明长城。规划同时明确了对于各级长城保护规划实施情况的时间要求：第一轮定期监测及评估，于2021年6月30日前完成；2021年以后，至少每5年对各级长城保护规划中远期目标实施情况进行定期监测及评估。

乌海的秦汉长城和明长城在全国很有影响。特别是凤凰山秦长城、二道坎明长城最有特点。它们雄踞大漠，控扼黄河南北，战略地位显赫，均为内蒙古自治区重点文物保护单位，应当纳入国家《长城保护总体规划》。

为大力宣传、贯彻习近平总书记的关于加强长城保护的重要讲话精神[2]，建议乌海地区抓住宝贵机遇，按照国家《长城保护总体规划》要求，组织团队、编制方案，重点开展乌海秦汉、明代长城的保护、规划、展示、利用工作，争取列入国家"'十四五'秦汉、明长城保护工程项目"中。

---

［1］《习近平在甘肃考察时强调 坚定信心开拓创新真抓实干 团结一心开创富民兴陇新局面》，《光明日报》2019年8月23日第1版。

［2］《习近平在甘肃考察时强调 坚定信心开拓创新真抓实干 团结一心开创富民兴陇新局面》，《光明日报》2019年8月23日第1版。

五、此次考察乌海黄河文化遗产的收获

通过此次重点考察，我们进一步加深了对乌海历史文化遗产的认识。乌海有“秤砣虽小压千斤，水路旱路大交通”的分量与位置；乌海作为内蒙古自治区的地级市，不但拥有河流、高原、山川和沙漠等多种地貌景观，而且有丰富的历史文化底蕴与文物古迹。乌海地区宝贵的文物遗产，是中华各族人民长期交往、交流、交融的宝贵实证，也是乌海地区各族人民宝贵的财富。

2020年9月28日，习近平总书记在主持中央政治局第二十三次集体学习时强调：“要通过深入学习历史，加强考古成果和历史研究成果的传播，教育引导广大干部群众特别是青少年认识中华文明起源和发展的历史脉络，认识中华文明取得的灿烂成就，认识中华文明对人类文明的重大贡献，不断增强民族凝聚力、民族自豪感。”[1]

我们要深入学习贯彻落实习近平总书记关于考古工作的重要指示精神，努力为加强乌海地区的考古工作献计献策。这次来乌海考察的各位专家来自北京、呼和浩特、鄂尔多斯、包头、乌海等地的大学、科研院所、博物馆，涉猎诸多领域。可以说是文物考古、历史学研究学术领域的“国家队”“内蒙古队”“地区队”共聚一堂。大家在一起以学术民主的精神研讨，氛围热烈、探讨深入，堪称历史学术研究与地方文化建设的“乌海模式”。

令人欣慰的是，在会议考察期间，这种模式已经产生了初步成果。中国人民大学、内蒙古自治区文物考古研究院、乌海博物馆经过商洽，准备在乌海岩画保护和研究方面共同建设一个岩画研究与考古结合的工作站值得大家学习。为促进乌海历史文化遗产的保护与研究工作，特提出以下五点建议。

（1）建议各位专家学者今后继续积极支持乌海地区黄河流域历史遗产保护、研究、宣传、利用工作，帮助推进乌海桌子山岩画群。乌海地区秦汉及明代长城、新地古城、古墓群遗址、乌海黄河古渡口、拉僧庙古建筑、乌海革命文物、近现代工业遗产文物等众多文化遗产的保护、宣传、利用工作。

（2）建议乌海市深入贯彻落实内蒙古自治区党委办公厅、自治区人民政府办公厅《关于加强文物保护利用改革的实施意见》（内党办发〔2020〕9号文件），考虑组建“乌海地区文化遗产保护专家智库”，建设“乌海地区文物遗产保护数据库”“乌海文化遗产图书资料库”，参与内蒙古自治区组织开展的建设黄河几字弯文化遗产保护工程；启动建设乌海岩画-长城文化公园；打造乌海地区岩画、长城、文物大遗址保护展示利用工程体系，进一步推进乌海地区文物旅游融合发展。

（3）建议按照“规划一批、抢救、修复保护一批、展示利用一批”的思路，研究确定乌海地区“‘十四五’文物遗产保护工程规划”，有计划地推进乌海桌子山岩画群、乌海地区秦汉及明代长城、乌海新地古城、古墓群遗址，乌海黄河古渡口、古道路、拉僧庙古建筑、乌海近现代革命文物、乌海矿山开发等重要文化遗产的保护、维修、宣传、展览工作。

---

［1］《习近平在中央政治局第二十三次集体学习时强调：建设中国特色中国风格中国气派的考古学 更好认识源远流长博大精深的中华文明》，《人民日报》2020年9月30日第一版。

（4）建议结合乌海是全国书法城的优势，通过组织岩画专题的书法大赛，同时拍摄专题电视剧、编写科普读物，深入宣传桌子山岩画这个乌海黄河文化的核心内涵与代表性文化标识，推进乌海地区黄河流域文物资源保护、研究、宣传、旅游工作。

（5）建议考虑运用乌海湖水利风景区讲好乌海黄河文化的故事；整合乌海地区黄河文化遗产资源，坚持“绿水青山就是金山银山”理念，推进乌海黄河流域文化遗产保护与黄河水利生态保护和高质量发展等重要战略规划。

六、结　　语

“雄关漫道真如铁，而今迈步从头越。”当前，我国正处于全面建成小康社会、实现中华民族伟大复兴中国梦的关键时期，乌海同全国一样，已站在新的历史起点上。

我们要认真学习、深入贯彻落实习近平总书记关于文物保护工作的系列重要指示精神，坚持党的文化遗产保护方针，以塑造乌海地区黄河文化根脉、弘扬乌海地区黄河文化精神、保护乌海地区黄河历史文化遗产为工作重点，坚定不移为促进乌海经济社会发展服务，为建设家园秀美、民族团结、文明和谐的乌海市贡献力量。

乌海地区文物考古的几个问题

张文平
（内蒙古自治区文物考古研究院）

2020年10月17日至18日，两天的时间里，我们考察了乌海市的桌子山岩画、秦长城、明长城及二道坎烽火台等文物古迹，19日大家对这些文物古迹的性质做了探讨，取得了不小的收获。

乌海市所在的桌子山属于贺兰山北部余脉，这一地带的山势较为低缓，北流黄河由南向北在此切割而过，从而形成了鄂尔多斯高原西北地区的唯一高地。

目前，乌海市发现的年代最早的遗址，为新石器时代的海勃湾遗址。海勃湾遗址位于海勃湾区东山北社区岳佳焦化厂东侧，1989年第二次全国文物普查时发现，当时估算面积近两万平方米，开挖探沟显示文化层厚约30厘米。本次考察未去该遗址现场，而是在乌海博物馆观摩了采集的陶片、石器等遗物。陶片可见黑带彩陶钵、红带彩陶钵等，属于仰韶文化庙底沟类型遗物。

仰韶文化庙底沟类型（距今约6000～5300年），也有称作庙底沟文化的观点。庙底沟类型时期，仰韶文化大发展、大繁荣，河套地区发现了大量这一时期的新石器时代遗址。乌海地区属于该文化类型分布的西北界。

在海勃湾遗址人类活动消失之后的相当长的新石器时代时段里，乌海地区的人类活动一片空白，直至青铜时代狩猎人群出现。几乎在整个青铜时代，北亚大陆上最活跃的是狩猎人群，他们活动的南界大致在阴山—贺兰山东西一线。这些狩猎人群的遗存主要是石构墓、岩画两类。桌子山作为贺兰山余脉，成为阴山—贺兰山岩画带之中唯一深入黄河内侧的一处岩画区。阴山—贺兰山岩画表达的主要内容与祖先崇拜、狩猎崇拜、自然崇拜、生殖崇拜等有关。某些岩画图案在相当大的地域范围内体现了刻画符号的一致性，如一种貌似已驯化的北山羊，有的岩画研究者称其为“板凳羊”，已具文字雏形（彩版一；彩版二，1；彩版三）[1]。文字起源于图画，与中原地区同时期的甲骨文、金文相比较，阴山—贺兰山岩画发展显得滞后。阴山—贺兰山岩画的制作者是专门从事祭祀的巫觋，这与甲骨文、金文的写作者是一样的，后来的史官即源于巫觋。

桌子山岩画的内容很多，多见狩猎岩画，也有人面像岩画，其中召烧沟岩画是迄今为止发现的阴山—贺兰山岩画带中所见人面像最为集中的一处岩画群（彩版二，2）。召烧沟岩画夸张的人面像造型与商周时期中原地区青铜器上的人面造型多有相似之处。召烧沟岩画人面像体现了一种祖

［1］“板凳羊”的说法，由中国岩画学会乌嘎先生告知笔者，相关岩画图案亦由乌嘎先生提供。

先崇拜，类似于后世的北方游牧民族乌桓祭祀“先大人有健名者”[1]。从召烧沟岩画可以看出，青铜时代的乌海，一度是一个狩猎部落的活动中心，而召烧沟岩画则为这个部落的“宗庙”所在。召烧沟岩画的确切年代，目前尚无法推定，只能说大致在商至西周这个大的时段。商朝甲骨文中的羌、周朝金文中的戎，可能指的就是这些北方地区的狩猎人群。

到东周时期，活动于西北地区、已经开始进入游牧阶段的西戎，是创作贺兰山岩画、桌子山岩画的狩猎人群的后裔。以关中平原为中心的秦人不断攻伐西戎，规模最大的是公元前623年秦穆公霸西戎，征服了西北地区很多西戎部族，但直至秦始皇统一全国之后，秦王朝的势力才进入今天的乌海地区。秦始皇三十三年（前214年），秦始皇派大将蒙恬在北方地区修筑长城，从贺兰山东麓过黄河延伸至桌子山地区，将整个桌子山包围了起来，属于北地郡的最北端[2]。但秦朝并未占领整个鄂尔多斯高原，在桌子山秦长城东侧、北侧的鄂尔多斯高原腹地，仍然活动有游牧的楼烦白羊王部族，该部族与秦朝是一种臣服的羁縻关系。

秦朝占领桌子山地区，掌控了鄂尔多斯高原西北部的制高点，在监视活动于鄂尔多斯高原西部的羁縻部族的同时，也能够防御北流黄河以西的匈奴人。后来修筑于乌海地区的明长城与秦长城发挥的是同样作用。秦朝国祚短暂，目前可见桌子山秦长城墙体低矮（彩版四，1），尚未形成完备的军事防御体系，但这也正反映了时代单纯的秦长城遗迹的真实形态。从桌子山秦长城，我们联想到地表遗迹甚是高大雄伟的分布于阴山山脉北坡的所谓“秦长城”，后者实质上并非秦长城，而是西汉王朝自汉武帝以来经过百余年经营的汉长城（彩版四，2）。

汉武帝开疆拓土，大约在元封三年（前108年）之后，移民屯垦至乌海地区，设立一县，归属西河郡管领，即今天所见新地古城。如果说桌子山秦长城是乌海地区最早归属大一统王朝管理的标志，那么新地古城就是大一统王朝最早在乌海地区设县治理的标志。今天的乌海市虽然以丰富的煤炭资源立市，成为内蒙古自治区12盟市之一，但自古以来这一区域就有着较强的独立性。西汉西河郡辖36县，管辖区域横跨南流黄河东西两岸、北流黄河东西两岸，县治复杂，新地古城当时的县名尚难以考证。距离新地古城较近的西河郡属县东北方向有鄂尔多斯市杭锦旗敖楞布拉格古城、霍洛柴登古城，前者为广田县，后者为增山县兼北部都尉治所。从增山县经广田县向西北过北流黄河，可至位于狼山西端的眩雷塞（今阿拉善盟阿拉善左旗乌兰布拉格障城），这是西汉时期西河郡北部都尉管辖的重要塞道。新地古城位于这条塞道南侧，所以必定为西河郡属县，而不可能是以前有人认为的朔方郡沃野县（图一）。汉代朔方郡沃野县，治城已考证为今巴彦淖尔市临河区黄羊木头镇脑高古城[3]。

东汉时期，西河郡内迁，西河郡在今鄂尔多斯高原境内的直接辖区向东退缩至战国秦长城内侧。此时活动于鄂尔多斯高原腹地直至桌子山一带的，主要是归附东汉王朝的羌胡等游牧部落（彩版五）。

---

［1］《后汉书》卷九十《乌桓鲜卑列传》，中华书局，1965年，2980页。

［2］具体参见内蒙古自治区文化厅（文物局）、内蒙古自治区文物考古研究所：《内蒙古自治区长城资源调查报告·鄂尔多斯—乌海卷》，文物出版社，2016年。

［3］张郁：《汉朔方郡河外五城》，《内蒙古文物考古》1997年2期。

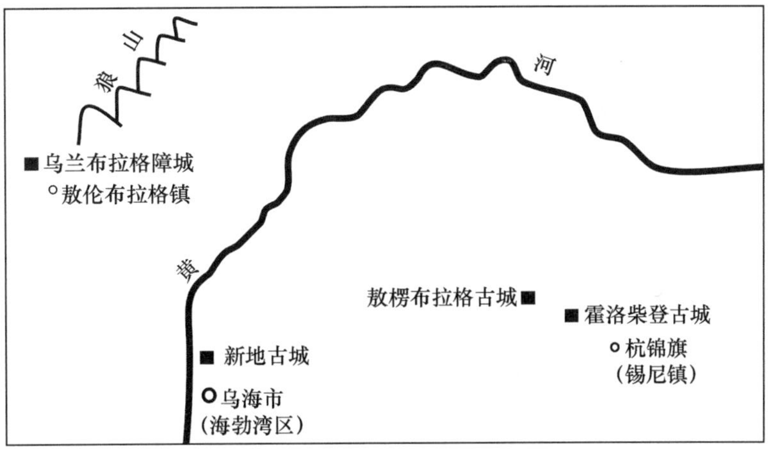

图一　新地古城与霍洛柴登古城、敖楞布拉格古城、乌兰布拉格障城相对位置示意图

北魏时期，乌海地区归属薄骨律镇管辖。薄骨律镇设置于太延二年（436年），位于今宁夏北部，它的中心在今宁夏平原，但辖区包括了今内蒙古阿拉善盟阿拉善左旗大部与后套平原的西部一带，属于六镇最西的一镇[1]。这一时期，据《魏书》记载，鄂尔多斯高原西部有木根山，道武帝拓跋珪、太武帝拓跋焘均曾临幸，有学者推测为今鄂尔多斯市与乌海市交界处的桌子山（彩版六，1）[2]。桌子山位置过于偏西，且山势较高，不宜驻扎，鄂尔多斯市鄂托克旗阿尔寨石窟所在的苏默图阿尔寨山更似木根山，山顶可能建有魏帝行宫（彩版六，2）。

《水经注》提到了桌子山及山上的岩画，称桌子山为石崖山、画石山："河水又东北历石崖山西，去北地五百里，山石之上，自然有文，尽若虎马之状，粲然成著，类似图焉，故亦谓之画石山也。"[3]北魏孝昌年间（525～527年），郦道元受命赴北疆将六镇改镇为州时，到过薄骨律镇，途经桌子山地区。这是对桌子山最早的明确史料记载，也是对桌子山岩画的最早记载。郦道元对这些岩画感到很陌生，这也从另一个角度表明，桌子山岩画的时代很早，远远超出了郦道元的认知范围。

包头市固阳县境内的阳山汉长城沿线，一些石砌长城墙体内侧的石块之上绘有岩画图案。岩画内容以动物图案为主，少量为人物图案，动物多数为北山羊，还有少量骆驼、马、鹿、蛇等，人物岩画中有骑者和双手叉腰的舞者形象。长城墙体之上的画幅分布较为散乱，高下错置，应该是先有岩画、后有长城，绘有岩画的岩石原分布于长城周边，建筑长城墙体时使用了这些石块。这就表明，这些岩画的年代至少在西汉以前。截至目前，尚未发现秦汉时期活动于北亚草原之上的匈奴人有制作岩画的习俗。

岩画的断代问题，一直是一个世界性的学术难题。对阴山—贺兰山岩画的年代，有早至新石器时代，甚至旧石器时代，晚至元代等说法。从整个北亚地区在青铜时代流行岩画、鹿石等石刻艺术

[1] 张文平：《北魏六镇三题》，《东方考古》（第16集），科学出版社，2019年。

[2] 莫久愚：《〈魏书〉木根山地望疏证》，《内蒙古社会科学（汉文版）》2011年4期。

[3] 郦道元著，陈桥驿校证：《水经注校证》卷三《河水》，中华书局，2007年，75页。

的角度来看，阴山—贺兰山岩画也应定位于这一时代范围之内，这些人群以从事狩猎业为主，在狩猎中掌握了骑马、射箭、大规模饲养家畜等能力，到东周时期普遍兴起了游牧化的浪潮。

唐代，乌海地区归属治所设在宁夏平原的灵州管辖，与北魏的情形有相似之处。隋唐之后，乌海地区长期为西夏领土。1209年，蒙古军第三次征伐西夏，成吉思汗从汉代眩雷塞所在的乌兰布拉格峡谷进入后套平原后，先向东攻克兀剌海城（今巴彦淖尔市临河区高油坊古城），又顺着黄河向西南进军中兴府（在今宁夏银川）。在抵达中兴府之前，发生了克夷门之战，蒙古军大败西夏军队，俘获西夏大将嵬名令公。这里的克夷门，有学者考证为今乌海市乌达区五虎山与北流黄河之间的南北向狭长通道[1]，是有一定道理的。清康熙三十六年（1697年）春天，康熙帝亲征噶尔丹，到达宁夏后，又从宁夏北上后套平原，走的也是这条道路，从而进一步证实自古以来这便是一条连接后套平原与宁夏平原的重要通道。

以上是大致对乌海文物考古及相关历史的一些粗浅认识，并不够全面，讹误也在所难免。总的来看，可以说，今天的乌海地区，是距今6000年前仰韶文化半坡类型晚期的西北边缘，到青铜时代一度成为一个狩猎部落的中心所在，这也是历史上乌海最为高光的时刻，召烧沟岩画是乌海市最为珍贵的文化遗产，有申报世界记忆遗产的潜质；到秦朝统一华夏之后，秦长城延伸至此，西汉时期更是设立西河郡属县管理这一地区，为当时鄂尔多斯高原最西北边缘的一个县治；历史上的乌海地区与贺兰山、宁夏平原、乌兰布和沙漠、后套平原、阴山、鄂尔多斯高原之间均有着密切联系，水路、陆路交通便利。当然，最关键的还是，北流黄河与桌子山山地共同构筑了这一地区悠久的历史、独特的文化。

本次专家考察，起初目的是为乌海市文化文物部门编制“十四五”规划寻找历史文化依据，在考察过程中，专家们各抒己见，在文化遗产的历史定位、文物保护、文化与旅游的融合等方面都产生了很多真知灼见。参加本次考察的，有考古学者、历史学者，还有文物保护专家，他们的研究领域涉及了从新石器时代、青铜时代一直至中华人民共和国成立之后的乌海，这些学术成果将以论文集的形式结集出版，其内容甚至可以说就是一部“乌海通史”。从长期来看，本次考察的学术成果将进一步服务人民、服务社会，为增强乌海人民的文化自信、为乌海市的文化建设工作切切实实地起到添砖加瓦的作用。

---

[1] 刘利华：《克夷门考》，《西夏研究》2014年1期。

海勃湾遗址调查简报

武俊生[1]　姜子强[2]　胡春柏[3]　王英波[3]
（1. 乌海博物馆　2. 通辽市博物馆　3. 内蒙古自治区文物考古研究院）

海勃湾遗址位于海勃湾区东山北社区岳佳煤焦化厂东侧，西北距海勃湾区政府约7千米。周围山体为桌子山余脉，秦长城从遗址西侧穿过。遗址坐落在一处半圆形缓坡上，中间有一条西北—东南向的自然冲沟，现存面积约7000平方米。该遗址于1991年发现并进行了试掘，试掘发现灰土层厚达30厘米以上[1]。近年来，由于受风蚀作用和人类活动的影响，遗址原生地层和文化堆积受到破坏，细沙漫布，较多的石器、陶片等遗物暴露在外。现将乌海博物馆历次调查采集遗物报道如下。

一、石　器

以细石器为主，有石核、石叶等；也有少量的打制和磨制石器，包括石斧、石球、石磨棒、石刀、刮削器等。

石磨棒　5件。HC：12，磨制，整体呈条形，截面近四边形。有4个使用面，可见明显的研磨痕迹。长18.5、宽6.4、厚3.8厘米（图一，1）。HC：13，磨制而成，横截面近三角形，已残断。残长5.7、宽5.5、厚3.3厘米（图一，2）。HC：42，横截面近椭圆形，已残断。残长8.8、宽6.9、厚3.3厘米（图一，3）。HC：43，表面有琢制遗留的坑点痕迹，已残断且纵向劈裂，原物截面形状不详。残长8.8、宽5.7、厚3.4厘米（图一，4）。HC：47，横截面为椭圆形，已残断。残长10、宽5.4、厚2.6厘米（图一，5）。

小石斧　1件。WGC：0844，采用打制和磨制两种技法加工而成，上窄下宽。上部可见清晰的打制疤痕，下端有双面磨制的刃。长4.6、宽3.2、厚1.4厘米（图一，6）。

石球半成品　1件。HC：48，初步打制成椭圆形，但未经进一步的加工处理。直径5.2～6.5厘米（图一，9）。

石刀半成品　1件。HC：50，片状，扁圆角方形，已残断。残长10、宽6.2、厚1.6厘米（图一，8）。

残石器　2件。已残断，且受风沙侵蚀，原磨制和打制痕迹已不甚清晰。HC：45，上端残断，形体较扁，下端及两侧有打制痕迹。残长7.6、宽7.2、厚1.6厘米（图一，7）。HC：46，上端残

［1］梁振华：《桌子山岩画》，文物出版社，1998年，6页。

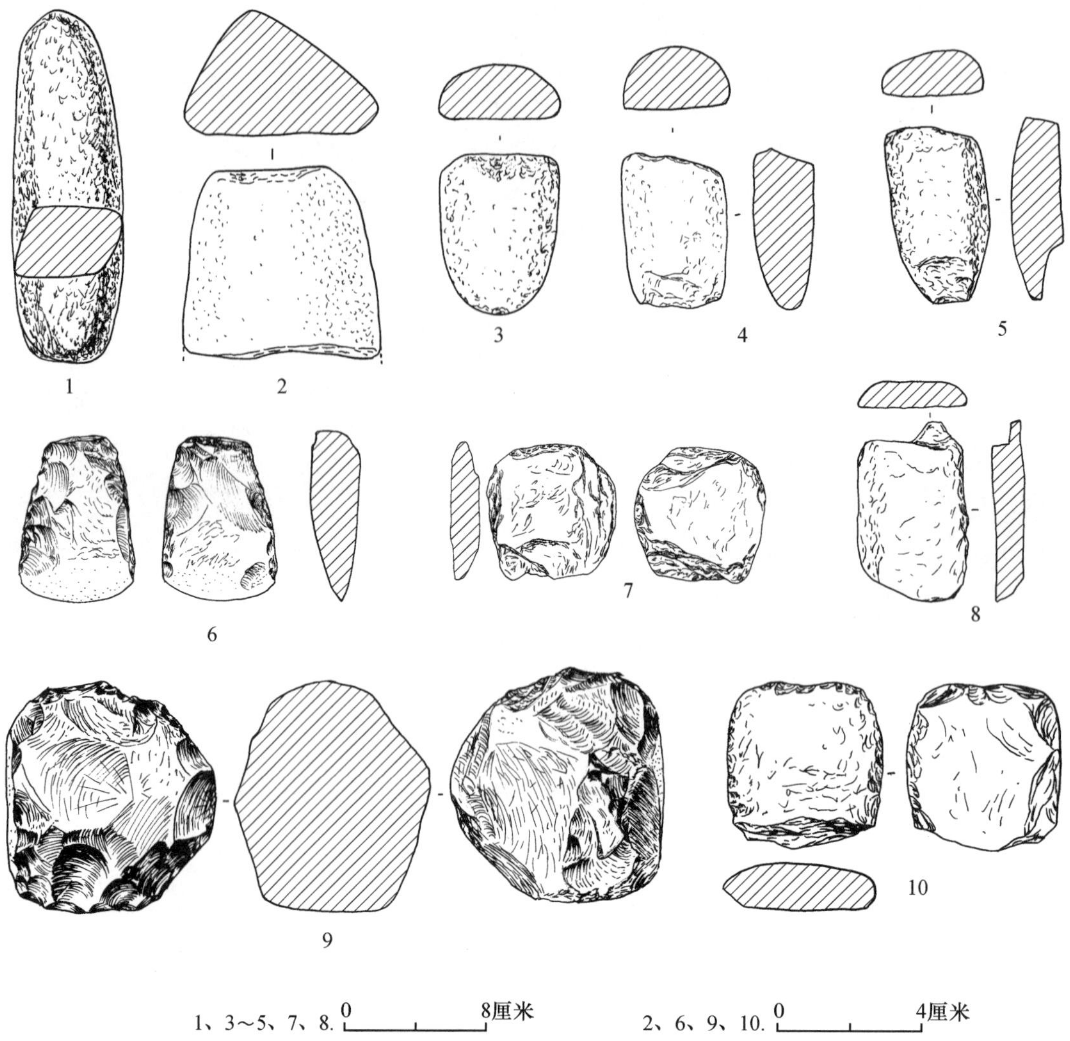

图一　海勃湾遗址采集打制、磨制石器

1～5. 石磨棒（HC：12、HC：13、HC：42、HC：43、HC：47）　6. 小石斧（WGC：0844）　7、10. 残石器（HC：45、HC：46）　8. 石刀半成品（HC：50）　9. 石球半成品（HC：48）

断，形体较扁，下端及两侧有打制痕迹。残长4.7、宽4.3、厚1.4厘米（图一，10）。

石核　6件。皆为锥状，表面有剥离石叶留下的痕迹。HC：16，残长2.4、宽1.8、厚1.3厘米（图二，1）。HC：19，残长2.1、宽1.8、厚1.5厘米（图二，2）。HC：20，残长2.7、宽1.6、厚0.9厘米（图二，3）。HC：23，残长2.2、宽1.1、厚0.9厘米（图二，4）。HC：34，残长2.2、宽1.7、厚1.4厘米（图二，5）。WGC：0845，残长2.3、宽1.4、厚0.9厘米（图二，6）。

石叶　14件。压制而成，多为长条形，单脊或双脊。HC：14，单脊，长条形，截面呈三角形。长1.7、宽1.1、厚0.5厘米（图二，11）。HC：17，单脊，截面三角形，一段略尖。长3.8、宽1.3、厚0.6厘米（图二，8）。HC：21，单脊，截面近三角形。长3.1、宽1.4、厚0.7厘米（图二，9）。HC：22，双脊，条形较短，截面呈梯形。长2.4、宽1.3、厚0.4厘米（图二，19）。HC：25，双脊，细长条形，截面呈梯形。长3.9、宽0.9、厚0.2厘米（图二，10）。HC：27，单脊，长条形，截面呈三角形。长2.1、宽0.7、厚0.4厘米（图二，20）。HC：28，单脊，条形较短，截面呈三角

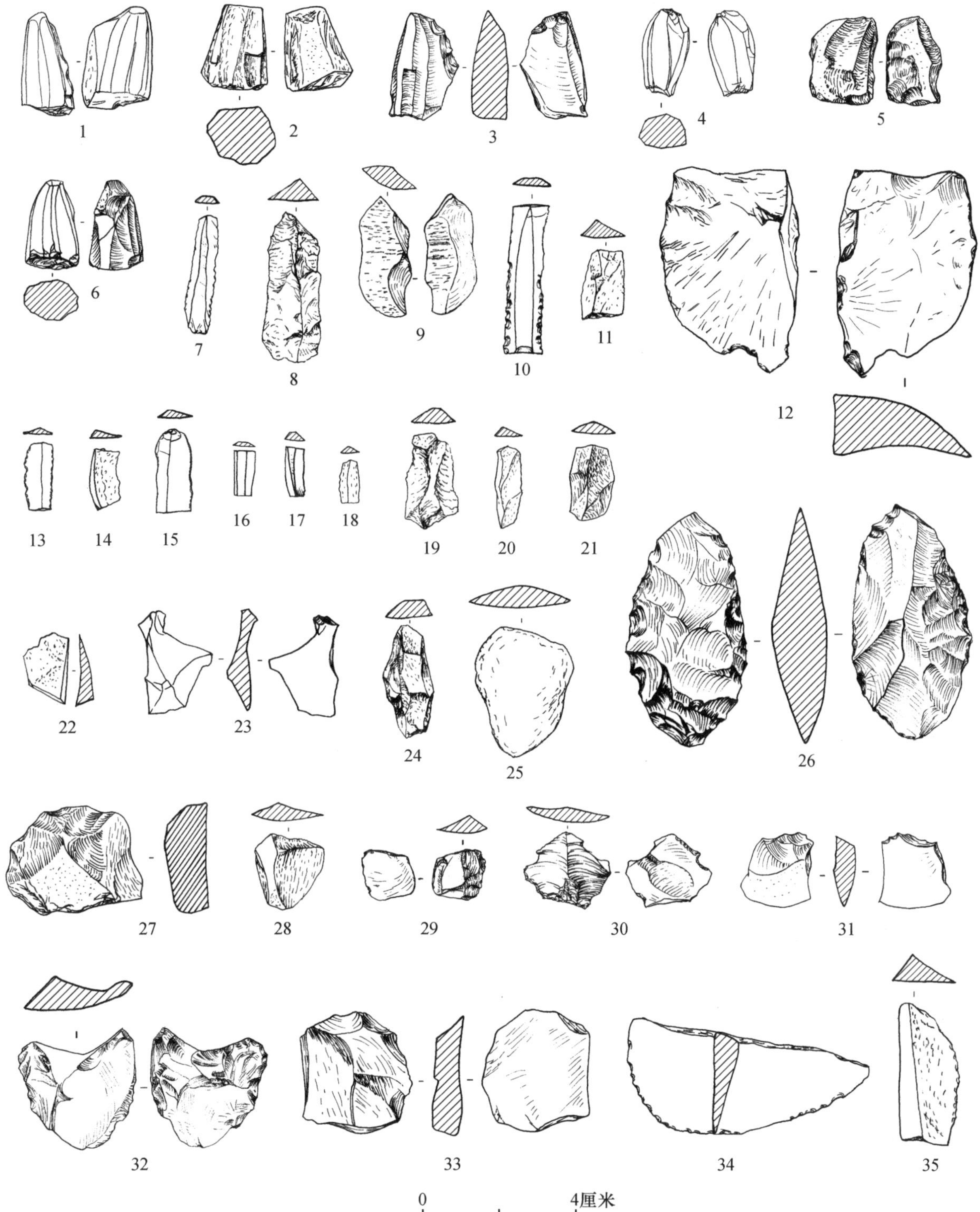

图二　海勃湾遗址采集细石器

1～6. 石核（HC：16、HC：19、HC：20、HC：23、HC：34、WGC：0845）　7～11、13～21. 石叶（HC：29、HC：17、HC：21、HC：25、HC：14、HC：31、HC：32、HC：35、HC：37、HC：38、HC：39、HC：22、HC：27、HC：28）12、22～25. 石片（WGC：0308、HC：26、WGC：0842、HC：36、WGC：0840）　26. 桂叶形刮削器（WGC：0843）27～35. 不规则形刮削器（HC：15、HC：24、HC：30、HC：33、WGC：0841、WGC：0310、WGC：0311、WGC：0313、HC：18）

形。长1.9、宽1.1、厚0.3厘米（图二，21）。HC：29，双脊，细长条形，截面呈梯形。长3、宽0.7、厚0.2厘米（图二，7）。HC：31，单脊，长条形，截面呈三角形。长1.7、宽0.7、厚0.2厘米（图二，13）。HC：32，单脊，长条形，截面呈三角形。长1.5、宽0.7、厚0.2厘米（图二，14）。HC：35，单脊，长条形，截面呈三角形。长2.1、宽0.9、厚0.3厘米（图二，15）。HC：37，单脊，条形较短，截面呈梯形。长1.1、宽0.5、厚1厘米（图二，16）。HC：38，双脊，长条形，截面呈梯形。长1.3、宽0.4、厚0.2厘米（图二，17）。HC：39，单脊，长条形，截面呈三角形。长1.1、宽0.5、厚0.2厘米（图二，18）。

石片　5件。HC：26，不规则形。长1.8、宽1.1、厚0.4厘米（图二，22）。WGC：0308，不规则形。长5.3、宽3.5、厚1.5厘米（图二，12）。WGC：0840，不规则形。长3.4、宽2.5、厚0.6厘米（图二，25）。WGC：0842，不规则形。长2.6、宽2、厚0.6厘米（图二，23）。HC：36，长条形。长2.8、宽1.2、厚0.5厘米（图二，24）。

桂叶形刮削器　1件。WGC：0843，桂叶形，中间厚，边缘薄，周边经双面修理形成锋利的刃，表面布满清晰的打制疤痕。长6、宽3.1、厚1.6厘米（图二，26）。

不规则形刮削器　9件。边缘修理出较锋利的刃。HC：15，边缘有刃。长3.5、宽2.7、厚1.1厘米（图二，27）。HC：24，一侧修理出刃。长1.9、宽1.7、厚0.5厘米（图二，28）。HC：30，三边有刃。长1.6、宽1.3、厚0.5厘米（图二，29）。HC：33，边缘有刃。长1.9、宽1.7、厚0.4厘米（图二，30）。WGC：0310，近三角形，底边内凹，两侧边加工出刃。长3、宽2.9、厚1厘米（图二，32）。WGC：0311，周缘加工出刃。长3.1、宽2.7、厚0.7厘米（图二，33）。WGC：0313，片状，平面近半月形，两边加工出刃。长6.4、宽2.7、厚0.6厘米（图二，34）。WGC：0841，边缘有加工的刃。长1.9、宽1.8、厚0.5厘米（图二，31）。HC：18，一侧有加工的弧形刃。长3.5、宽1.6、厚0.7厘米（图二，35）。

二、陶　　片

地表陶片多残碎细小，采集标本数量不多，依据陶质、器形、纹饰等方面的差异，可将这些陶片分为两组。

第1组：以泥质红陶为主，彩陶占较大比例，另有少量夹砂红陶和夹砂灰陶。泥质红陶和彩陶中可分辨器形的只有钵类。夹砂陶片的纹饰以绳纹为主，另有少量划纹和成组压印纹。

彩陶钵口沿　3件。均为泥质红陶，多饰黑彩。WGC：0431，直口，圆唇，弧腹，口沿外饰一周宽带黑彩（图三，1）。WGC：0432，直口，圆唇，从残存部分弧度看形体较大（图三，2）。HC：1，敞口，尖圆唇，口沿内饰黑彩（图三，3）。

红陶钵口沿　1件。为泥质红陶。WGC：0433，直口，圆唇，弧腹，从残存部分弧度看形体较小（图三，4）。

其他陶器口沿残片　4件。HC：9，为器物口沿残片。泥质红陶。侈口，圆唇，口沿内侧施一周黑彩（图三，5）。WGC：0836，泥质红陶口沿残片。侈口，圆唇（图三，6）。WGC：0837，

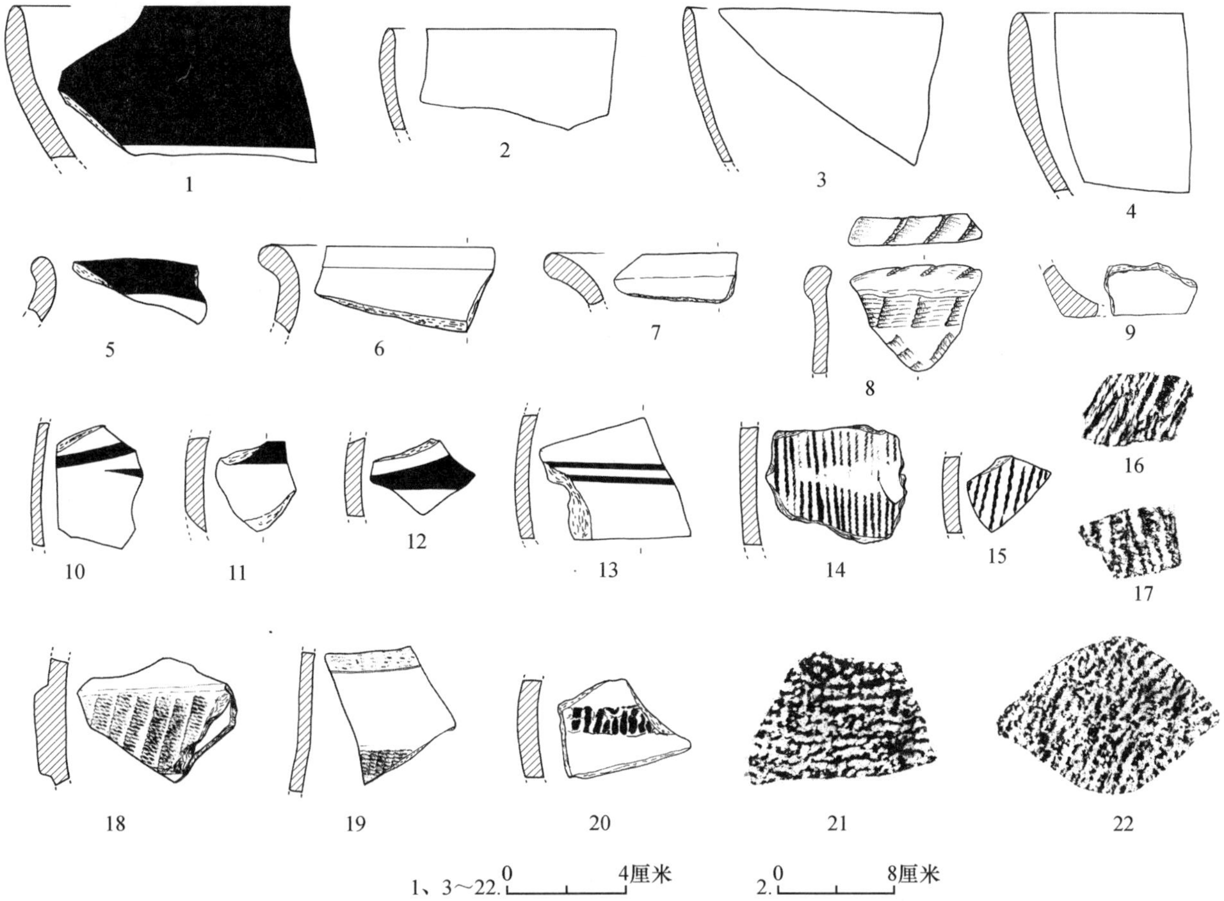

图三　海勃湾遗址采集陶片

1～3. 彩陶钵口沿（WGC：0431、WGC：0432、HC：1）　4. 泥质红陶钵口沿（WGC：0433）　5～8. 其他陶器口沿残片（HC：9、WGC：0836、WGC：0837、WGC：0438）　9. 器底残片（HC：11）　10～13. 彩陶片（WGC：0436、WGC：0838、HC：8、WGC：0437）　14～17、21、22. 绳纹陶片（HC：10、HC：7、HC：4、HC：6、WGC：0434、WGC：0435）　18. 瓮肩部残片（HC：2）　19. 陶器肩部残片（HC：3）　20. 抹断绳纹陶片（HC：5）

泥质红陶口沿残片。侈口，圆唇（图三，7）。WGC：0438，夹砂红陶口沿残片。侈口，圆唇，唇面上缘饰三道斜向平行划纹，颈部可见四组斜向平行压印纹，其下是由成组压印纹组成的折线形复合纹饰（图三，8）。

器底残片　1件。HC：11，夹砂红陶。平底（图三，9）。

彩陶片　4件。均为泥质红陶，饰黑彩。其中WGC：0436、WGC：0838、HC：8等3件，由于陶片较小，图案题材难以辨识（图三，10～12）。WGC：0437，泥质红陶。饰两周窄平行黑带纹（图三，13）。

绳纹陶片　6件。HC：4，夹细砂灰陶。饰较凌乱的斜向绳纹（图三，16）。HC：6，夹砂红褐陶。饰绳纹，可能是由于长期风蚀的缘故，纹饰浅且模糊（图三，17）。HC：7，夹细砂红陶。饰整齐的细绳纹，且纹饰较深（图三，15）。HC：10，夹砂灰陶。饰纵向绳纹，中部纹饰若有若无，从陶片表面残留痕迹看可能是原来该处贴附泥条堆纹剥落所致（图三，14）。WGC：0434，夹细砂红褐陶。表面饰不整齐的绳纹（图三，21）。WGC：0435，夹细砂灰陶。表面饰不整齐的绳纹（图三，22）。

第2组：均为灰陶，有的陶片中夹杂细砂粒。HC：2，为瓮的肩部残片。夹细砂灰陶。横向贴附较宽的泥条带，泥条上压印六组斜向平行的纹饰，每组均由若干道横向平行的压痕组成（图三，18）。HC：3，夹细砂灰陶。肩部饰绳纹（图三，19）。HC：5，泥质灰陶。中部可见横向刮抹后的绳纹残留（图三，20）。

三、结　语

海勃湾遗址采集到的遗物主要有以下特点：石器以细石器为主，有石核、石叶、刮削器、石片等，但未见石镞；也有少量的打制、磨制和琢制石器，以磨棒数量最多，也有一些打制的石器半成品。陶片以泥质红陶数量最多，可辨器形有钵；夹砂红陶和夹砂灰陶数量较少。彩陶也占较大比例，皆为红陶黑彩，可分辨器形的只有钵、盆。夹砂陶的纹饰以绳纹为主，划纹和压印纹都很少见。

采集的陶片标本中以黑带彩陶钵最具代表性，从以往的考古发掘与调查情况来看，此类陶钵广泛发现于内蒙古中南部。清水河县棋子峁[1]、清水河县白泥窑子[2]、清水河县岔河口[3]、呼和浩特二十家子村[4]、准格尔旗窑子梁[5]、包头阿善[6]、托克托县西壕赖村[7]、托克托县海生不浪东遗址[8]等地均有发现，是内蒙古中南部的仰韶文化第二阶段的遗存[9]。但是关于此类遗存的性质和命名学者们持不同观点，有白泥窑子文化[10]、仰韶文化王墓山下类型[11]、仰韶文化白泥窑子类型[12]等几种说法。参照韩建业先生的分期方案可知该类遗存的年代在公元前4200～前3500年[13]。

[1] 李逸友：《清水河县和郡王旗等地发现的新石器时代文化遗址》，《文物参考资料》1957年4期。

[2] 汪宇平：《内蒙古清水河县白泥窑子村的新石器时代遗址》，《文物》1961年9期；汪宇平：《清水河县台子梁的仰韶文化遗址》，《文物》1961年9期。

[3] 内蒙古历史研究所：《内蒙古中南部黄河沿岸新石器时代遗址调查》，《考古》1965年10期。

[4] 汪宇平：《呼和浩特东郊二十家子村的新石器文化遗址》，《考古》1963年1期。

[5] 斯琴：《准格尔旗窑子梁仰韶文化遗址》，《内蒙古文物考古》创刊号，1981年。

[6] 内蒙古社会科学院蒙古史研究所、包头市文物管理所：《内蒙古包头市阿善遗址发掘简报》，《考古》1984年2期。

[7] 内蒙古自治区文物考古研究所：《托克托县耿庆沟上游支流西沟与南沟畔遗址的调查与发掘》，《内蒙古文物考古》（第三辑），科学出版社，2004年。

[8] 内蒙古历史研究所：《内蒙古中南部黄河沿岸新石器时代遗址调查》，《考古》1965年10期。

[9] 塔拉：《草原考古学文化研究》，内蒙古教育出版社，2007年，31～33页。

[10] 魏坚、崔璇：《内蒙古中南部原始文化的发现与研究》，《内蒙古文物考古文集》（第一辑），中国大百科全书出版社，1994年；魏坚、冯宝：《试论白泥窑文化》，《考古学报》2019年1期。

[11] 田广金：《论内蒙古中南部史前考古》，《考古学报》1997年2期。

[12] 韩建业：《中国北方地区新石器时代文化研究》，文物出版社，2003年，88～95页。

[13] 韩建业：《中国北方地区新石器时代文化研究》，文物出版社，2003年，40～42、70～72页。

与其他同类遗存相比，海勃湾遗址采集的石核、石叶等细石器在石器中所占比重颇大，造成这种差异的原因可能与遗址所处的自然地理环境有关。另一方面，在海勃湾遗址调查中，没有采集到这一时期非常流行的尖底瓶残片。

海勃湾遗址所在的乌海市位于内蒙古自治区西南部，地处黄河上游，东隔桌子山与鄂尔多斯市毗邻、西连阿拉善盟、西南与宁夏回族自治区隔黄河相望。乌海市东部为绵延数百里的桌子山，西部为五虎山，甘德尔山横亘其中，各山脉均属贺兰山北端余脉。海勃湾遗址的调查结果表明，在距今约6000年的仰韶文化早、中期，乌海地区已经有人类活动。

中国北方人面岩画的类型分析及年代探讨

张文静[1]　王晓琨[2]　武俊生[3]
（1. 安阳师范学院历史与文博学院　2.中国人民大学历史学院
3.乌海博物馆）

岩画的年代问题一直是岩画研究中所面临的最大难题，学者们不断尝试多种岩画断代方法。目前，中国研究岩画的学者们多通过历史文献、考古资料和民族学等资料的对比研究来做岩画断代的分析。从中国岩画研究的整体来看，这种综合比较分析法是比较可取的。近年学界也在采用^{14}C、阳离子比、AMS以及微腐蚀等现代技术手段来进行岩画直接断代研究，但岩画直接断代难题的最终解决，还需要新技术的突破及多学科的进一步合作。

在岩画研究中，不同的制作技法对于人面岩画的研究有着断代的重要意义。中国北方人面岩画的制作技法主要是敲凿和磨刻两种。敲凿法是用工具直接敲击岩石，在岩石表面上敲击出点，以点成线，构成画面；磨刻法是在敲凿后再进行磨制，使用工具的不同也会导致线条的不同，有的呈较宽的U形，有的为较深的V形。新石器时代已经掌握了先进的磨制技术，而且这种磨制技术的应用相当广泛，因此，磨制而成的岩画是可能就是这种磨制技术在岩画制作中的具体应用。凿刻技术则是青铜时代的典型技术。另外一种数量很少的使用金属划刻的技法，其年代则最晚。

岩画作为一门学科，科学的研究方法必不可少，考古学中的类型学为我们提供了方法借鉴。类型学的方法主要用来研究器物的演化过程。一般来说，只要是人类制造的物品，只要有一定的形体，如建筑物、交通工具、雕塑、书画、装饰图案等，都可以用类型学来探索其形态变化过程，而且，其形态是沿着一定的轨道演化的，而不是变化不定的[1]。地层学和类型学同是考古学的基本理论和方法，它们是近代考古学得以存在和发展的支柱，而且，类型学往往需要得到地层学的检验。但是，地层学的作用也不能绝对化，我们通常也可用诸如文献资料、考古资料等手段，来检验类型学所设定的器物变化正确与否，即所谓内证和外证。所以尽管岩画没有地层作为其发展序列的检验，我们也可以尝试解决岩画序列的早晚问题。

中国北方地区的人面岩画分布相对集中，我们将北方地区人面岩画进行分区，自西向东分为赤峰、阴山、桌子山、贺兰山、巴丹吉林、阿勒泰六大区域，并对各个区域内的人面岩画材料进行了系统整理和分析。在此基础上，我们利用类型学的方法对岩画材料做一梳理，我们以眼部等五官的变化，额头和面部的纹饰，头部轮廓，以及头部外围的饰物等特点，对人面岩画的造型加以分类，对其特点加以分析。对它的发展序列做出研究，以展现某个区域的整体岩画面貌。同

［1］俞伟超：《关于考古“类型学”的问题》，《考古学是什么》，中国社会科学出版社，1996年，56页。

时，在对各区域人面岩画类型分析的基础上，结合综合比较分析法，利用文献资料、考古资料等手段，对各区域的人面岩画进行年代的探讨。

一、赤峰地区

这个区域共有人面岩画125幅，根据该区域人面岩画眼部造型的变化，吻部的特征，有无头部轮廓等特点将其归纳分类（表一）[1]。

第一类　眼部为重圈纹，有对吻部的刻画，一般不具有头部轮廓，有的在额头有折线状纹饰（表一，1～5）。

第二类　眼部为圆形或椭圆形，没有头部轮廓，多数没有对吻部做刻画，眼睛的上方有折线纹饰，表示眉弓，也可能表示额头的纹饰。这类别的人面又可以细分为：①具有眼部和眉弓或折线纹饰（表一，6～8）；②具有眼部和眉弓或折线纹饰，同时刻画了鼻子，而且眉弓或折线纹饰和鼻子相连，鼻子呈几字形或三角形（表一，9～12）。

第三类　眼部呈椭圆形或椭圆形重圈纹，眼梢向上，五官俱全，有头部轮廓。部分额头有折线状纹饰（表一，13～16）。

第四类　头部轮廓为异形，头部外围有饰物，眼部为圆形，有的也刻画了鼻子，看似青铜器饰牌（表一，17～21）。

第五类　有头部轮廓，五官俱全，比较写实（表一，22～25）。

表一　赤峰地区人面岩画的类型

第一类	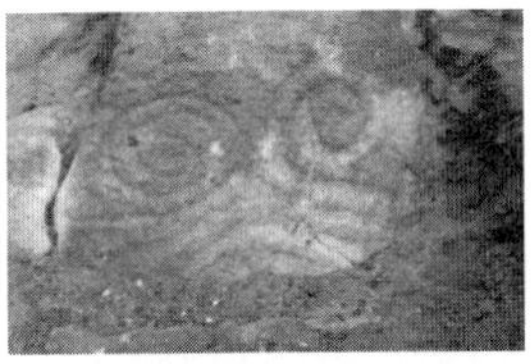 1	 2	 3	 4	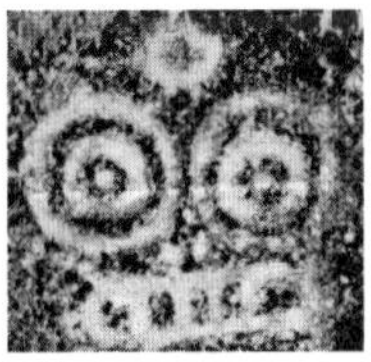 5
第二类	 6	 7	 8		

[1]　表一，1发现于赤峰市三座店遗址，图片由郭治中老师提供；表一，2、10、11、17～21、23～25位于康家山湾岩画点，见田广林：《内蒙古赤峰市阴河中下游古代岩画的调查》，《考古》2004年12期；表一，3、6、8来源于张松柏：《赤峰市新发现的古代岩画》，《内蒙古文物考古》1998年2期，属巴林右旗岩画点；表一，4、5来源于吴甲才主编：《红山岩画》，内蒙古文化出版社，2008年，属翁牛特旗地点；表一，7、12～15、22属赤峰市松山区阴河中下游岩画点，图片来源同表一，2；表一，9属扎鲁特旗岩画点，图片来源于盖山林、盖志浩：《内蒙古岩画的文化解读》，北京图书馆出版社，2002年；表一，16来源于孙继民：《克什克腾旗岩画述略》，《内蒙古文物考古》1994年1期。

续表

第二类	 9　10　11　12
第三类	 13　14　15　16
第四类	 17　18　19　20　21
第五类	 22　23　24　25

赤峰地区第一类人面像岩画在赤峰地区分布广泛。此外，这类岩画在阴山地区也有广泛的分布；第二类人面岩画不具有头部轮廓，眼部和鼻子发生变化，鼻子呈几字形或三角形，这种造型在赤峰地区比较常见；第三类人面岩画突出的特点是眼部呈椭圆形，眼角向上；第四类人面岩画的造型特殊，集中分布在阴河流域的一块大石块上，造型类似青铜兽面。我们认为，该区域的岩画有从第一类向第三类逐渐发展演变的趋势。此外，这个区域头部外围有射线饰物和触角状饰物以及面部有纹饰的人面岩画分布较少，只有五六幅。

赤峰地区是中国古代文明的重要发祥地之一，有着众多诸如红山文化这样对中华早期文明有重要影响的考古发现，近年在人面像岩画方面的发现同样令人瞩目。

图一

1997年，在巴林右旗洪格力图的兴隆洼文化墓葬中出土了两件小型的陶塑人面像（图一）[1]。该人面像的眼部椭圆形，额头有折线状纹饰。

赤峰人面岩画的第一类岩画中的表一，1，发现于赤峰市松山区三座店遗址夏家店下层文化时期通道中央的一块基石上，使用磨制的技法制成。因此，该

[1] 图片来自田广林：《内蒙古赤峰市阴河中下游古代岩画的调查》，《考古》2004年12期。

岩画的年代可能较早，至少不晚于夏家店下层文化时期（前2300～前1600年）。

1991年，在赤峰市松山区初头朗镇三座店村发掘出土了一件骨雕人面像，佩饰眼部呈椭圆形，眼角上挑，鼻子为三角形（图二），这件器物同样出土于夏家店下层文化层。

1994年，在赤峰市松山区初头朗镇铁匠营子村后山出土了一件浇筑铜斧的夏家店上层文化石范（图三）。这是一件双面石范，青石制成，可同时浇筑三器。与铜斧范相扣能浇筑出铜斧，与人面像范扣合则可浇筑出铜质人面像，此外还可浇筑青铜连珠泡。只是这三种器物中，铜质的人面像实物目前还没有发现[1]。石范中的人面的额头有折线状纹饰，有对耳部的刻画，眼部呈椭圆形，鼻子为三角形。

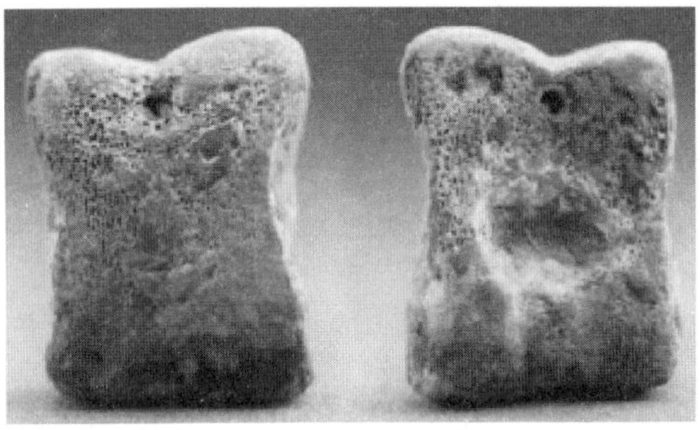

图二

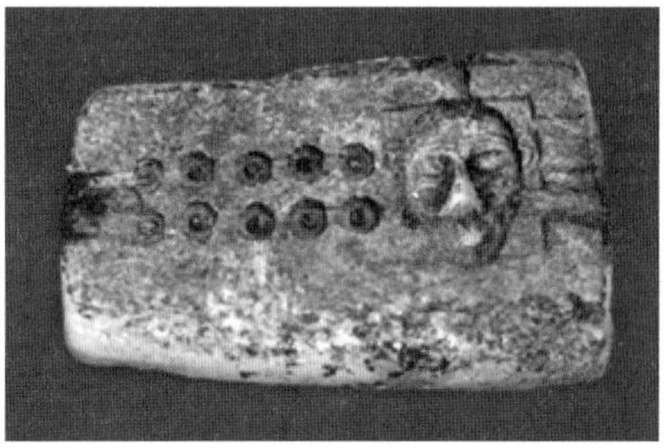

图三

从上述的考古发现可以看出，从新石器时代早期的兴隆洼文化开始，赤峰地区的人面岩画就有了造型为额头饰纹饰、眼部为椭圆的人面艺术表现形式，并至少延续到夏家店上层文化，而这种艺术表现形式同样也反映在岩画的创作中。而且，从各个区域人面岩画所具有面部纹饰来看，额头上的折线多数表现的是一种面部纹饰。从赤峰岩画中的第三类人面岩画造型比较写实来看，这类岩画可能没有早到兴隆洼时期，但多数应该处在夏家店上层文化时期。第二类人面岩画是第一类人面岩画的延续，着重眼部的刻画，之后对鼻子做了夸大的创作，这点与上述石范中的人面的鼻子相似。因此，第二类人面岩画的年代当在第一类和第三类之间。第四类人面岩画与青铜器上的饕餮纹相似，因此，这类人面岩画的年代应在青铜时代左近。

二、阴山地区

阴山地区有人面岩画125幅，根据眼部造型的变化，额头的纹饰，有无头部轮廓和吻部等，我们对阴山人面岩画加以分类（表二）[2]。

[1] 赵建国：《傩趣——中国北方古代雕塑人面像欣赏》，《赤峰学院学报（哲学社会科学版）》2010年11期，图二和图三出自该文。

[2] 表二，10～15、32出自盖山林、盖志浩：《内蒙古岩画的文化解读》，北京图书馆出版社，2002年；图28、29、31出自王晓琨、魏坚：《内蒙古乌拉特后旗岩画调查简报》，《文物与考古》2009年4期。以上图属于狼山中部乌拉特后旗岩画点。表三中其余图出自盖山林：《阴山岩画》，文物出版社，1986年，其中表二，5、37～39属于狼山东部韩乌拉山岩画群，其余属于狼山西部磴口县岩画群。

第一类　眼部为圆形的重圈纹，有对吻部的刻画，吻部一般用线条表示，额头有折线状纹饰，多数没有头部轮廓（表二，1～5）。

第二类　具有头部轮廓，头部外围有射线状饰物，具有五官（表二，6～10）。

第三类　面部有纹饰。①面部有半圆形纹饰，有的在半圆形中饰圆点表示眼部（表二，11～15）；②五官不可辨识，面部具有众多的线条，可能表示面具（表二，16～19）；③面部有线条状纹饰（表二，20～22）。

第四类　具有头部轮廓，头顶有饰物。其中又可以细分为：①眼部用弯曲的线条表示，并且与鼻子相连，鼻子多数呈三角形（表二，23～27）；②五官刻画不具体，多用圆表示，头顶有类似触角的饰物（表二，28～31）；③五官刻画具体，头顶有冠饰（表二，32～34）。

第五类　有头部轮廓，有对五官的刻画，比较写实（表二，35～39）。

表二　阴山地区人面岩画的类型

第一类	 1　2　3　4　5
第二类	 6　7　8　9　10
第三类	 11　12　13　14　15
	 16　17　18　19

续表

第三类	 20 21 22
第四类	 23 24 25 26 27
	 28 29 30 31
	 32 33 34
第五类	 35 36 37 38 39

第一类人面岩画在阴山所占的比重较大，这类岩画与赤峰地区的第一类岩画的造型相似，没有头部轮廓，眼部多为重圈纹，吻部的刻画以线条表示，而且这类岩画均为磨制而成；第二类人面岩画具有射线状饰物，这种造型在桌子山岩画中分布最为广泛，二者的造型也有相似之处；第三类人面岩画中，面部均饰纹饰，整体的造型和贺兰山岩画非常接近；第四类中的第一类别中的鼻子以三角形或几字形表示，并且眉弓和鼻子相连，头部轮廓呈方形，第二类别中的人面具有两个触角状饰物，这种造型可见于贺兰山岩画和巴丹吉林岩画中，第三类别中的具有冠饰的人面岩画在贺兰山和新疆也有较大比例的分布。此外，在阴山地区，第三类和第四类的人面岩画，即头顶有饰物和面部带有纹饰的人面岩画分布比较广泛。

从阴山地区人面岩画的类型来看，第一类人面岩画的造型和赤峰地区的第一类岩画造型非常相似，都突出了对眼部的刻画，眼部多数为重圈纹，吻部为方形，且饰竖线条，没有头部轮廓，尤其额头的折线状纹饰的刻画非常接近。同时，这种造型的岩画，其制作技法无一例外地使用磨刻技法，且磨痕非常深。这与赤峰三座店遗址出土岩画的制作风格非常接近，因此，我们推测这两类岩画大致在同一时期，即不晚于夏家店下层文化（前2300～前1600年）。

阴山地区第二类人面岩画的造型和桌子山人面岩画相似，都是在塑造太阳神的形象，将人与太阳结合起来。此外，在巴丹吉林地区也有这一类型的人面岩画，但数量不多。崇拜太阳神是各民族普遍经历的习俗。研究原始宗教的学者们认为，中国从母系氏族社会开始，出现了祖先崇拜和早期的自然崇拜，到了父系氏族社会，这些崇拜得以发展。原始自然崇拜的内容十分丰富，有天崇拜、太阳神崇拜、动物崇拜、生殖崇拜、图腾崇拜等。人面岩画不仅刻画了人的面部特征，同时将太阳的特征也加以体现，将二者结合起来，而“人与太阳的结合，不是为了必死，而是为了永生。太阳虽然每天沉下西天，但次日便从东方诞生，这种永不懒惰的循环在原始心理中便理解为不死或再生的象征，理解为超自然的生命，太阳崇拜这种古老的宗教形式便在各原始民族中普遍发生了”[1]。萨满教属于原始宗教的范畴，是“我国北方阿尔泰语系一些民族普遍信仰的一种原始宗教”[2]，在信仰萨满教的中国北方民族中，都有崇拜日、月的习俗。北方诸民族的萨满服饰都离不开铜镜，铜镜是萨满的主要神器，它象征日、月、星辰，能够使人具有超自然的力量。事实上，这些都是源于太阳神崇拜。因此，阴山岩画中着重表现太阳形象的第二类岩画时代应该偏早，结合这类岩画使用磨刻的制作技法，我们认为，第二类人面岩画上限可能到新石器时代晚期或稍早。

第三类人面岩画中的第一类别和第二类别可能和面具相关。在萨满教中，萨满具有通灵术，面具是在人和超自然之间建立联系，与神灵进行沟通的一种媒介或工具。面具可以帮助萨满进入入神状态，把人的灵魂输送到另外一个世界。面具造型诡异，其代表的是神的表情而不是人的表情。所以，面具具有明确的宗教意义，它本身就是一种神物，进而成为面具神。面具可以戴在面部，也可以佩戴在身上。而罩在死者脸上的面具，目的是让死者游荡的灵魂易于辨认它的肉体，或者是让后人永远铭记死者活着时的威严，因此，面具同样也代表着祖先崇拜。总体来说，面具和宗教信仰相关。面具产生的年代，凭现有资料尚难做出定论。但是，从世界范围存在的面具来看，面具的产生不晚于新石器时代[3]。面具多数是戴在面部或者作为装饰品，而人面岩画则是凿刻在岩石之上，以图像的形式出现，因此，我们认为，人面岩画更多的是具有祭献、膜拜和祈祷的功能。而同一区域同一时期的面具的纹饰等表现形式势必会影响人面岩画的造型，同时，这种纹饰可能会延续下去，一直为面具或人面岩画所采用，当然纹饰会发生一些变化。

在河北易县北福地史前遗址中，在房址和灰坑中出土了一批陶制面具。陶制面具以直腹盆的腹部和底部的陶片为原料，并进行切割和凿刻，如遗址中的F2面具（图四）。这批陶制面具属北

[1] 叶舒宪：《英雄与太阳——〈吉尔伽美什史诗〉的原型结构与象征思维》，《民间文学论坛》1986年1期。

[2] 秋浦：《萨满研究》，上海人民出版社，1985年，1页。

[3] 顾朴光：《中国面具史》，贵州民族出版社，2002年，3～11页。

图四

福地第一期遗存，距今8000～7000年，为较早期的新石器文化遗存[1]。从陶制面具眼部的纹饰来看，这种造型和阴山地区人面岩画中的第三类中的第一类别非常相似，这种造型在贺兰山岩画中也很常见。所以，我们推测，阴山地区第三类第一类别中的部分人面岩画的年代的上限会早到新石器时代。前面我们已经提到，同一区域的人面的纹饰可能会一直延续下去，但会发生变化，在阴山岩画的第三类中我们似乎可以看到这种变化。从第一类别到第二类别，面部的纹饰更加复杂，面具的含义也更加明确。到了第三类别，只是在面部刻画几条线条。

至于阴山地区的第四类人面岩画，尽管我们观察到它们的造型特点是从头上的触角发展到头部的冠饰，可能也和面具有关联，但是没有相关的例证，因此，暂时还无从判断其年代。

三、桌子山地区

桌子山地区有人面岩画45幅，该区域的人面岩画的突出特点是多数人面岩画刻画了头部外围的射线。所以根据这一特点，并结合五官的造型，我们对桌子山地区的岩画做一分类（表三）[2]。

第一类　具有头部轮廓，头部的外围有射线状饰物。①五官能够辨识，并且额头有折线状纹饰（表三，1～4）；②五官刻画具体，额头没有纹饰（表三，5～7）；③头部轮廓为重圈纹，有对五官的刻画（表三，8～11）；④五官不可辨识（表三，12～15）。

第二类　具有头部轮廓，头部外围无射线状饰物，眼部为重圈纹或圆形，部分刻画了吻部，头部轮廓呈桃形（表三，16～18）。

第三类　具有头部轮廓，头部外围无射线状饰物，整体比较写实，五官俱全（表三，19～21）。

表三　桌子山地区人面岩画的类型

第一类	 1	 2	 3	 4

[1] 河北省文物研究所：《河北易县北福地史前遗址的发掘》，《考古》2005年7期。

[2] 表三，12～15出自盖山林：《阴山岩画》，文物出版社，1986年。其余图均出自梁振华：《桌子山岩画》，文物出版社，1998年，其中表三，1～3、5、6、8、12～15、21属于召烧沟岩画点；表三，4、9～11、16～20属于苦菜沟岩画点；表三，7属于毛尔沟岩画点。

续表

第一类	 5	 6	 7	
	 8	 9	 10	 11
	 12	 13	 14	 15
第二类	 16	 17	 18	
第三类	 19	 20	 21	

桌子山岩画中，全部的人面岩画都具有头部轮廓，而且第一类中的头部外围刻画有射线状饰物的人面岩画占主要地位，这也是该区域岩画所具有的突出特点。赤峰地区和阴山地区的第一类岩画造型在这个区域没有分布，但是额头刻有折线状纹饰的岩画分布较多第二类岩画的造型在其他区域很少分布。

桌子山的人面岩画都具有头部轮廓，而且多数人面岩画的头部外围有射线状饰物，即太阳神的人面造型。在对阴山地区人面岩画的年代进行分析时，我们提到了古代先民在塑造太阳神的形象时，将太阳和人面相结合起来，这类人面岩画的年代在新石器时代晚期或稍早。此外，在桌子山岩画中，第一类中的第一类别人面的额头有折线状纹饰。在前面对赤峰人面岩画的年代分析中，我们认为，从新石器时代早期的兴隆洼文化开始，赤峰地区的人面像岩画就有了造型为额头饰折线纹饰的人面艺术表现形式，并至少延续到夏家店上层文化。结合桌子山人面岩画磨制的制作技法，我们认为，桌子山人面岩画上限可能到新石器时代早期，并一直延续。

四、贺兰山地区

贺兰山区域有人面岩画206幅。这个区域的人面岩画的整体特征明显区别于赤峰地区、阴山地区和桌子山地区的岩画。在该区域，头部外围饰射线的人面几乎没有，而且眼部为重圈纹的也很少见。贺兰山地区人面岩画几乎都具有头部轮廓，而且头顶有饰物的人面造型占多数，面部也多有纹饰。因此，我们依据人面岩画中面部的纹饰和头顶的饰物，对贺兰山地区的人面岩画加以分类（表四）[1]。

第一类　面部有纹饰。①面颊和额头有半圆形或三角形纹饰，有的半圆形纹饰中心刻画圆点或圆，直接表示眼部（表四，1～6）；②面颊或额头有纹饰，有的五官不可识别（表四，7～11）。

第二类　头顶有饰物。①头顶有一个或两个触角状饰物。可分为三类，一是五官能够识别，额头和面部有半圆形饰物，有的半圆中心有圆点，直接表示眼部（表四，12～16）；二是五官不可辨识（表四，17～21）；三是五官刻画具体（表四，22～27）。②头顶有冠饰或者头部外围有半圆形饰物。可分为两类，一是头顶有冠饰（表四，28～33）；二是面颊或额头有纹饰，头部外围有半圆形饰物（表四，34～37）。③头顶有两个触角状饰物，头部两侧各有两条长长的下垂的线条。五官俱全（表四，38～42）。

第三类　头部轮廓为圆形或方形，五官俱全，比较写实（表四，43～47）。

表四　贺兰山地区人面岩画的类型

第一类	 1 2 3 4 5 6
	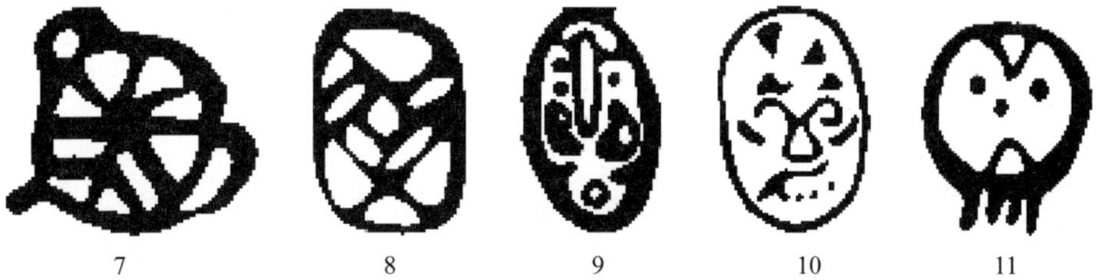 7 8 9 10 11

［1］表四图片均出自西北第二民族学院编：《贺兰山岩画》（第三册），上海古籍出版社，2007年。其中表四，20、21位于白汲沟岩画点；表四，7位于树林沟岩画点；表四，1、12、35～37、43位于归德沟岩画点；表四，23位于大西峰沟岩画点；表四，2位于插旗口岩画点；表四，3～5、8～11、13～16、18、19、24～26、30～34、38～42、44、45、47位于贺兰口岩画点；表四，17、27、29、46位于苏峪口岩画点；表四，6、28位于芦沟湖岩画点。

续表

第二类	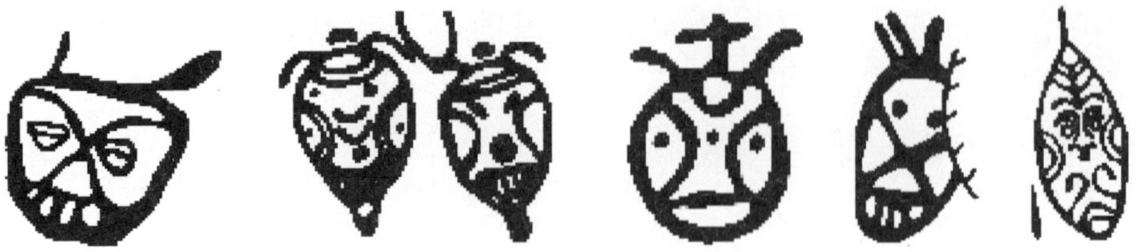 12　13　14　15　16
	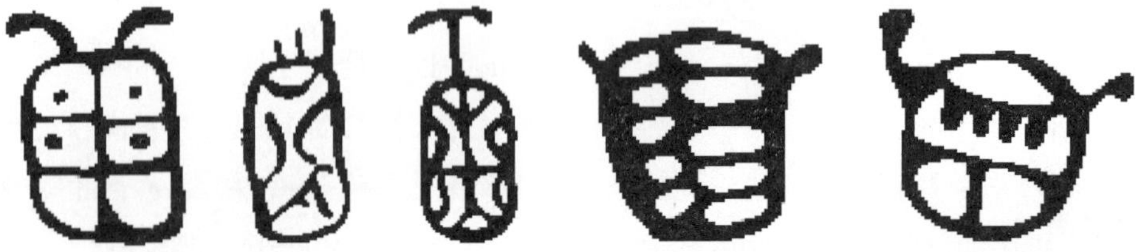 17　18　19　20　21
	 22　23　24　25　26　27
	 28　29　30　31　32　33
	 34　35　36　37
	 38　39　40　41　42

续表

第三类	 43	 44	 45	 46	 47

贺兰山人面岩画中，第一类和第二类所占的比例最大，这两类岩画代表了贺兰山岩画的整体造型特点。第一类人面岩画中五官的造型比较有特点，面部饰半圆形纹饰或三角形纹饰，有的半圆形纹饰中心刻有圆点或圆，直接表示眼部。第二类中人面岩画中头顶有饰物的造型在贺兰山地区分布非常广泛，其中，第一类别中有与第一类人面岩画相似的造型，即面部有半圆形纹饰；第二类别中头部外围饰半圆形饰物的造型仅在赤峰地区可以见到，数量非常少；第三类别在贺兰山岩画中非常有特点，头部两侧饰两条长长的线条，而这种造型也只见于贺兰山。第三类中的人面造型在各个区域都有分布，比较写实。

贺兰山人面岩画中，面部有纹饰和头顶有触角的造型占绝大多数。从第一类人面岩画中面部饰半圆形纹饰的造型来看，其功能可能和面具有关。而贺兰山地区此类造型与阴山地区第三类人面岩画中的第一类别和第二类别非常相似。前面我们已经对这种造型做了分析，在河北易县北福村新石器时代遗址中出土的陶制面具为我们推测贺兰山地区第一类人面岩画的年代提供了依据。因此，第一类人面岩画可能早到新石器时代。

前面我们已经提到，同一区域的人面的纹饰可能会一直延续下去，但会发生变化，在贺兰山岩画的第二类中，我们看到，面部有半圆形纹饰的造型在这里依然可以见到，只是头顶有了类似触角类的饰物，而继续发展下去，面部的五官不可辨识，头顶却仍然有饰物，直到后来发展为头顶的冠饰及头部外围半圆形的饰物。而在第三类别中，出现了一种仅在贺兰山地区存在的造型，即头顶有触角状饰物，头部两侧各有两条长长的下垂的线条的造型。尽管第三类别的造型特殊，但是我们还是可以找到它们之间的联系，即面部的半圆形饰物。所以，我们认为，贺兰山地区第二类的人面岩画是第一类人面岩画的延续。

对于第二类中的第三类别，有学者认为是一种图腾崇拜的符号。因为在北方民族中，尤其是羌族的心目中，羊被看作“引领人的灵魂升天的使者”。文献中也记载“羌人视人为羊，视羊为人”。甲骨文中“羊人为羌”，“羊大为美”，“祥”则由祭祀所用的供桌“示”和羊符号组合而成，可见羊这种动物在羌人心中的地位，它代表的是神圣、美丽、祥和，因此，这类人面像应该是羊图腾神像[1]。在新疆且末县扎洪鲁克乡的考古发掘中发现，在85-Q2M2墓主干尸的脸上用红黑白3种颜色描绘出羊角的图腾标志，象征此人是羊图腾的子孙，死后又回归羊图腾。而信仰羊图腾的子孙，活着时一般会在头上佩戴羊角帽或羊头饰物[2]。本文认为这种解释较为合理，因此

[1] 张建国：《贺兰口人面像岩画初探》，《三峡论坛·理论版》2012年6期。

[2] 李祥石：《人面像岩画探究》，《文化学刊》2011年5期。

予以采信。

在北方岩画区域中，敲凿而成的动物岩画数量众多，分布广泛，呈东西带状分布。动物岩画中又以对羊的刻画为主，而北山羊出现的频率最高。从内蒙古大青山北部的低山丘陵地带，向西到色尔腾山、狼山，再到宁夏贺兰山，再到新疆的天山、昆仑山，甘肃的祁连山，以及西藏的阿里地区都有关于羊的岩画。而羊岩画的集中分布区在内蒙古中西部与宁夏地区。这些地区对北山羊进行刻画时，都突出了向后弯曲的羊角，从而使关于这一动物种类的岩画成为北方地区极具共性的岩画。这种共性源于中国北方地区的地理和气候环境所导致的经济形态的相似性，以及便利的东西草原交通所带来的文化内容的融合性。在相似的环境和经济形态下，中国北方地区的文化内涵和表现形式接近，具有一致性和稳定性。北方地区岩画主要反映人们的生产生活方式，是人们现实生活的再现。

由此，我们也可以这样认为，北方地区岩画中的多数动物岩画，是对青铜时代北方畜牧经济模式下人们现实生活的反映。而对于和人们生活紧密联系的动物，人们将羊和人结合创造出的图腾符号，不仅反映了人们对图腾物本身的现实追求，同时注入了一些宗教的因素，可能具有祭献、膜拜和祈祷等功能。因此，这类人面岩画的年代可能属于青铜时代。

五、巴丹吉林地区

巴丹吉林地区的人面岩画发现43幅，几乎全部具有头部轮廓，有的在头部的外围刻画射线，有的带有触角状饰物，有的面部有纹饰。因此，我们根据人面岩画中的饰物和面部的纹饰，对该区域的人面岩画加以分类（表五）[1]。

第一类　头部外围有射线状饰物，五官可以识别（表五，1～3）。

第二类　面部有纹饰。①面部有半圆形纹饰（表五，4、5）；②面部纹饰不可识别（表五，6～8）。

第三类　头顶有饰物。①头顶有触角状饰物，五官可以识别（表五，9～13）；②头顶有冠饰（表五，14～16）。

第四类　比较写实，五官俱全（表五，17～20）。

表五　巴丹吉林地区人面岩画的类型

第一类	 1	 2	 3

[1] 图片来源于盖山林：《巴丹吉林沙漠名画》，北京图书馆出版社，1998年。

续表

第二类	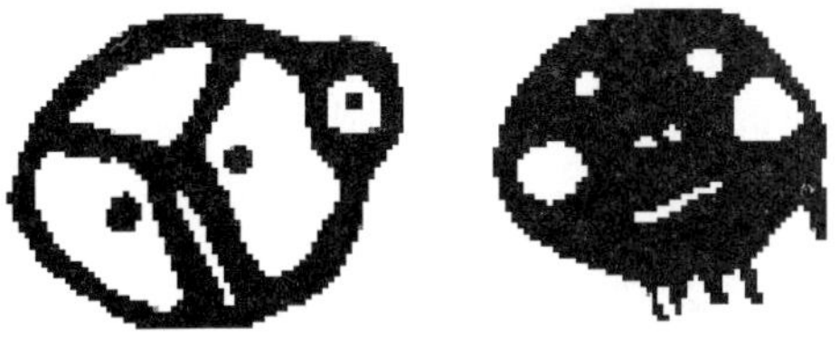 4 5
	 6 7 8
第三类	 9 10 11 12 13
	 14 15 16
第四类	 17 18 19 20

巴丹吉林岩画中，第三类第一类别的带有触角类饰物的人面岩画和第四类的写实人面岩画占主体。在这个区域中，也分布有头部外围饰射线状线条的人面岩画，这一造型在桌子山地区、阴山地区和黑龙江流域都有分布，但在贺兰山和赤峰地区却没有发现。该区域的第二类的人面岩画造型的数量则非常少。

在巴丹吉林地区，人面岩画的数量不多，而且在这个区域也不是主体题材。人面岩画中带有触角的类型和写实的类型所占比例较大。该区域的第一类人面岩画头部外围有射线状饰物，即太阳神的人面造型，在前面我们已经做了分析，因此，巴丹吉林地区的此类型人面岩画可能会早到新石器时代。对于第二类人面岩画，从面部纹饰来看，可能和面具有关，因此我们推测，其上限亦可能会到新石器时代。第三类中头顶有触角或冠饰的类型，在贺兰山岩画中最为常见，而且它们的造型也有相似之处，因此，第三类可能是第二类人面岩画的延续，年代晚于第二类的人面岩画。

六、阿勒泰地区

在新疆地区岩画中，人面岩画的数量比较少，从目前公布的资料来看，只有新疆北部阿勒泰地区的哈巴河岩画点和富蕴县唐巴勒塔斯洞窟彩绘岩画点有3幅人面岩画。图一和图二位于富蕴县唐巴勒塔斯洞窟内，图三位于哈巴河岩画点。这三幅岩画共同点是头顶都有冠饰，尤其是图三和图二的造型基本相同。图三则更为写实。因此，依据冠饰和五官的特点，我们将新疆阿勒泰地区的人面岩画分为两类（表六）。

第一类　头顶有冠饰，五官由重圈纹表示（表六，1、2）。

第二类　头顶有冠饰，五官俱全，且比较写实（表六，3）。

表六　新疆阿勒泰地区人面岩画的类型

第一类	 1　 2
第二类	 3

新疆阿勒泰人面岩画的数量最少，但新疆阿勒泰人面岩画都刻画有冠饰。第一类人面岩画造型相似，眼部为重圈纹，眼部上方的较短的曲线可能表示眉弓，额头的竖线条可能表示头发或帽子纹饰，而且这两幅人面岩画均为彩绘岩画。第二类人面岩画的五官比较写实，帽子上有线条，可能是为了表示帽子的材质。

新疆阿勒泰的人面岩画只有3幅见诸报道。这3幅人面岩画的共同特点是都有冠饰，而且在冠饰上都有排列整齐的竖线条纹饰。第一类的人面岩画属于同一类造型，眼部和吻部都是由同心圆构成，表七，2则是用赭红色颜料涂绘而成，这在北方人面岩画中非常少见，而且表七，2的周围有彩绘的手印和同心圆。因此，有学者认为，同心圆象征女性的女阴，而人面岩画则是被神灵化了的女性生殖器，是萨满教崇拜的生殖之神。其年代应该在旧石器时代晚期至新石器时代早期，距今至少在5000年[1]。

第二类的人面岩画较为写实，头部有冠饰。新疆小河墓地[2]出土的干尸无一例外地头戴尖顶毡帽。帽子通常是本色羊毛的，白色的羊毛上缀着红色的线绳，帽子缀有鼬皮，有的鼬头悬在帽子的前部，有的还绑有羽饰，羽毛用红色毛线绑在细木棍上插在帽子上。不同的是男性毡帽多高尖，而女性毡帽则宽圆。因此，从头戴毡帽的习俗来看，第二类人面岩画的年代也可能处在青铜时代。

新疆地区目前虽然发表的人面岩画资料不多，但考虑到其广袤的面积，各种各样的地形条件，还有处在中西文化交汇口的特点，可预测日后大量的、不同特点的人面像岩画将会被人们发现。

综上，人面岩画年代上限可能会到新石器时代，部分岩画可能会早到旧石器时代晚期，其年代下限会到青铜时代或更晚。而赤峰地区三座店遗址中出土的人面岩画，说明赤峰地区第一类型人面岩画与阴山地区第一类型人面岩画的年代至少不晚于夏家店下层文化时期。

[1] 陈兆复、邢琏：《世界岩画·亚非卷》，文物出版社，2010年，33、34页。

[2] 目前研究表明，小河墓地居民主要生活在公元前2000年至公元前1000年中叶，当时罗布荒原沿河道的带状区域有着适宜人类发展的自然环境，人们过着农牧并重的生活，但随着河流变化的突变，小河的古代文明突然消失。赵生才：《罗布泊地区环境变迁与西部干旱区未来发展》，《地球科学进展》2005年8期。

浅谈桌子山岩画人面像的含义

张之航
（中国人民大学历史学院）

桌子山岩画位于内蒙古自治区乌海市与鄂尔多斯市交界处，因其分布于南北走向的桌子山山脉而得名。该岩画分布于桌子山周边的雀儿沟、召烧沟、苏白音沟、苏白音后沟、苦菜沟和毛尔沟等6条山谷之中，类型十分丰富，包括人面像、动物像等多种不同类型，其中人面像共计45幅[1]。自1973年被发现以来，已经有多位学者对桌子山岩画的内涵进行了分析和解读。本文在岩画类型分析的基础上，对桌子山岩画中的人面像进行分析，尝试解读人面像岩画的含义。在此权当抛砖引玉。

一、人面像的类型

在桌子山岩画中，人面像是一种出现频率较高，且外廓封闭的图案，外部装饰是这类图像的重要组成部分。这些人面像主要分布于召烧沟、苦菜沟和毛尔沟等地。

通常而言，人面像越复杂，绘制得越细致，其重要程度相对就越高。也就是说，人面像外部装饰可以看作人面像的重要程度的标志。根据人面像外部是否有装饰，可以将人面像分为较为明显的两个大类。

Ⅰ　外廓有装饰的人面像。

此类人面像数量较多，大致可以分为如下类别[2]。

A型　四周装饰短线的人面像。

a：四周均绘制有短线，无相连的身体部分。

表一，1：外廓略呈圆形，五官绘制较为精细，绘有眉毛、眼睛、脸颊、鼻子、嘴，外部装饰较为稀疏。

表一，2：外廓呈水滴形，五官刻出眼睛、鼻子和嘴部，外部装饰较为稀疏。

---

［1］王晓琨、张文静：《中国人面像岩画传播路线探析——以将军崖和赤峰人面像岩画为例》，《东南文化》2014年4期，70～75页。

［2］梁振华：《桌子山岩画》，文物出版社，1998年，表一，1：图版4；表一，2：图版9；表一，3：图版12；表一，4：43页；表一，5：图版3；表一，6：61页；表一，7：图版15；表一，8：49页；表一，9，图版26；表一，10：35页；表一，11、12：图版26；表一，13：23页；表一，14：23页；表一，15：图版28；表一，16：图版23；表一，17：67页。

表一　外廓有装饰的人面像

A型	a	 1  2  3  4
	b	 5  6  7  8 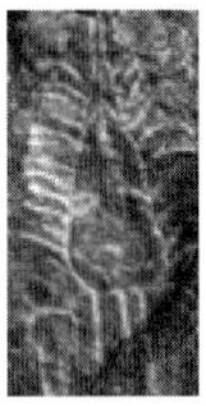 9  10
	c	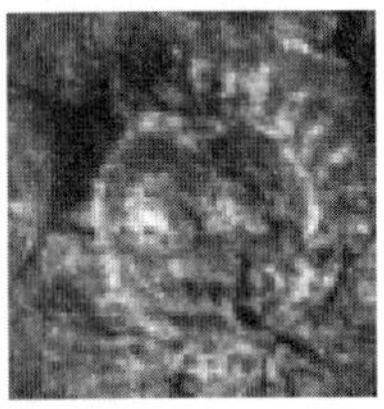 11  12  13  14
B型		 15  16  17

注：1～8、16、17.召烧沟；9、11、12、14、15.毛尔沟；10、13.苦菜沟。

表一，3：外廓绘制出了较为明显的眼睛和嘴，隐约可见鼻部，外围装饰较为密集且略有弯曲。

表一，4：外廓略呈圆形，面部绘出眼睛、鼻子和嘴，四周绘出短线。

b：四周有线条，有身体。

表一，5：该图共有三个人面像。左侧人面像外廓略呈椭圆形，面部可明显看出眉毛、眼睛、夸张化的鼻子以及张开的嘴；面部两侧及顶部绘有放射状短线；人面下方有细长的图案，疑似为身体部分。右侧的人面像外廓呈水滴形，面部绘出眼睛和嘴；面部两侧和顶部绘有放射状短线；人面下方有细长形图案，疑似为身体部分。

正中大致能看出一个上下翻转的人面像；外廓呈水滴形，面部绘出眼睛和鼻子，隐约可看出嘴部，面部两侧绘有短线。

表一，6：外廓略呈圆形，面部绘有较为简化的眼睛、鼻子和嘴，面部左右两侧绘有大量短线；顶部延伸出长且分节的装饰；底部的线条图案更长，类似于胡须图案。

表一，7：外廓略呈水滴形，面部绘出眉毛、眼睛、鼻子和嘴；额部绘有叶状装饰图案，鼻梁

部位划出十字形图案，鼻子两侧磨刻出脸颊；脸部下方绘出身体部分，右臂向下弯折，左臂水平伸出，似有残缺；人像外围有一周明显的矩形外框。

表一，8：外廓呈水滴形，面部绘有眉毛、鼻子和嘴；额头绘有两个底部相交的三角状纹饰，鼻子两侧磨出脸颊；外廓左右两侧绘有大量短线，顶部有向上直立的装饰；面部下方绘出疑似躯干的部分。

表一，9：外廓呈水滴状，面部绘出眼睛和嘴部。左右两侧均装饰短线，下颌下方连接两个长条状装饰性图案，可能是为了表现身体。

表一，10：外廓略呈圆形，绘出眼睛、鼻子和嘴；外廓左下角和右下角绘出小凸起，正下方接有长条形图案，其上有8条横纹，疑似为身体的部分。

c：外围装饰短线，但短线的覆盖范围并未占到人面的一半以上，可能仅仅是发饰。

表一，11：位于表一，9旁边。外廓略呈圆形，面部绘出眼睛和嘴；短线仅覆盖外廓上半部。

表一，12：位于表一，9旁边。面部较为模糊，大致可以分辨出眼睛、鼻子和嘴；头部上方绘出3根短线。

表一，13：该图共有两个人面像。左侧人面像外廓略呈圆形，可分为内外两重；面部仅绘出眼睛。在面部左侧和右下侧绘有若干短线；下方人面像外廓呈倒水滴形，面部绘出双眼和嘴，顶部绘有3条短线。

表一，14：外廓略呈椭圆形，顶部内凹；面部绘出眼睛和鼻子，额头绘出两条横向条纹；头部的左右两侧绘有少量短线。

B型　装饰其他图案的人面像。

表一，15：外廓略呈方形，面部绘出眼睛、鼻子和嘴；脸部之外仅头顶上方有装饰。

表一，16：外廓近似椭圆形，下半部残缺；面部绘出眼睛和鼻子，面部左右两侧各绘有一两条外伸的条纹；顶部绘出一条装饰图案，其上带有4个圆形图案。

表一，17：外廓略呈长方形，面部绘出眼睛、鼻子和嘴，嘴部圆张；面部左右两侧绘出耳部，顶部正上方绘出圆弧，顶部左右两侧伸出角状装饰。

Ⅱ　外廓无线条的人面像。

此类可根据其外形以及绘制的具体程度分类如下[1]。

A型　抽象人面像。

a：圆形人面像。

表二，1：与表一，10在同一组岩画中。可分为内外两重。面部绘出眼睛和嘴，鼻子较为抽象；面部下方绘出三个凸起状装饰。

表二，2：与表一，10在同一组岩画中，共有三个人面像。左侧人面像面部绘出眉毛、眼睛、鼻子、嘴，嘴部有多条竖条纹，疑似为牙齿；额部有若干横条纹。中间的人面像面部绘出眼睛、鼻

[1] 梁振华：《桌子山岩画》，文物出版社，1998年，表二，1～4：35页；表二，5：15页；表二，6：图版28；表二，7：图版26；表二，8：图版51；表二，9：图版52；表二，10，22页；表二，11、12：28页；表二，13：图版19；表二，14：50页；表二，15：9页；表二，16：图版29；表二，17：51页。

子和嘴部，嘴部有两条竖条纹，疑似为牙齿。右侧人面像面部绘出眼睛、鼻子和嘴部，嘴部有两条竖条纹，疑似为牙齿；额部有磨刻痕迹。

表二　外廓无线条的人面像

A型	a	 1	 2	 3	 4	
		 5	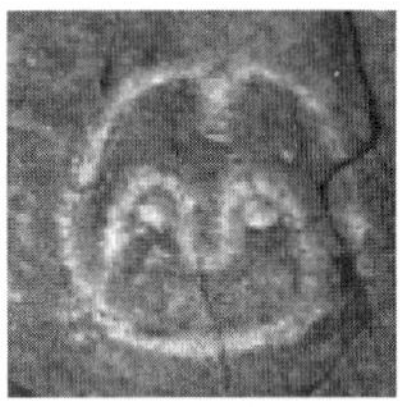 6	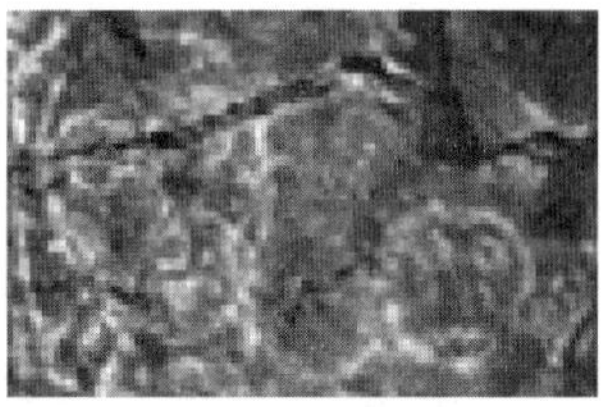 7		
	b	 8	 9	 10	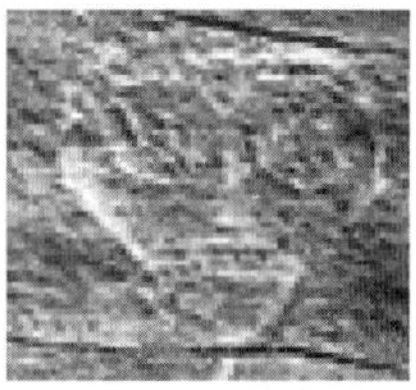 11	 12
	c	 13	 14	 15		
B型		 16	 17			

注：1～4、8～12.苦菜沟；5、13～15、17.召烧沟；6、7、16.毛尔沟。

表二，3：与表一，10在同一组岩画中。外廓可分为两重。面部绘出眉毛、眼睛和嘴，鼻子较为抽象。

表二，4：与表一，10在同一组岩画中。面部绘出了眉毛、眼睛和嘴。

表二，5：共有三个人面像。左上方人面像面部绘出眼睛、鼻子和嘴。中间的人面像面部绘出眼睛、鼻子和嘴；外廓左侧绘有耳部装饰。下部人面像面部绘出眼睛、鼻子和嘴。

表二，6：位于表一，15的右侧。面部绘出眼睛和鼻子，没有嘴部；头顶中央处有一条短线。

表二，7：位于表一，9的右上角，共有2个人面像。左侧人面像稍大，面部绘出眉毛、眼睛、鼻子和嘴。右侧人面像较小，面部绘出眼睛和嘴。

b：心形人面像。

表二，8：面部绘出眼睛，疑似绘出鼻子。

表二，9：面部绘出了眼睛、鼻子和嘴，嘴内还有几条疑似为牙齿的短线。

表二，10：面部绘出眉毛、眼睛、鼻子。

表二，11：绘出了两个较大的眼睛。

表二，12：与表二，11在同一组岩画中，尺寸比表二，11小，面部绘出眼睛和嘴。

c：外廓抽象，五官不易识别。

表二，13：外廓略呈椭圆形，面部绘出眼睛和鼻子；外廓顶部有两个凸出的尖状物，左右两边各有一个向外凸出的多重半圆形图案，疑似为夸张处理的耳朵。

表二，14：外廓略呈方形，面部绘出点状眼睛，下方疑似为张开的嘴；鼻子左右两侧勾出脸颊轮廓，额部绘有三条与鼻子交叉的横向条纹；外廓上方有一处短粗的装饰，左右两侧上方各绘出疑似为耳部的较夸张的弧形装饰，下方各绘有疑似为耳饰或发饰的小圆圈。

表二，15：外廓呈方形，上半部疑似绘有眼睛、鼻子和嘴；外廓内还绘有大量纹饰；外廓外侧则绘有多个圆弧，左侧可辨认5个，右侧4个，顶部3个。

B型　写实人面像。

表二，16：外廓略呈圆形，面部绘出较明显的眉毛、眼睛、鼻子和嘴，每只眼睛下方绘出疑似泪痕的图案。

表二，17：外廓略呈椭圆形，面部绘出眼睛、鼻子和张开的嘴；脸颊勾出轮廓；面部左右两侧均绘出耳部。

二、人面像的可能含义

对于桌子山人面像的含义，各家多有讨论。

盖山林先生对桌子山岩画的研究开展得比较早，并对这里的人面像做出了一些研判。他将外部带短线的人面像归类为了太阳神和部落酋长，并认为这些图案反应的是当时对天神的崇拜；而其他的抽象人面像应该为面具[1]。

杨超基本认同盖山林先生关于太阳崇拜的内容。他在此基础上，根据苦菜沟南壁排列整齐的人面像（表一，10；表二，1～4），进一步提出了关于祖先崇拜的说法[2]。

常芳芳在自己的论述中，提出了关于萨满教崇拜的认定，认为此处外廓装饰复杂的人面像体

[1] 盖山林：《阴山岩画》，文物出版社，1986年，407、409页。

[2] 杨超：《桌子山人面像岩画的纪念碑性》，《三峡论坛（三峡文学.理论版）》2014年1期，84～91页。

现了萨满教中对不同神的崇拜[1]。这是一个值得肯定的看法，不同类型的人面像应当有不同的含义，但大都反映了当时的萨满信仰。

1. 什么是萨满教

学术界有多种关于萨满教的定义，这都是基于不同类型的宗教解读之下的，但是关于萨满教特征的大方向基本上已经达成了共识[2]。萨满教通常被认为是乌拉尔-阿尔泰语系渔猎游牧民族的原生形态宗教，是一种原始的泛神论宗教[3]。萨满教是信奉它的族群的精神核心，是族群集体意识的产物，在这些族群的社会生活中占据着主导地位。许多活跃于古代中国北方的游牧民族，如匈奴、鲜卑、突厥等都曾经信奉过萨满教[4]。时至今日，萨满教依然存在于我国北方的一些民族中，蒙古族、鄂伦春族、鄂温克族、满族[5]等民族的文化中至今仍有为数不少的萨满教遗迹或萨满教习俗[6]。桌子山位于内蒙古自治区西南部，此地长久以来都处于北方游牧民族活跃的范围内，理论上讲有存在萨满信仰遗迹的可能性。

2. 萨满面具

萨满是萨满教的核心。各个部族的萨满教宇宙各有不同，但基本都是分为多个层次的。这些层次可以分为三界，大致可以分为天堂（神界）、地面（人间）和地狱[7]。萨满的主要作用，就是在三界之间充当神和人之间维系关系的中介和代表，换言之就是“通神”。萨满祭祀活动的程序与仪式的目的直接相关。在中国北方，各个民族的萨满基本都需要通过萨满梦、萨满病等“萨满昏迷术”来“领神”，而与之相关联的还有萨满在举行占卜、治疗、祈福等活动时所穿着的服饰、响器和面具等道具[8]。

作为仪式中不可或缺的道具，不同的萨满面具在不同的场合之中可以起到神祇扮演、通灵媒介、隐已屏障、赐福灵物和护魂盔甲的作用。萨满面具具有悠久的历史，比南方的巫傩面具更具有原始性。很多传承至今的面具都有着悠久的使用历史[9]。

图一和图二中的萨满面具资料采集自西伯利亚地区的萨满教。从图中可以看出，图一中的萨满面具顶部和底部有大量鬃毛类装饰，眉毛和胡子处的装饰均有夸张处理，五官刻画精细；图二中的面具细长，四周有大量线绳装饰，五官刻画精细。图三中的萨满戴有面具。通过观察可知，

[1] 常芳芳：《桌子山岩画考》，《阴山学刊》2006年1期，65～71页。
[2] 孟慧英：《中国北方民族萨满教》，社会科学文献出版社，2000年，9页。
[3] 郭淑云：《试论萨满教的价值及萨满学研究》，《宗教学研究》2017年1期，180～185页。
[4] 郭淑云：《原始活态文化——萨满教透视》，上海人民出版社，2001年，1～3页。
[5] 毕晗：《满族萨满教文化浅析》，《文化产业》2018年18期，20、21页。
[6] 郭淑云：《原始活态文化——萨满教透视》，上海人民出版社，2001年，9页。
[7] 富育光：《萨满教与神话》，辽宁大学出版社，1990年，20～27页。
[8] 孟慧英：《中国北方民族萨满教》，社会科学文献出版社，2000年，224～240页。
[9] 郭淑云：《萨满面具的功能与特征》，《民族研究》2001年6期，66～73页。

图一　索伦蒙古的萨满教祭司面具[1]

该面具较长，四周有鬃毛类装饰，面部绘有多条花纹，五官较为明显。

萨满教部分祭祀面具仅仅绘出五官，没有其他多余装饰，如图四所示，这些来自鄂温克族的萨满面具绘出了眉毛、眼睛、鼻子和嘴，但面部并没有多余的纹饰，面部外侧也没有任何装饰。

在桌子山岩画中，有一个类型的人面像和图一～图三中的萨满面具非常相似，即ⅠA-b型。该型人面像的外廓与普通人的差距较大；和桌子山的其他类型人面像相比，这类人面像的外侧有着非常夸张的装饰，而这些装饰与萨满面具外部的鬃毛等装饰非常相近。此类人面像的面部还有很多装饰纹样，并且附有疑似身体的部分。如此看来，ⅠA-b型人面像与戴着面具的萨满形象具有不小的相似度。而与ⅠA-b型有些相似的ⅠB型人面像，其装饰并没有前者丰富，但依然有非常夸张的装饰。个人认为，此类可以解读为代表各类不同神的萨满面具。

图二　西伯利亚的埃文基萨满[2]

图三　乌德赫风俗画中的萨满祭祀场景[3]

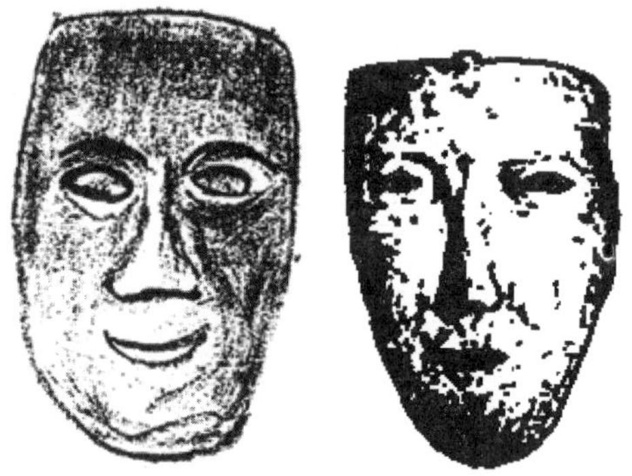

图四　鄂温克族萨满面具[4]

ⅠA-c、ⅡA-a和ⅡB型的人面像的绘图风格较为接近图四中的萨满面具。在这些人面像单独出现时，个人认为它们或许可以被解读为没有外部装饰的萨满面具。

3. 神灵崇拜

萨满主要沟通的“神灵”是建立在“万物皆有灵”的哲学理念之上的。不同的族群会有不同

[1] 郭淑云：《原始活态文化——萨满教透视》，上海人民出版社，2001年，582页。
[2] 郭淑云：《原始活态文化——萨满教透视》，上海人民出版社，2001年，581页。
[3] 郭淑云：《原始活态文化——萨满教透视》，上海人民出版社，2001年，579页。
[4] 郭淑云：《原始活态文化——萨满教透视》，上海人民出版社，2001年，585页。

的崇拜对象和崇拜方式，这主要基于族群各自的生存环境和生产方式[1]。以蒙古族为例，出现在蒙古族萨满信仰中的神灵包括天、地、太阳、月亮、星星、山、河、湖等自然物，以及风、雨、雷、电、火等自然现象，这些都是在蒙古族日常生活中所经常接触到的自然事物[2]。

太阳作为日常生活中最常见的天体之一，在萨满传说中经常出现，并且具有很高的地位[3]。桌子山人面像中，有的人面像的绘制就与太阳非常接近。如ⅠA-a型人面像中的表一，1～4，这些人面像外廓较圆，四周全部绘有短线，这种形象本身与太阳非常接近，可能是太阳的拟人化形象，乃至于太阳神的形象。此外，ⅠA-c型中的表一，13虽然外部装饰并未覆盖整个外廓，但这些外部装饰分布位置为左上部和右下部，具有一定的特殊性，也可以做出类似解读。

除此之外，ⅡA-c型中的人面像外部有很夸张的外饰，但并不如前述的人面像密集。考虑到这类人面像的特殊性，个人倾向于认为该类人面像也许是一些暂时无法辨别的神像。

4. 祖先崇拜

祖先崇拜是萨满教的一类非常重要的崇拜内容。信仰萨满教的部族将“万物有灵”的思想应用到了人的身上后，开始认为死后人的灵魂会离开尸体，并以神或鬼的方式继续存在。这些神或鬼所生活的空间逐渐演化出了“阴间”的概念，与部族所生活的“阳间”相对。而阳间的人对阴间神鬼的崇拜，就是萨满教中祖先崇拜的核心[4]。在萨满教中，每个部族在祭祀祖先时只会祭祀一个祖先之神，这个神是该部族所有祖先的集合体。各部族崇拜时都会祭祀各自的祖先之神，不同氏族的祖先之神也可能相同[5]。萨满教中出现过将祖先之神化作动物形象，进而作为动物图腾崇拜的现象[6]，同时也有将头骨作为祖先祭祀器物的情况。头骨在萨满教中有作为死者灵魂容器的作用。一些萨满在祭祀祖先时会将这种头骨戴在头上，这可以算作萨满面具的一种特殊形式或原始形式[7]。

桌子山的人面像中并没有与头骨完全一致的人面像，但在笔者看来，ⅡA-b型人面像与颅骨有较高的相似度。该型人面像外廓呈心形，眼部描绘突出。这样的人面像和其他人面像存在明显的外形差距，似乎是为了有意区分而绘制成这样的。加之这种人面像的眼部绘制得比其他人面像细致且比例较大，甚至于部分人面像仅仅绘出巨大的眼部。笔者看来这种画法突出了人的颅骨的眼眶部分。换而言之，这类人面像或许可以看作对颅骨的刻画，而绘制的目的可能与祖先崇拜有关。

[1] 秋浦：《萨满教研究》，上海人民出版社，1985年，13～19页。

[2] 色音：《论蒙古族萨满教文化的传承、发展与保护》，《中国本土宗教研究》（第二辑），2019年，137～152页。

[3] 郭淑云：《原始活态文化——萨满教透视》，上海人民出版社，2001年，15、16页。

[4] 盖山林：《阴山骷髅岩画·头骨崇拜·祖先崇拜》，《北方文物》1987年4期，46～49页。

[5] 秋浦：《萨满教研究》，上海人民出版社，1985年，51页。

[6] 孟慧英：《中国北方民族萨满教》，社会科学文献出版社，224～240页。

[7] 郭淑云：《原始活态文化——萨满教透视》，上海人民出版社，2001年，572、573页。

5. 普通肖像

考察人面像时，还需要考察它周围的人面像组合。由于此类人面像有一些位于ⅠA-b型人面像周围（如ⅠA-c型人面像的表一，11、12与ⅡA-a型人面像的表二，7围绕在表一，9的周围），组合形式较为复杂，故而这些人面像也许能解读为祭祀活动中的辅助灵，或参与祭祀活动的普通成员。

三、小　结

在桌子山岩画中，人面像是重要的图像种类，关于其研究的内容也众说纷纭。本文依据外廓有无装饰将人面像分为了两个主要类别，并在其中分出了若干小类。笔者认为，不同的人面像不能够一概而论，其所代表的含义需要根据实际情况具体分析。在阅读了相关的资料之后，笔者更倾向于此处的人面像对于过去的萨满文化中的萨满面具、太阳崇拜和祖先崇拜均有着较为明显的体现。

ⅠA-b型人面像外廓装饰较多，且附有抽象化的身体部分，可以看作戴着面具的萨满的抽象化形象；ⅠB型人面像的装饰非常夸张，可以解读为代表不同神灵的萨满面具。ⅠA-a型人面像应被解读为太阳的拟人化形象，ⅠA-c型中也有人面像可以做出类似解读，这些人面像所体现的即为太阳崇拜。ⅡA-c型型人面像也有夸张的外饰，可以按照前述来解读为神像，但具体神像的类型还无法确定。ⅡA-b型中的人面像形似骷髅，应与以头骨崇拜为主要形式的祖先崇拜有关。ⅠA-c、ⅡA-a和ⅡB型人面像的绘画风格非常简化，单独出现时可以认为是简易版的萨满面具。在与ⅠA-b型人面像组合后，部分ⅠA-c和ⅡA-a型人面像可以解读为祭祀活动中的辅助灵或普通人。

附记：本文为笔者首次尝试对桌子山岩画中的人面像进行整理和分析，因此论证和结论显得粗浅，请专家、老师们不吝赐教。在此由衷感谢我的导师，中国人民大学王晓琨副教授与安阳师范学院张文静老师在本文写作期间的热心指导与大力支持。自2019年9月考入中国人民大学之后，我开始接触包括桌子山岩画在内的内蒙古地区岩画资料，并逐渐形成了自己对桌子山人面像的认识。感谢梁振华先生在《桌子山岩画》中的提供的翔实图像资料。同时盖山林、郭淑云等前辈学者们对桌子山岩画以及萨满教的卓有成效的研究成果给了我很多有益的启示。

新地古城周边汉墓相关问题试析

胡春柏[1] 姜自强[2] 武俊生[3] 谢 晶[3] 张 凯[3]
（1.内蒙古自治区文物考古研究院 2.通辽市博物馆 3.乌海博物馆）

一、新地古城的研究现状

距乌海市区北约15千米的王元地村有一座汉代古城，西邻黄河，东距凤凰岭秦长城约12千米，当地俗称“兰城子”。张郁先生早年调查认为“古城平面略呈方形，东西长307米，南北长294米，南墙设门，方向为175°”[1]。20世纪80年代内蒙古自治区文物考古研究所发掘新地汉墓时对古城进行了复查，认为古城平面近方形，边长约450米，并指出从“新地古城的地理位置及墓葬的随葬品分析，其在汉代应属于朔方郡辖地”[2]。由于当时该古城所在地属于新地村，故考古工作者名之为“新地古城”，一直沿用至今。李逸友先生依据新地M1的屈肢葬式和随葬陶釜等秦文化特征，推断新地古城是秦始皇临河所筑三（四）十四县城之一[3]。后马利清在援引李先生该文时，说新地古城属于北地郡，但未做具体阐述。张文平先生在考证眩雷塞的论文中将该古城推定为西汉西河郡广田县[4]。由于新地古城地处于西汉朔方、北地、西河三郡之交，在无相关文字材料出土的情况下，其具体归属于哪个郡尚难定论，以上诸说多是揣测，缺乏足够的立论依据。

二、秦汉两代新地古城所在区域的行政变迁

乌海市依傍南流黄河，地处秦汉河南地的最西端。据《史记·匈奴列传》载：“后秦灭六国，而始皇帝使蒙恬将十万之众北击胡，悉收河南地，因河为塞，筑四十四县城临河，徙适戍以充之。”“当是之时，东胡强而月氏盛。匈奴单于曰头曼。头曼不胜秦，北徙。十余年而蒙恬死，诸侯畔秦，中国扰乱，诸秦所徙迁戍边者皆复去，于是匈奴得宽，复稍度河南与中国界于故塞。”又据《汉书·匈奴列传》：“其明年，卫青复出云中以西至陇西，击胡之楼烦、白羊王于河南，得胡首虏数千，羊百余万。于是汉遂取河南地，筑朔方，复缮故秦时蒙恬所为塞，因河而为固。汉亦弃

[1] 张郁：《巴彦高勒市兰城子汉代古城》，《内蒙古文物资料选辑》，内蒙古人民出版社，1964年。

[2] 魏坚：《内蒙古中南部汉代墓葬》，中国大百科全书出版社，1998年，195页。

[3] 李逸友：《中国北方长城考述》，《内蒙古文物考古》2001年1期。

[4] 张文平：《西汉眩雷塞小考》，《北方民族考古》（第2辑），科学出版社，2015年。

上谷之斗辟县造阳地以予胡。是岁，元朔二年也。”按此记述，秦始皇统一六国占据河套地区以后，乌海地区始纳入秦王朝管辖，但是短短十余年后秦亡，中原内乱，匈奴又渡过黄河与中原界于故塞（秦昭襄王长城，即今宁夏固原至陕西榆林一线），直至西汉武帝元朔二年（前127年）以河南战役的胜利重新占据了河套地区。故秦汉之时新地古城周边区域由中原王朝管辖的时间只能是秦始皇统一六国夺取河南之地后至秦亡的十几年间，以及西汉武帝元朔二年以后。至于新地古城的废弃时间，目前还没有充分的发掘材料来讨论，根据史料记载推测可能与东汉时期光武帝省并郡县，南匈奴内附后朔方、北地等边郡民归于本土或者是西羌屡叛进攻西部北地诸边郡等历史事件有关。

三、新地古城周边墓葬形制分类

乌海地区的汉墓发掘工作开展较少，迄今为止两次正式的考古发掘都是围绕着新地古城周边墓葬群展开的。一次是1989年配合五一农场修建砖窑在新地古城北侧抢救性发掘了12座汉代墓葬[1]。另一次是2020年在配合包银高铁乌海段的建设中发掘了新地古城东侧的三坝墓葬群，清理汉代墓葬7座[2]。这两处墓葬群与新地古城的直线距离都不足1千米，应该就是埋葬新地古城居民的墓地。

新地古城周边的这19座汉墓按照墓葬形制可分为以下7类。

竖穴土坑墓：仅1座，即新地M6。平面呈长方形，口大底小，两侧壁留生土二层台，长方形棺，随葬的壶、罐、釜等陶器置于棺外头侧。其口大底小的墓葬形制、陶器置于死者头前，包括瓮（大罐）、壶、釜的日用陶器组合都与福路塔战国晚期至西汉早期墓葬存在颇多的一致性。据此判断M6的年代下限在西汉早期。当然也有区别，如釜带有鋬式把，壶并不是当时最流行的盘口壶。

竖穴偏洞室墓：5座。包括新地M1、新地M8～新地M10、新地M12。建造方法是先挖一个近长方形的竖穴，竖穴挖到一定深度时，再从一侧壁掏挖长方形弧顶的洞室。埋葬时将人骨和随品置于洞室内，洞口多以竖立的圆木或木板封挡。与甘宁和内蒙古中南部地区春秋战国时期偏洞室墓的最大区别是没有殉牲，且人骨置于棺内。

竖穴直洞室墓：3座。包括新地M2、新地M7、新地M11。建造方法是先挖一个近长方形的竖穴，竖穴挖到一定深度时，再从穴壁的一端向前掏挖长方形弧顶的洞室。埋葬时将人骨和随品置于洞室内，洞口以竖立的圆木封挡。此类墓都是单人葬，而且随葬桦树皮器的墓恰恰都是竖穴直洞室墓。

斜坡墓道直洞室木椁墓：3座。包括新地M3、新地M5、三坝M7。新地M5的建造方法是斜坡墓道挖至一定深度时，再向前掏挖一个长方形弧顶洞室，墓底横铺一层圆木，两侧壁各竖立一排圆木，椁顶以木板横铺，而且椁盖板上可见少量石块。棺置于椁室内侧。人骨置于棺内，随葬陶器置于棺外椁内。新地M3、新地M5从留存下来的随葬品看，其共性是都有盘口壶，而且盘口壶都有假圈足。此类墓葬当是竖穴直洞室墓受到斜坡墓道竖穴木椁墓的影响而产生的一种新的墓葬形制。斜

［1］魏坚：《内蒙古中南部汉代墓葬》，中国大百科全书出版社，1998年，179～196页。

［2］内蒙古自治区文物考古研究所发掘材料，目前尚未发表。

坡墓道直洞室墓是对竖穴直洞室墓的发展，洞室中以砖砌筑或者有木椁者亦是洞室墓随时代发展的产物。

斜坡墓道竖穴木椁墓：5座。包括新城M4、三坝M2、三坝M4～三坝M6，建造方法是椁的两侧壁和内壁都以方木或木板叠砌，在两侧壁顶部横铺圆木或木板作为椁顶板，椁顶板上覆盖有一定厚度的木炭层，个别墓葬积炭层上还有白灰和木炭的混合层。椁内或置单棺或置双棺，随葬陶器置于墓室靠近墓门的一侧。

斜坡墓道竖穴砖室墓：仅1座，即三坝M1。长方形单室墓，墓壁以长方形砖错缝叠砌，墓顶以梯形砖起券，墓口以三排横向的长方形砖封堵。两具混乱的人骨和部分棺板见于墓室内侧，随葬品置于墓室近墓门的两侧。由于墓葬早期盗扰，加之后来生产灌溉用水长期注入并浸泡墓室，棺的情况已难辨识。该墓墓底砖的铺法是最简单的，就是以长方形砖纵向并排平铺。

斜坡墓道砖壁木顶墓：仅1座，即三坝M3。墓室的两侧壁和内壁均以长方形砖横向叠砌，两侧壁上横向平铺木板，墓门以长方形砖封堵，墓底以长方形砖横向错缝平铺。墓室内侧靠东壁摆放一木棺，人骨及铜钱见于棺内，铜器、陶器等随葬品置于棺的西侧。

四、墓葬形制与邻近地区的比较

乌海市位于内蒙古自治区西南部，地处黄河上游、鄂尔多斯高原西缘，东、北、东南三面皆与鄂尔多斯市鄂托克旗为邻，西南接宁夏回族自治区，西连阿拉善盟阿拉善左旗。向北经过鄂托克旗即进入巴彦淖尔市磴口县境内。黄河自南向北流经乌海市全境，其与宁夏和阿拉善盟大部分以北流黄河为界。

新地古城发现的竖穴土坑墓、竖穴偏洞室墓、竖穴直洞室墓、斜坡墓道直洞室木椁墓都不见于巴彦淖尔地区，斜坡墓道竖穴土坑木椁墓在《内蒙古中南部汉墓》一书中的巴彦淖尔地区也只发现了1座，而巴彦淖尔地区流行的是砖壁木椁墓、小砖墓和大砖墓。洞室墓在新地古城周边已发掘的墓葬中占比将近60%，这种源于甘宁等西部地区的葬俗不见于巴彦淖尔地区。

竖穴偏洞室墓目前所见年代最早的是关中地区杨官寨庙底沟文化墓地，春秋战国时期此类墓葬广泛分布于新疆、甘宁和内蒙古中南部，至西汉时期数量大大减少。有学者认为新地古城周边的竖穴偏洞室墓是受到了倒墩子墓地的影响，同时又指出倒墩子墓地是保留了沙井文化葬俗，又受到了杨郎文化、匈奴文化影响的一支考古学文化[1]。也有学者认为倒墩子墓地的竖穴偏洞室墓主人与杨郎马庄人群都属于戎族，是亡入匈奴的戎人遗存[2]。倒墩子匈奴墓的年代在西汉中晚期，潘玲先生认为倒墩子墓地与外贝加尔西汉匈奴墓地存在较多共性[3]，发掘报告认为该墓地是西汉武帝

[1] 曹建恩、孙金松：《中国北方东周西汉时期偏洞室墓遗存及相关问题》，《边疆考古研究》（第27辑），科学出版社，2020年。

[2] 韩小忙：《略论宁夏境内发现的土洞墓》，《考古》1994年11期。

[3] 潘玲：《伊沃尔加城址和墓地及相关匈奴考古问题研究》，科学出版社，2007年，135～138页。

元狩二年（前121年）安置的投降的浑邪王等部的墓地[1]。而林沄先生认为文献并没有明确记载浑邪王、休屠王两部是匈奴本体，还是非匈奴本体而并入匈奴部落联盟的[2]。

直洞室墓是鄂尔多斯地区最常见的一种汉代墓葬形制，鄂托克前旗三段地[3]和鄂托克旗凤凰山墓地[4]发掘的汉墓都是带有狭长的斜坡墓道的直洞室墓，另外杭锦旗乌兰陶勒盖[5]、查干陶勒盖[6]、准格尔旗敖包圪台[7]、宁夏盐池张家场[8]等汉代墓地中，斜坡墓道直洞室墓也都占很大比重。准格尔旗鲁家坡也发现了一座带斜坡墓道的直洞室墓[9]，河套以北的包头召湾也发现了一定数量直洞室墓[10]，南流黄河以东也有零星的发现，如察右前旗呼和乌素M5。总体来说，直洞室墓是河套以南的鄂尔多斯高原汉墓的区域共性。

从几字形黄河南北两侧的鄂尔多斯高原与巴彦淖尔地区汉墓的形制差异，可以看出鄂尔多斯高原和巴彦淖尔地区的汉代居民来源不同，而乌海新地古城和鄂尔多斯地区汉代居民的民族成分可能存在较多共性。新地古城的斜坡墓道竖穴木椁墓、斜坡墓道竖穴砖室墓、斜坡墓道砖壁木顶墓代表了中原地区的文化传统，其墓主人很可能是来自中原汉地的移民，而偏洞室墓、直洞室墓这两种有别于中原地区汉文化的葬俗，体现了墓主人本民族的文化传统，反映了墓主人的民族认同。关于凤凰山M1的族属目前有两种不同的观点，张海斌先生依据凤凰山M1壁画人物的发式、帽饰等特征判断其是羌人的遗存[11]，也有学者主张是南匈奴的遗存[12]。考虑到直洞室墓并非匈奴人的传统葬俗，而是流行于甘青地区，甘青地区又是西羌故地，加之自西汉以来，汉朝政府迁徙西羌安置于安定、北地、金城、陇西等郡，东汉时期，羌人内徙地区深入到上郡、西河，甚至三辅地区和河东[13]，直洞室墓的分布与安置羌人的区域存在一定程度的重合，推测其是羌人遗存的可能更为可信。大部分学者都认为盐池县张家场古城是昫衍县[14]，昫衍是戎人的一支，但是马孟龙以西

[1] 宁夏文物考古研究所、中国社会科学院考古所宁夏考古组、同心县文物管理所：《宁夏同心倒墩子匈奴墓地》，《考古学报》1988年3期。

[2] 林沄：《关于中国的对匈奴族源的考古学研究》，《内蒙古文物考古》1993年1、2期。

[3] 魏坚：《内蒙古中南部汉代墓葬》，中国大百科全书出版社，1998年，138～160页。

[4] 魏坚：《内蒙古中南部汉代墓葬》，中国大百科全书出版社，1998年，161～178页。

[5] 伊克昭盟文物工作站：《杭锦旗乌兰陶勒盖汉墓发掘报告》，《内蒙古文物考古》1991年1期。

[6] 鄂尔多斯市文物考古研究院、杭锦旗文物保护管理所、吉林大学边疆考古研究中心：《杭锦旗查干陶勒盖墓群发掘简报》，《文物春秋》2018年6期。

[7] 内蒙古师范大学历史文化学院、内蒙古自治区文物考古研究所：《伊金霍洛旗敖包圪台汉墓发掘简报》，《草原文物》2016年2期。

[8] 宁夏文物考古研究所、宁夏盐池县文体科：《宁夏盐池县张家场汉墓》，《文物》1988年9期。

[9] 魏坚：《内蒙古中南部汉代墓葬》，中国大百科全书出版社，1998年，176～178页。

[10] 魏坚：《内蒙古中南部汉代墓葬》，中国大百科全书出版社，1998年，215～252页。

[11] 张海斌：《试论中国境内东汉时期匈奴墓葬及相关问题》，《内蒙古文物考古》2000年1期。

[12] 马利清：《内蒙古凤凰山汉墓壁画二题》，《考古与文物》2003年2期。

[13] 王伟：《东汉治羌政策之检讨》，《中国边疆史地研究》2008年1期。

[14] 许成、陈永中：《昫衍县故址考》，《固原师专学报（社会科学版）》1984年2期。

汉早期的张家山汉简秩律中昫衍县之名，有力地反驳了这一论断，并考证张家场古城是上郡龟兹县[1]。可以说张家场古城的考证在很大程度上关系到张家场墓地族属的判断。

体质人类学的研究表明新疆以外的竖穴偏洞室墓的人骨具有明显的北亚蒙古人种特征[2]；而直洞室墓的人骨研究结果相对复杂，凤凰山墓地、查干陶勒盖墓地的人骨都表现出比较明显的东亚蒙古人种颅面部形态特征[3]，敖包圪台可测量的2例出自斜坡墓道直洞室男女合葬墓的女性颅骨皆带有北亚蒙古人种的阔颅倾向，且其中1例还伴有低颅特征[4]。不过敖包圪台这两座墓葬也许反映的是男性墓主的丧葬习俗也未可知。

五、新地古城周边汉墓的分期与年代

新地墓地12座墓葬的分期与年代原发掘报告中已有论述[5]，蒋璐博士对新地汉墓的分期基本上采用了原报告的分期方案[6]。本文拟对新地古城周边的新地汉墓和三坝汉墓两批发掘材料一起进行分期和年代探讨。

第1期：包括新地M1、新地M6。新地M6的早期特征如前所述，新地M1的随葬品组合与之相类。不晚于西汉早期，即西汉武帝元狩五年（前118年）。墓葬形制上流行口大底小的竖穴土坑墓、竖穴偏洞室墓，以木棺为葬具，都是单人葬，随葬陶器组合是罐、壶、釜等日用陶器，有部分屈肢葬。除新地M1、新地M6以外，乌海博物馆展厅中陈列的绳纹灰陶釜、陶蒜头壶等都具有典型的战国晚期至西汉早期的时代特征，据说这些陶器都是从新地古城周边墓葬中零星出土的。

第2期：以新地M7、新地M8、新地M10、新地M12为代表，竖穴偏洞室墓继续流行，新出现了竖穴直洞室墓，以单人葬为主，新出现了双人合葬。随葬品仍以日用陶器为主，但突破了瓮、壶、釜的基本组合，变成了以高领罐为主，且陶器上保留绳纹较多，模型明器只有陶灶，且陶灶与铜釜共出。新地M10所出变形草叶纹镜、柿蒂形器盖，既有半两钱、又有五铢钱，五铢钱中既有交叉两笔较直的，也有屈曲的，又加之该墓是合葬墓，都表明其时代不早于汉宣帝，从人骨的整齐程度看，该墓未经盗扰，其随葬品组合并不是仓、灶、井、熏炉等模型明器，这也说明该墓的年代可能不会晚到流行随葬整套模型明器的年代。由此推断该墓为西汉中期，不到西汉晚期。M10虽是合葬墓，但两人头脚相对，并不是成熟的合葬墓的人骨摆放形式。外侧人骨左侧所携铁剑、右侧人骨头

[1] 马孟龙：《昫衍抑或龟兹——宁夏盐池县张家场古城考辨》，《中国边疆史地研究》2019年4期。

[2] 韩康信：《甘肃永昌沙井文化人骨种属研究》，《永昌西岗柴湾岗——沙井文化墓葬发掘报告》，甘肃人民出版社，2001年，235～264页；张全超：《内蒙古和林格尔县新店子墓地人骨研究》，科学出版社，2010年，51～56、75、76页。

[3] 原海兵、赵欣，《鄂尔多斯地区汉代居民的人类学特征及相关问题》，《内蒙古文物考古》2008年2期；阿娜尔、朱泓：《鄂尔多斯查干陶勒盖墓地人骨研究》，《内蒙古社会科学（汉文版）》2017年5期。

[4] 胡春柏、齐溶青、李强等：《鄂尔多斯市伊金霍洛旗敖包圪台汉代墓地人骨研究》，《草原文物》2016年2期。

[5] 魏坚：《内蒙古中南部汉代墓葬》，中国大百科全书出版社，1998年，179～196页。

[6] 蒋璐：《北方地区汉墓的考古学研究》，浙江大学出版社，2016年，135页。

前铜镜（置于棺外）、右腿上的完整动物骨骼都显示着与其他墓主的不同之处。而且这个合葬墓与后来的合葬墓的双棺不同，为两人共用一棺。

第3期：以新地M3为代表，流行斜坡墓道直洞室木椁墓，单人葬，模型明器只有灶，马蹄形，筒状烟囱，近烟囱的釜挂黄釉，灶面无任何装饰，随葬交笔屈曲的磨边五铢，上下两横不长出竖笔，这种五铢一般认为是西汉晚期成帝、哀帝之世开始出现的，是盗取货币的反映。因此这一期的年代可定在西汉晚期。日用陶器主要是盘口壶，与西汉早期相比，这一阶段的盘口壶多带有假圈足，有些壶的肩部仿照铜礼器附有铺首衔环，从总体看，壶的最大腹径居中。依盘口壶的形态演变趋势，可将新地M5（直洞室木椁墓、单人葬）归入这一期。

第4期：三坝M3为代表，包括三坝M1、三坝M4、三坝M5、新地M4，流行斜坡墓道竖穴木椁墓、梯形砖券顶墓，另有少量的斜坡墓道竖穴砖壁木顶墓，其中三坝M3出土“大泉五十”铜钱，随葬仓、灶、井、博山炉等成套的模型明器，而且灶上模制出炊煮用具。盘口壶颈部变细，腹最大径偏下，显现出垂腹的特征。参考巴彦淖尔地区的梯形砖券顶墓也多与“大泉五十”等王莽时期铜钱共出，推断三坝M1时代也是西汉末东汉初。可见这一时期已经流行仓、灶、井、灯、博山炉等成套的模型明器，而且稍晚阶段还将各种炊厨用具都模制于灶面。故这一期又可以分为早晚两段，即早段以三坝M4、三坝M5为代表，晚段以三坝M1、三坝M3、新地M4为代表。

六、结　语

新地古城周边墓葬形制的多样化体现了新地古城城内居民来源和构成的复杂性。从墓葬形制、随葬品等来看，乌海地区受中原文化的影响较巴彦淖尔地区要弱，其发达程度也不如巴彦淖尔。比如，没有砖壁木椁墓，仓、灶、井等模型明器整体来看其制造工艺也不如巴彦淖尔地区精细。井既没有井栏，也没有辘轳；盘口壶一类陶器都很少带有器盖，也没有礼器性质的鼎。乌海地区与鄂尔多斯地区同处于鄂尔多斯高原，就墓葬形制而言，与内蒙古中南部其他地区相比，这两者之间存在的共性较多。另外，新地古城周边汉墓、鄂托克前旗三段地汉墓都有早期被盗的情况，有些墓葬被盗时，人骨还未完全白骨化，推测盗墓时间与下葬时间间隔不长，两处墓葬早期被盗可能是源于相同的社会历史背景。新地古城周边已经发掘的19座墓葬年代从西汉早期延续到东汉初期，由其墓葬随葬品的变化可以窥见这一时期丧葬业的发展历程。

魏晋南北朝时期的乌海地区

胡玉春
（内蒙古社会科学院历史研究所）

乌海市是黄河上游一座重要的新型资源型城市，地处内蒙古自治区西南部，南接宁夏平原，东临鄂尔多斯高原，北靠巴彦淖尔灌溉区，西邻阿拉善沙漠。这里有数量众多的古生物化石、内涵丰富的石刻岩画，也有秦代长城、汉代古城、明代烽火台等历史遗迹，这些文化遗存证明乌海地区有悠久的人类居住史，同时也反映出进入历史时期后，乌海地区是多民族接触、交流的前沿地带，边地因素在这里有明显的积累和沉淀。平原、草原、沙漠、河流多种生态环境的交叉汇集也决定了历史上的乌海地区是交通运输以及民族迁徙、交往过程中水路、陆路通道的重要节点。

魏晋南北朝是中国历史上民族活动尤为活跃的一段时期，最为突出的表现是“乱”，但是在这乱世背后，又孕育着新的生机。这个时期北方地区历史发展的主要脉络可以归纳为民族迁徙、战争、整合、交融、统一。在此过程中，进入同一地域的不同人群对有限空间和资源的争夺，造成了频繁的民族混战、割据、重组、兼并，因此北方各地理单元的所属权极不稳定，民族倏忽来去，政权更迭上阵。在这一历史情境下，乌海地区先后成为匈奴、氐羌、鲜卑、敕勒等族的活动地带，经历过后赵、前秦、后秦、大夏、北魏、西魏、北周的统治。

一、东汉至西晋时期乌海地区的民族活动

东汉初年，南匈奴附汉内迁。建武二十六年（50年），南单于庭迁徙至西河郡美稷县（今内蒙古自治区准格尔旗境）后，将部众分为八部，自领一部，驻西河，其他诸部王各领部众，屯驻在北地、朔方、五原、云中、定襄、雁门、代等沿边八郡。北地郡属右益州辖郡，代郡属右并州辖郡，其他六郡属右凉州辖郡。乌海地区当时处于东汉北地郡南边和朔方郡西南的交汇处。东汉在朔方郡下设沃野、临戎等六城，北地郡下设富平、灵州等六城，但南匈奴人并不属于东汉所设郡县的管辖。据文献记载，南单于在东汉初期拥有较大的自治权利，可以独立管理南匈奴的内部事务，且其民众不入郡县编户。时驻牧于朔方地区的是南匈奴右贤王领部，驻牧于北地者为韩氏骨都侯领部，东汉政府派遣使匈奴中郎将对其进行监管。因此可以确定，东汉时期，乌海地区是南匈奴人的活动区域，其虽名义上属于东汉右凉州建置范围，但并不接受郡县直接管辖。这种情况一直持续到东汉后期鲜卑崛起才有所改变。

北匈奴西迁之后，鲜卑势力逐渐进入北方沿边郡县以及蒙古高原腹地，并迅速发展壮大。2世纪中叶，鲜卑首领檀石槐统一各部，建立鲜卑军事联盟。鲜卑联盟统辖范围“东西万四千余里，南北七千余里”[1]。今乌海地区属于西部鲜卑人的活动范围，他们与先前迁徙至这里的南匈奴人长期杂居、融合。东汉末年，鲜卑联盟瓦解，鲜卑分出若干分支，其中，活跃于河西地区和陇西地区的秃发鲜卑和乞伏鲜卑的迁徙和发展都与乌海地区有一定的关联度。秃发鲜卑与拓跋鲜卑同源，3世纪初从拓跋鲜卑中分离出来。秃发鲜卑的先祖为匹孤，是拓跋诘汾的长子。黄初元年（220年），诘汾去世，长子匹孤因不得立，于是率领部众由塞北迁徙至河西，其迁徙经阴山、河套地区沿黄河顺贺兰山南下，沿途在今宁夏北部和额济纳、乌海地区游牧，3世纪后期，迁徙至雍、凉二州，并接受曹魏和西晋的管辖。十六国时期，秃发鲜卑以乐都（今甘肃省乐都）为都建立了南凉政权，414年，被西秦灭亡。乞伏鲜卑大约在东汉中后期由漠北迁徙至阴山，驻牧于河套地区，并在此活动了百余年的时间。西晋泰始初年，乞伏鲜卑西迁至乞伏山，又南下高平川，其间进入今乌海、宁夏、甘肃境内驻牧。十六国时期，乞伏鲜卑建立西秦政权，431年，西秦被大夏灭亡。西晋时，在乌海地区周边活动的部族还有活动于今宁夏回族自治区中部黄河以东地区的侯吕邻部和活动于今鄂尔多斯地区的薛干部以及部分氐、羌人口。

总体而言，从东汉到西晋时期，北方边郡人口比例发生了明显的改变，西晋初年郭钦上书说：“魏初人寡，西北诸郡皆为戎居。”[2]北地、西河等郡“尽为狄庭矣”[3]。因此包括乌海地区在内的北方沿边郡县成为内迁各民族新的家园，各内迁民族之间、各民族与汉族之间在这里长期共生。

二、十六国北朝时期乌海地区的行政建置

十六国时期，后赵、前秦、后秦和大夏的疆域大体上有承继关系，尤其西北部体现得尤为明显，乌海地区先后属于以上政权的统治范围，但后赵、前秦、后秦存立期间，乌海地区属于其政权统治的边境地区，统治相对薄弱和松散，直到大夏统治时期，才对乌海地区实行了有效的管理。

后赵是羯人石勒建立的政权。后赵境内共置十五州，在今内蒙古地区设置了朔方郡，属朔州，下领朔方、沃野等县，统辖今包头至乌海以西地区。南边与此相邻者则是北地郡灵州县，属雍州辖治。与后赵同时并存的还有河西地区汉人张轨建立的前凉政权，前凉以姑臧（今甘肃武威）为中心，东与后赵相邻，今阿拉善地区除西部少部分辖于后赵外，大部分地区受前凉管辖，前凉在额济纳旗东部设置西海郡，领居延县。从文献记载来看，乌海大体上应该属于后赵朔州朔方郡辖区，与前凉毗邻。351年，后赵在经历了内部夺权纷争之后，被前燕灭亡。374年，前凉被前秦所灭。前秦是氐族人苻氏建立的政权，382年前秦实现北方地区的统一，其疆域东濒大海，南抵汉水，西至龟兹，北达沙漠，辖境设置二十一州。乌海地区属于并州境朔方郡治内，或属其下辖沃野县境，是铁弗匈奴人、丁零人和鲜卑人活动的主要区域，其中铁弗匈奴在这一区域的势力较强。前秦时期对境

[1] 范晔：《后汉书》卷九十《乌桓鲜卑列传》，中华书局，1965年，2989页。

[2] 房玄龄：《晋书》卷九十七《北狄传》，中华书局，1974年，2549页。

[3] 房玄龄：《晋书》卷九十七《北狄传》，中华书局，1974年，2549页。

内各部族采取和戎政策，允许他们在各自活动区域内保持统治权力，因此郡县并没有在乌海地区发挥实质的、有效的管辖作用。前秦灭亡后，今乌海地区成为后凉和后秦辖境的边地，从统辖范围来看当归属后秦，后秦虽设州郡，但地方行政尤其是对偏远地区的管理基本实行以城统民政策。乌海地区当时是“杂胡”活动区，铁弗匈奴和鲜卑人仍然是在这里活动的主要部族，这种情况一直持续到大夏灭亡。

总体而言，由于后赵、前秦、后秦政权的经营重点在河北和关中，政治中心远离今乌海地区，因此对乌海的具体经营并不明显，与以上政权相比，十六国后期大夏政权对乌海地区的实际管辖则要明朗得多。

十六国后期，乌海地区属于大夏政权的统治范围。407年，铁弗匈奴人赫连勃勃在高平（今宁夏回族自治区固原市）起兵，叛后秦，建立大夏政权，大夏定都统万城之前，高平是其最重要的镇戍，其正北方向的乌海地区属于大夏实际控制的核心区域。根据《读史方舆纪要》的记载，大夏最强盛时，疆域“南阻秦岭，东戍蒲津，西收秦、陇，北薄于河”[1]，其辖境相当于今天内蒙古自治区阿拉善东部、乌海、巴彦淖尔、鄂尔多斯、包头，宁夏回族自治区，甘肃省东北部，陕西省中部、北部，山西省西部地区。《晋书·地理志》记载，大夏在统治范围内设立“九州”，即幽州、雍州、朔州、秦州、北秦州、并州、梁州、豫州、荆州。根据对各州方位以及历史沿革的分析，大夏九州，除幽州外，其他州名多是沿袭原有区域内已经设置的州名，并任命刺史管辖，梁州即是如此。《晋书·地理志》中所载大夏以梁州牧镇安定，而安定地区在大夏之前的历史中却有设置凉州之记载，大夏在古凉州境设置一个毫无干系的“梁州”名，可能性很小。又1993年在乌审旗出土的《大夏二年墓志铭》中提到墓主人田煛曾经担任过凉州都督和凉州刺史，此墓志铭以大夏年号纪年，田煛时应为夏臣，可见大夏有“凉州”之名，梁州当系凉州之误。凉州是大夏设置的最西的一个州治，乌海地区在发现大夏刺史墓葬的乌审旗西北，因此其属于凉州辖地无疑。

大夏地方行政系统中，不设郡县，以州统城，以城统民。文献有记载的大夏城池达40余座。其中可能对乌海地区进行统治的城为饮汗城，即今宁夏回族自治区银川市的前身。饮汗城，《元和郡县志》卷四“灵州怀远县”条记载：“怀远县，在州东北，隔河一百二十里。本名饮汗城，赫连勃勃以此为丽子园，后魏给百姓，立为怀远县，其城仪凤二年为河水泛损，三年于故城西更筑新城。”[2]2008年初，宁夏地区组织了文史专家组成调研组对银川城市起源问题进行调研，经过一年的实地考察和查阅文献，调研组认为饮汗城即汉成帝时期所建北典农城，俗称吕城，匈奴等游牧民族称之为饮汗城。十六国时代，赫连勃勃将饮汗城改建为丽子园，北魏时期在此设置怀远县，隶灵州管辖，其城址就是银川城的前身。大夏政权时期，乌海应在饮汗城镇属之下。

431年，大夏政权灭亡。乌海地区正式纳入了北魏的统辖范围。北魏地方行政既沿袭了汉晋以来的州郡县制度，又继承后秦、大夏的军镇制、护军制以及领民酋长制，因此严耕望先生曾指出北

[1] 顾祖禹：《读史方舆纪要》卷三《历代州域形势三》，中华书局，2005年，145页。

[2] 李吉甫：《元和郡县志》卷四《关内道四》，中华书局，1983年，96页。

魏地方制度“较之中国史上任何其他时代为复杂”[1]。北魏在对边疆地区行使管理权方面，军镇远比郡县发挥的作用大。按地理位置看当时乌海地区周围最重要的军镇，南有薄骨律镇，北有沃野镇，东隔沙漠有统万镇。其行政归属或为薄骨律镇。薄骨律镇在置镇之前为大夏白口骝旧城所在地。赫连勃勃时期，以此地的自然条件适宜农、林业发展，故于此置果城，名曰白口骝城。据北魏郦道元《水经注》的记载，白口骝之名“语出戎方，不究城名。访诸耆旧，咸言故老宿彦言，赫连之世，有骏马死此，取马色以为邑号，故目城为白口骝”[2]，后音转为薄骨律。又《太平寰宇记》卷三六“灵州”条云：“赫连勃勃时有骏马死，即取毛色为号，故名其城为白马骝。”[3]因此赫连果城、白口骝城、薄骨律城、白马骝城为一城，故址在今宁夏回族自治区灵武县。北魏太武帝平赫连昌后，于太延二年（436年）在此置薄骨律镇。孝昌二年（526年）“以州在河渚之中，随水上下，未尝陷没”，故改置灵州，下设怀远县。薄骨律城在北魏时期仍然是“桑果余林，仍列洲上”[4]，到唐朝时尚可见“桃李千余株，郁然犹在”[5]。

薄骨律镇民主要经营灌溉农业。太平真君五年（444年），刁雍出任薄骨律镇将之初，见到薄骨律镇虽农夫布野，但“官渠乏水，不得广殖”，于是“平地凿渠”“引河为用”，恢复了这里的水利灌溉事业，使得农田得以黄河水灌溉，百姓逐渐富足。太平真君七年（446年），朝廷诏令刁雍从高平、安定、统万、薄骨律四镇，运粮五十万斛付沃野镇，以供军粮[6]。从薄骨律到沃野镇八百余里，道路多是深厚沙漠，陆路交通费时费力，三年方可完成任务，于是刁雍上表请求水运：“今求于牵屯山河水之次，造船二百艘，二船为一舫，一船胜谷二千斛，一舫十人，计须千人。臣镇内之兵，率皆习水。一运二十万斛。方舟顺流，五日而至，自沃野牵上，十日还到，合六十日得一返。从三月至九月三返，运送六十万斛，计用人功，轻于车运十倍有余，不费牛力，又不费田。”[7]刁雍的请求得到了拓跋焘的支持，并下诏此利民益国之策“可永以为式”。至此，薄骨律镇至沃野镇的水运开通，今乌海市正是这条水运线路上的重要节点。

北魏时期，今乌海地区被安置了许多敕勒人口。史料可见，上珪、高平、薄骨律、沃野、统万诸镇皆有分布，被称为西部敕勒或者河西敕勒，皆有本部部帅统领，但受到“护高车中郎将”和附近各镇将的镇抚。神䴥三年（430年），有云中敕勒千余家因不满镇将的侵犯和掠夺，密谋返回漠北，事情败露后，北魏强行将敕勒三万余落迁徙于河西，西至白盐池（在今内蒙古自治区鄂托克前旗南北大池），欲以黄河为天然屏障阻止敕勒人北返漠北。此举引起了敕勒人更大的恐慌和不满，他们认为“圈我于河西之中，是将杀我也”[8]，于是敕勒数千骑叛走，后多饿死途中。此后，西

[1] 严耕望撰：《中国地方行政制度史：魏晋南北朝地方行政制度》，上海古籍出版社，2007年，691页。

[2] 郦道元著，陈桥驿点校：《水经注校正》卷三《河水注》，中华书局，2007年，74页。

[3] 乐史撰，王文楚点校：《太平寰宇记》卷三六《关西道十二》“灵州”条，中华书局，2007年，762页。

[4] 郦道元著，陈桥驿点校：《水经注校正》卷三《河水注》，中华书局，2007年，74页。

[5] 李吉甫：《元和郡县志》卷四《关内道四》，中华书局，1983年，91页。

[6] 魏收：《魏书》卷三八《刁雍传》，中华书局，1974年，868页。

[7] 魏收：《魏书》卷三八《刁雍传》，中华书局，1974年，868页。

[8] 魏收：《魏书》卷二八《刘洁传》，中华书局，1974年，687页。

部敕勒的斗争不断，一直持续到北魏灭亡。《魏书》记载，当时灵州属于“禁旅所出，户口之数，并不得知”[1]的区域，可见北魏后期，由于敕勒等各族人民的反抗斗争，北魏对今乌海地区的统治并不稳定。

北魏六镇起义之后，国力衰微，内部皇位之争日趋激烈。永熙三年（534年），北魏分裂为东魏和西魏。北魏分裂后，宇文氏操控西魏政权，鲜卑化汉人高氏独揽东魏大权，后分别建立北周、北齐政权。今乌海地区先后经历了西魏、北周的统辖，均隶属灵州。北周时，灵州下辖普乐、怀远、临河、历城四郡。其中怀远郡以及下辖怀远县即是在大夏饮汗城和北魏怀远县的基础上设立的。为了进一步加强对怀远县以北地区的控制，西魏时期，在怀远县北设置临河郡，下领临河县，王仲荦先生认为此郡在今宁夏回族自治区平罗县境[2]。北周时期，又设置历城郡。根据《水经注》的记载，北魏太和初年，出兵攻打三齐，战胜后将历下（今山东省济南市西）之民迁徙至浑怀障西居住，这里固有历城之名。浑怀障是秦始皇时期蒙恬所筑，在今宁夏回族自治区石嘴山市平罗县东南。北周在此设置历城郡，下仅辖建安一县，在今宁夏回族自治区石嘴山市平罗县陶乐镇，同时建安县下辖什贲城（在今内蒙古杭锦旗北什拉召附近），根据地理位置可判断，今乌海地区正属于建安县的直接管辖范围。北周以历城郡建安县对乌海地区进行管辖一直持续到其政权灭亡。根据《隋书·地理志》的记载，历城郡于隋开皇三年（583年）被废（一说在北周天和三年已经被废）。581年，北周权臣杨坚代周自立，建立隋朝，结束了中国历史上南北朝并立的时代。乌海地区也迎来其新的主人。

综上所述，从东汉末年到西晋时期，乌海地区是多民族迁徙、接触、杂居、交往的重要交通要道和交汇地带，是北方少数民族聚居区域，这些古族与曹魏政权发生了疏密不等的关系，并且其中的大部分都在名义上依附西晋，但曹魏和西晋政权并没有在这里设置实质性的地方建置。十六国至北周时期，乌海地区频繁易主，经历过多个民族割据政权的统治，尤其是大夏、北魏、西魏和北周政权对这里活动的多民族实行了州、郡、县、城等各级地方行政的有效管辖。

[1] 魏收：《魏书》卷一〇六上《地形志上》，中华书局，1974年，2504页。

[2] 王仲荦：《北周地理志》卷一《关中》，中华书局，1990年，133页。

古地名与乌海地区北方民族变迁史

包文胜
（内蒙古大学蒙古历史学系）

贺兰山位于黄河河套之西，南北走向，今属于内蒙古自治区和宁夏回族自治区。贺兰山北段或余脉桌子山（乌仁都西山）位于黄河东，南北走向，今属于内蒙古自治区乌海市和鄂尔多斯市。黄河在贺兰山和桌子山之间穿过，形成天然的峡谷关口，也就成为古代各政权必争之地。被美誉为“塞上江南”的贺兰山下银川平原，其历史上的重要性不必待言，众所周知。“塞上江南”之北就是今天的乌海地区，南贺兰山、东桌子山、西乌兰布和沙漠、北不远处狼山，横跨黄河，正可谓天然的南北走向的走廊地带。乌海地区在历史上是重要的南北通道，是衔接漠南与关中地区、河西走廊、青藏高原等地的咽喉要冲。居于蒙古高原的北方民族往往沿着黄河穿过乌海走廊地带南下“塞上江南”；居于青藏高原的西南民族顺着黄河进入银川平原也通过乌海走廊地带北上荒漠草原。包括乌海地区的贺兰山地带，在历史上显然成为民族交融的场所，可以认为其是不同文化交流的黄河渡口。

在古代，贺兰山地区曾居住着很多部族，史料中也遗存了一些以民族语言命名的古地名。解读这些古地名，可探知其背后所隐藏的一些部族变迁历史。这里重点考察南匈奴、拓跋鲜卑、宇文鲜卑和党项拓跋部在贺兰山地区的活动踪迹，通过解读在此区域的若干古地名或氏族名，探索其部族变迁状况，以期帮助读者更为详细、深入地了解这一区域的古代史。

一、贺兰山名与驳马

《元和郡县图志》解释贺兰山为“山有树木青白，望如驳马，北人呼驳为贺兰”[1]。可见，“贺兰山”名得于驳马[2]。所谓的驳马，最重要特征就是马色特别。《说文解字》：“驳，马色不纯。”[3]《汉书·梅福传》载：“一色成体谓之醇，白黑杂合谓之駮。”[4]古駮、驳字同[5]。驳

［1］李吉甫撰，贺次君点校：《元和郡县图志》“关内道四保静县”条，中华书局，1983年，95页。

［2］宝音德力根、包文胜：《“驳马—贺兰部”的历史与贺兰山名称起源及其相关史地问题》，《中国历史地理论丛》2017年3期。

［3］许慎撰，（宋）徐铉校定：《说文解字（附检字）》，中华书局，2009年，199页。

［4］班固撰，（唐）颜师古注：《汉书》卷六十七《梅福传》，中华书局，1962年，2920页。

［5］关于“驳”字解释，亦见宗福邦、陈世饶、萧海波主编：《故训汇纂》，商务印书馆，2003年，2537、2538页。

马之毛色，广义上可理解为斑驳色，是指青白、灰白、红白、黑白等两种颜色的掺杂，也就是在青色、灰色、红色、黑色等中掺杂白色，即所谓花白、斑白色。驳马之更为特别者，其驳色身上又有金钱状、豹纹般的斑点，尤其是脖子和肩胛部位有豹纹、鱼鳞状，这等马被牧民们视为“神马”。

历史上的驳马部是以饲养驳马而得名。驳马部后裔为延陀部[1]。史书中有延陀马的记载，其是骆马、骢马，此即驳马。《唐会要》“诸蕃马印”条载：“延陀马，与同罗相似，出骆马、骢马种。”[2]《说文解字》载：“骆，马白色黑鬣尾也。”“骢，马青白杂毛也。”[3]可见，“骆马”“骢马”是白或青白色且鬃尾为黑色的马，这就是驳马。延陀马中也有骢马之色上带有豹纹、鱼鳞纹的“神马”。前引《唐会要》所记延陀马“与同罗相似”，又“同罗马，与（杖）［拔］曳固川相类，亦出骢马种”，“（杖）［拔］曳固马，与骨利干马相类，种多黑点骢，如豹文”[4]。也就是说，延陀马与拔曳固马、骨利干马相类，即有黑点骢如豹纹的“神马”。

驳马还有个特征为体态高大、有野性。延陀部是贺兰部后裔，“贺兰”音译于突厥语ala at（驳马），“延陀”音译于突厥语yund（马）[5]。《突厥语大辞典》把yund解释为“类似骆驼”[6]。《史集》也记载“阿剌黑臣部”（即驳马部）为“他们［当地人］的马全都毛色斑驳（ala）；每匹马都健壮得如同四岁的骆驼”[7]。可见，yund即延陀马（驳马），体态像骆驼一样高大。“驳”字古作“駮”。《山海经·海外北经》记载：“北海内有兽，其状如马，名曰騊駼。有兽焉，其名曰駮，状如白马，锯牙，食虎豹。有素兽焉，状如马，名曰蛩蛩。”[8]可见，“駮”是指“食虎豹”的白色野马。“驳马”之“驳（駮）”字正凸显了其毛色和野性。这是因为“驳马”父系为野马、母系为家马，是杂交品种[9]。

二、白口骝城与南匈奴

贺兰山名得于驳马，其山下平川的有些地名也源自驳马是可能的。《水经注》记载：“河水又北薄骨律镇城。在河渚上，赫连果城也，桑果余林，仍列洲上。但语出戎方，不究城名。访诸耆旧，咸言故老宿彦云：赫连之世，有骏马死此，取马色以为邑号，故目城为白口骝，韵之谬。遂仍

［1］包文胜：《薛延陀部名称与起源考》，《内蒙古大学学报（哲学社会科学版）》2010年4期。

［2］王溥：《唐会要》卷七十二，中华书局，1955年，1306页。

［3］许慎撰、（宋）徐铉校定：《说文解字（附检字）》，中华书局，2009年，199页。

［4］王溥：《唐会要》卷七十二，中华书局，1955年，1305、1306页。

［5］包文胜：《薛延陀部名称与起源考》，《内蒙古大学学报（哲学社会科学版）》2010年4期。

［6］Mahmūd al-kāšγarī. *Compendium of the Turkic dialects (DīwānLuγāt at-Turk)*. Edited and Translated with Introduction and Indices by Robert Dankoff in collaboration with James Kelly. Cambridge: Harvard University Printing Office,1982 ~ 1985 (Ⅱ): 149.

［7］〔波斯〕拉施特著，余大钧、周建奇译：《史集》第一卷第一分册，商务印书馆，1983年，165页。

［8］袁珂校注：《山海经校注》，上海古籍出版社，1980年，246页。

［9］宝音德力根、包文胜：《“驳马—贺兰部”的历史与贺兰山名称起源及其相关史地问题》，《中国历史地理论丛》2017年3期。

今称，所未详也。”[1]白口骝，即骝白马。《十六国春秋》记载：“赫连勃勃时，有骏马死，即取毛色为号，故名其城为白马骝。”[2] 白口骝、白马骝，应理解为骝白马。《尔雅·释畜》载：“駵（骝）白，驳。”[3]可见，骝白马即驳马。那么，《水经注》所记“白口骝”应为白马骝，实指骝白马即驳马。由此可知，北魏时期的“薄骨律镇城”（灵州）在“赫连之世”（即大夏国时期）名为骝白马城，即驳马城。

《水经注》记载“白口骝”城名来源于“赫连之世，有骏马死此”。这可能是后人根据真实的历史而创作的典故，可能是大夏国的某位皇帝曾有一匹与众不同的神马即“白口骝”，此马死后他悲痛之极，故以此命名“果园”城。其实，真实的历史应该为此地曾是官马场或因饲养驳马而闻名。“白口骝城”即灵州（治今宁夏回族自治区吴忠市利通区古城湾村一带[4]）。颜师古对《汉书·地理志》所记“灵州，惠帝四年置。有河奇苑、号非苑”做注释：“苑谓马牧也。水中可居者为州。此地在河之州，随水高下，未常沦没，故号灵州，又曰河奇也。二苑皆在北焉。”[5]可见，灵州地即今银川平原，在汉代是官马场，是适合养马之地。

在古代，贺兰山和银川平原地带的确驻牧着以饲养驳马而闻名的匈奴驳马部。西汉末及东汉时期，灵州地有胡人驳马氏活动。《后汉书·卢芳传》载：“初，安定属国胡与芳为寇，及芳败，胡人还乡里，积苦县官徭役。其中有驳马少伯者，素刚壮，二十一年，遂率种人反叛，与匈奴连和，屯聚青山。乃遣将兵长史陈䜣率三千骑击之，少伯乃降，徙于冀县。”[6]这一段是补记卢芳败逃匈奴四年后即建武二十一年（公元45年）东汉降服其部下“安定属国”胡人驳马少伯事。“安定属国”为汉武帝时安置匈奴降众而析北地郡西部置，都尉住三水县（今宁夏同心县下马关北），因而又称“三水属国”；“青山”即甘肃环县与宁夏同心县交界的青龙山[7]；冀县即今甘肃甘谷县；驳马少伯的族属“胡”或“胡人”则泛指匈奴。卢芳部下驳马少伯及其“种人”即汉文文献所记驳马或贺兰部[8]，其活动范围应该包括贺兰山一带。汉朝将首次大规模来降的匈奴部众安置于陇西、北地（治马岭，今甘肃庆阳市庆城县西北）、上（今陕西榆林南）、朔方（治三封县，今内蒙古磴口县哈腾套海苏木）、云中（今内蒙古托克托县）五郡塞外黄河以南地区，“因其故俗为属国”，建立了五属国[9]。五属国

[1] 郦道元，（清）王先谦校：《合校水经注》，中华书局，2009年，39页。引文中的标点符号为笔者所加。

[2] 乐史撰，王文楚等点校：《太平寰宇记》卷三十六《灵州》，中华书局，2007年，762页。

[3] 管锡华译注：《尔雅》卷十九《释畜》，中华书局，2014年，665页。

[4] 白述礼：《古灵州城址再探》，《宁夏大学学报（人文社会科学版）》2013年5期。

[5] 班固撰，（唐）颜师古注：《汉书》卷二十八下《地理志》，中华书局，1962年，1616页。

[6] 范晔撰，（唐）李贤等注：《后汉书》卷十二《卢芳传》，中华书局，1965年，508页。

[7] 张多勇：《历史时期三水县城址的变迁》，《西夏研究》2015年1期。

[8] 贾敬颜较早注意到了《后汉书》所见驳马少伯及其部族，并将其与叶尼塞河与安加拉河汇流处的唐代驳马部联系，见其《汉属国与属国都尉考》，《史学集刊》1982年4期。

[9] 五属国分别为安定（又称三水）、上郡、天水、五原以及陇西，其中陇西属国的主体部族为休屠。参见陈琳国：《休屠、屠各和刘渊族姓》，《北京师范大学学报（社会科学版）》2006年4期；赵洁、武沐《汉代陇西属国与休屠考》，《历史研究》2009年3期。

位于灵州周围，所以灵州地没有“胡”人是不可能的。魏晋十六国时期，灵州地已变为“戎狄”居所，北魏时期已有胡人居住之“胡城”[1]。从驳马少伯活动区域、匈奴五属国居地范围及灵州曾为戎狄居住、置“胡城”等信息来看，匈奴驳马氏或其他南匈奴部落的确居于贺兰山地带。

通过前文分析可知，贺兰山及其周围地区曾有驳马部活动的踪迹。那驳马氏的族属是什么？其是匈奴单于姓氏。驳马即贺兰-延陀部，也即突厥人所谓的ala-yundluq部[2]。匈奴单于姓氏为“挛鞮”[3]，又作“虚连题”[4]。“挛鞮”是“虚连题”简称（“挛鞮”即“连题”），“虚连题”亦音译于ala-yundluq[5]，即驳马部。其实，“赫连”就来源于“虚连”（“虚连题”），也即“贺兰”。赫连勃勃虽取义“徽赫实与天连”而改姓为“赫连氏”，其实是根据原来匈奴语姓氏的汉语谐音词音译而来。其汉语音译时，根据匈奴姓氏的读音，选用了与其读音相近且寓意美好、伟大的“赫连”二字。也就是说，“赫连”之名的来源根基是原来的匈奴语姓氏，而汉语音译时特意选用了读音相近且代表美好寓意的词汇。对比“赫连”与“虚连”古音，“连”字同，只是“赫”与“虚”的差别。这二字古音分别为，“赫”晓铎切*xeɑk，“虚”晓鱼切*xĭɑ[6]。二字声母同，韵母稍有别，就是“赫”字古音带入声k音。汉语音写某部落名时，为了表达某个特定含义而选择与原词读音极其接近的词汇，这种例子是有的，如回鹘（回纥）、拓跋（托跋、秃发）等。如此看来，“赫连”与“虚连”同源是应该没有问题的。由此推知，“赫连氏”亦是匈奴单于姓“虚连题”，也是“贺兰氏”的同源分支。若此无误，“赫连”“贺兰”姓氏就是匈奴单于姓“虚连题”（简称“挛鞮”），其意为驳马。从活动地域推断，“赫连”“贺兰”氏属于南匈奴单于后裔。南匈奴单于降汉后一直活动于贺兰山、鄂尔多斯高原及其周围地区，在后世文献中以驳马、贺兰（贺赖）、赫连、延陀等不同音写名称出现，实指南匈奴单于氏族或其所属部落后裔。

梳理清楚了赫连氏由来后可知，贺兰山、鄂尔多斯高原及包括乌海地区，从东汉末到大夏国灭亡为止，一直是南匈奴单于氏族或其所属部落后裔活动的区域。当然这一地区的南匈奴也与其他部族交融发展，其中影响较深者为鲜卑。大夏国建立者“铁弗”氏就是胡（匈奴）父鲜卑母的混血，这能反映匈奴与鲜卑在此地域交融发展的历史。

---

[1]《水经注》卷三记载，河水过薄骨律镇之后“又经典农城东，世谓之胡城”。（参见前引《合校水经注》39页）《元和郡县图志》“关内道四灵武县”条（94页）载：“灵武县，本汉富平县之地，后魏破赫连昌，收胡户徙之，因号胡地城。”

[2] 宝音德力根、包文胜：《“驳马—贺兰部”的历史与贺兰山名称起源及其相关史地问题》，《中国历史地理论丛》2017年3期。

[3] 班固撰，（唐）颜师古注：《汉书》卷九十四上《匈奴传》，中华书局，1962年，3751页。

[4] 范晔撰，李贤等注：《后汉书》卷八十九《南匈奴传》，中华书局，1965年，2944页。

[5] Lan-Hai Wei, Hui Li. *Some textual studies about the names of Xiongnu clans*. Language contact and language variation. Beijing: The Commercial Press, 2019: 69-96. 韦兰海、李辉：《关于匈奴支系名的一点考证》，《语言接触与语言变异》，商务印书馆，2019年，69～96页。

[6] 本文汉字古音构拟，皆参考于郭锡良：《汉字古音手册》，北京大学出版社，1986年。

三、薄骨律镇与拓跋鲜卑

427年，拓跋鲜卑人攻占大夏国都统万城，占领贺兰山地区，置薄骨律镇，后改灵州。《元和郡县图志》“关内道四灵州”条：“其城赫连勃勃所置果园，今桃李千余株，郁然犹在。后魏太武帝平赫连昌，置薄骨律镇，后改置灵州，以州在河渚之中，随水上下，未常陷没，故号‘灵州’。”[1]可见，北魏太武帝战胜赫连昌后，在原来的赫连“果园”置薄骨律镇，后来又改为灵州。

那“薄骨律”之名为何义[2]？据前引《水经注》记载，在大夏国时期称之为“白口骝”（骝白马）城，即驳马城。前文提及，驳马即骆马、骢马，毛色为青白、灰白、红白、黑白等两种颜色掺杂，其身上某部位尤其是肩胛和脖子上有斑点、豹纹、鱼鳞纹状者被视为“神马”。驳马体态高大，是野马和家马的杂交种，故具备野性。“薄骨律镇”名是改“白口骝”城而得，其义肯定有内在联系，可能就是同义词之间的转译。郦道元解释“白口骝”和“薄骨律”是因“韵之谬”的差别。其说未必，应该是同名之不同民族语言差别所致，即同名异译。“薄骨律”之名出现于北魏时期，其应该与拓跋鲜卑语有关。学界公认拓跋鲜卑属于蒙古语族，其建立北魏之前长期与突厥语族部落杂居。因此，解读“薄骨律”词义时，从蒙古语族语言和突厥语族语言探寻其源是可行的途径。

据前文分析，“薄骨律”之名与骝白马、驳马有关。驳马，突厥语作ala at或ala yund，蒙古语作alaq aqta（alaq 为斑驳，aqta为马之义）或alaq adu’u（alaq aduγu，aduγu为马之义），亦可作boro或boz马。蒙古语boro（青）马，即骢马。清代郎世宁所画十骏图中有“如意骢”“奔霄骢”，蒙古语翻译为γaiqamsiγ öljeitü boro和batu arslan boro。可见，“骢”对应的是boro。boro色与葡萄色接近（突厥语、蒙古语称葡萄酒为bor），与灰、青、栗色接近，蒙古语boro，突厥语作boz。《突厥语大辞典》boz词条：“boz at灰马。该词用于任何白色和栗色之间的动物。boz qoy栗色羊。”[3]所谓的boro马和boz马，是指青白色相杂的马，可见，与alaq、ala同义，亦可证骢马即驳马。

根据这个线索探寻“薄骨律”之名的词义，或许有新的收获。突厥语boγrul、蒙古语boγurul一词与ala/alaq近义[4]，用于马色则实属同义。而且，boγrul和boγurul的词根与boro和boz之词根同义。这就等于说，突厥语boγrul at或蒙古语boγurul aqta/adu’u词义与ala at、ala yund、alaq aqta/adu’u、boz at、boro aqta/adu’u等同，亦是骝白马、驳马、骢马之义。看来，骝白马之义的“薄骨律”一词，应与突厥语boγrul at或蒙古语boγurul aqta/adu’u有关。

古突厥语词汇中有boγrul ala马，蒙古语则称为boγurul马。《突厥语大辞典》boγrul词条：“boγrul qoy，白脖羊。”bögrül词条：“bögrül at，白肋马。（该词）或指有白斑点的羊。”[5]

---

［1］李吉甫撰，贺次君点校：《元和郡县图志》“关内道四银州”，中华书局，1983年，91页。

［2］陈喜波：《“统万突”与“薄骨律”词义考证》，《西北民族大学学报（哲学社会科学版）》2009年6期。

［3］Mahmūd al-kāšγarī. *Compendium of the Turkic dialects (DīwānLuγāt at-Turk)*, Ⅱ: 210.

［4］蒙古语boγurul除了花白、斑白之义外，也有古老、悠久、祖先、年长等义。

［5］Mahmūd al-kāšγarī. *Compendium of the Turkic dialects (DīwānLuγāt at-Turk)*, Ⅰ: 358.

《五体清文鉴》满语burulu，突厥语作boγrul，蒙古语作boγurul，汉语作“红沙马”；满语kükele alaqa，突厥语作boγrul ala，蒙古语作köbger alaq，汉语作“碧云騢”[1]。《尔雅·释畜》载：“彤白杂毛，騢。”[2]《说文解字》载：“騢，马赤白杂毛。”[3]“騢”是指红白相杂的马色，与“红沙马”同义。由此可知，boγrul即“红沙”“騢”，指红白相杂之色。突厥语boγrul与ala、蒙古语boγurul与alaq也常以词组使用，如boγrul ala、boγurul alaq。可见，boγrul、boγurul与ala、alaq近义词，用于马色则指骝白马、驳马、骢马，即红白、青白、灰白、黑白等两种颜色掺杂的马。这与“薄骨律”之义为“骝白马”的记载完全一致。

“薄骨律”三字古音分别为：并铎切（*bǎk）、见物切（*kuət）、来物切（*lǐwət）。*bǎkkuətlǐwət，可以与boγrul at或boγurul aqta对音，也可以对音boγrul ala或boγurul alaq。这与《水经注》所记“薄骨律”之名来源于骝白马（即驳马、骢马）记载完全吻合。可见，拓跋鲜卑人占领赫连勃勃所置“果园”骝白马城后，用自己语言中的同义词改其名为“薄骨律”。据此可知，“薄骨律”之名与贺兰山名一样也源自“贺兰-延陀-驳马”[4]。贺兰山名来源于驳马，其山下城亦以驳马为名是完全说得通的。

北魏占据贺兰山地区后，拓跋鲜卑人成为此地域的主人。他们保留原有即赫连氏大夏国或更早形成文化的同时，又注入了拓跋鲜卑人自己的新文化。“薄骨律”名由来就是最典型的例子，即把原有的“白口骝”（骝白马）城改译为拓跋鲜卑语的同义词“薄骨律”。这样，原有的匈奴文化和新来的拓跋鲜卑文化在此交融发展，也为后来的宇文鲜卑、党项拓跋文化的持续发展做铺垫。

四、乞银州（银川郡）与宇文鲜卑

汉籍史料所记古“银州”地名也来自骢马。《元和郡县图志》“关内道四银州”条：“银州，银川。禹贡雍州之城。春秋时属白翟地。秦并天下，始皇分三十六郡，属上郡。汉为西河郡圁阴县之地。晋、十六国时为戎狄所居，苻秦建元元年，自骢马城巡抚戎狄，其城即今州理城是也。周武帝保定二年，分置银州，因谷为名，旧有人牧骢马于此谷，虏语骢马为乞银。隋大业二年废银州，县属雕阴郡，隋末陷于寇贼。贞观二年平梁师都，于此重置银州。天宝元年为银（州）[川]郡，乾元元年复为银州。”[5]据此，“银州”得名于“骢马”，即“旧有人牧骢马于此谷，虏语骢马为乞银”。前秦苻坚时期是“骢马城”，周武帝保定二年（562年）改置为“乞银州”（简称“银州”）。

“乞银”之名，确切难考，但不是没有任何线索可查。乞银州，前秦时是骢马城。汉文史料中

---

［1］《五体清文鉴》下册，民族出版社，1957年，4323、4342页。

［2］管锡华译注：《尔雅》卷十九《释畜》，中华书局，2014年，665页。

［3］许慎撰，（宋）徐铉校定：《说文解字（附检字）》，中华书局，2009年，199页。

［4］突厥语ala at或ala yund，汉文史料音译作“贺兰”（音译于ala或ala at）和“延陀”（音译于yund，马之义），意译作“驳马”。包文胜：《贺兰部名称考释》，《敦煌学辑刊》2013年1期。

［5］李吉甫撰，贺次君点校：《元和郡县图志》“关内道四银州”，中华书局，1983年，104页。

的“骢马城”，也有可能是史臣以意译记录之，也就是说，之前应该有民族语言的名称，应该就是“乞银”。若是，“乞银”亦属于前秦氐族语言。氐、羌、党项等属亲族语言。西夏都城中兴府即今银川市，党项语称之为rjar²kji̥¹（详后）。“乞银”二字古音分别为：溪物切*k‘ĭət（《广韵》作去讫切*k‘ĭət）、疑文切*ŋĭən（《广韵》作语巾切*ŋĭĕn）。

北周时期置乞银州，其取义于“虏语骢马为乞银”。那所谓的“虏语”当指北周宇文鲜卑语。宇文部是南匈奴后裔，而后来属鲜卑。所以，宇文鲜卑语中含匈奴语和鲜卑语的成分。匈奴语属于什么语种暂不明确，但在学界中属于阿尔泰语系之突厥或蒙古语种的观点占优势。从有限的匈奴语言资料来看，的确属于突厥、蒙古或与其相关的某一语种的可能性最大。鲜卑语属于蒙古语族语言是学界公认的。所以，考释宇文鲜卑语“乞银”词义时，以突厥语或蒙古语推测是可行的途径。从古突厥语和古蒙古语中暂且尚未找到有价值的证据，但从现代土耳其语中有线索可循。土耳其语中有kır一词，其义为灰白、花白，如kır at即灰白马、花白马；kırlık即花白的毛发之意。可见，这与前文分析的boγrul—boγurul、ala—alaq等词义同，用于指驳马、骢马是有可能的。kır一词也有混血、杂种之意，这也与汉语“驳马”之本义同。那么，“乞银”二字古音*k‘ĭətŋĭən可以与kırlık、或由词干kır派生的某个词对音是有可能的，其表示灰白、花白毛色之意。若前两种推论无误，那乞银与薄骨律、贺兰即骢马、驳马等同义。

骢马城即古银州（银川郡），位于今天的陕西省榆林市横山县党岔镇一带。古银州地望与薄骨律镇不在一地，但其名称词义完全相同。更为巧合的是，古银川郡（古银州）与今银川市地名也完全相同。这些不能以纯属巧合做解释了，而肯定有内在的联系。对此，较为合理的解释应该是饲养驳马之人或历史上的驳马部迁徙直接有关。也就是说，“白口骝城（薄骨律镇）”和“骢马城（乞银州）”应该与饲养驳马或驳马部的迁徙有关，也许这些地域就是驳马部的活动区域。总之，“乞银”之名的出现，能说明宇文鲜卑人在贺兰山地区或周围地带活动的事实，与原先的南匈奴、拓跋鲜卑文化继续交融发展。

五、额里合牙与党项拓跋部

贺兰山地区是西夏腹地，是其都城所在地。西夏都城中兴府（今银川市），党项人称呼为“额里合牙”。《元朝秘史》第265节记“额舌里中合牙”（下简作“额里合牙”）地名，学者一般复原为eri-qaya或eri-γaya，旁译作“宁夏”，此即西夏都城中兴府，今银川市[1]。学界有解读“额

[1]〔日〕那珂通世译注：《成吉思汗實錄（全）》，筑摩书房刊，1942年（昭和十七年），491、492页；陈寅恪：《灵州宁夏榆林三城译名考（蒙古源流研究之二）》，《金明馆丛稿二编》，生活·读书·新知三联书店，2001年，120～127页；额尔登泰、阿尔达扎布还原注释：《蒙古秘史还原注释》，内蒙古教育出版社，1986年，885页；亦邻真复原：《元朝秘史（畏吾体蒙古文）》，内蒙古大学出版社，1987年，263页；Igor de Rachewiltz. *The Secret History of the Mongols, A Mongolian Epic Chronicle of the Thirteenth Century(Translated With a Historical and Philological Commentary)*. Boston: Brill Leiden, 2004: 969.

里合牙”词义的研究[1]，但得出的结论还是让人难易信服。“额里合牙”是元代的宁夏府。《元史·地理志》记载：“宁夏府路，下。唐属灵州。宋初废为镇，领蕃部。自唐末有拓跋思恭者镇夏州，世有银、夏、绥、宥、静五州之地。宋天禧间，传至其孙德明，城怀远镇为兴州以居，后升兴庆府，又改中兴府。元至元二十五年，置宁夏路总管府。”[2]元代宁夏路总管府即西夏都城中兴府，也是以前的怀远县。宁夏府，蒙古人称之为“额里合牙”。那么，“额里合牙”之称怎么来的？党项族是怎么称呼自己的都城？其义又是什么？对此，在前文分析基础上，再利用蒙古语、党项语等民族语言材料进行深入分析。

《马可波罗行纪》记载：“如从凉州首途，东进，骑行八日，至一州，名曰额里哈牙（Egrigaia）。隶属唐古忒，境内有城堡不少，主要之城名哈剌善（Calachan）。”[3]据此得知，额里哈牙（Egrigaia）是州名，其下有很多城，其中最主要的城是哈剌善（Calachan）。哈剌善（Calachan）即贺兰山、阿拉善（alašan）[4]，其名源于贺兰-驳马[5]。马可波罗说“哈剌善”是城名，这与我们前文分析的“薄骨律镇”名来源于驳马观点完全吻合，也有力地证明了“薄骨律”确实为騮白马、驳马之义。

马可波罗所说州名Egrigaia，即《元朝秘史》所记宁夏府名“额里合牙”。“额里合牙”，学者一般复原为eri-qaya或eri-γaya。《元朝秘史》中“额里合牙”地名出现的历史背景为成吉思汗亲征西夏即蒙古未攻克中兴府之时，所以其名为党项语是没有问题的。又，马可波罗是元朝时期来到宁夏，他说此地名为Egrigaia，可见，元朝时期仍沿用党项语名称。因此，解读“额里合牙”词义应从党项语入手。明白了此地名为党项语，再结合前文分析的贺兰山下确有以驳马为名的城镇，那么党项语“额里合牙”有没有驳马之义呢？从西夏党项语资料中的确能找到表示驳马之意的词汇。西夏双语字典《番汉合时掌中珠》中有多个关于马的词条，读音分别为rjar^{2}、rjijr^{1}、ljị^{2}，西夏字典《同音》中均为“来日”音，发音相近。此外，西夏字典《文海》中表示“斑驳”的字读作kjɨ̣^{1}[6]。在西夏语中，形容词修饰语往往位于名词后方，如《番汉合时掌中珠》中作“米白”表示“白米”，“豆黑”表示“黑豆”。同理，“驳马”应说成“马驳”，对应的西夏文读音大致rjar^{2}kjɨ̣^{1}[7]。

由此得知，党项语rjar^{2}kjɨ̣^{1}（马驳）即“驳马”之义。党项语rjar^{2}kjɨ̣^{1}，蒙古人读作eriqiya。蒙古语属于阿尔泰语系，音节之间黏着成词，每个音节的主干为元音，没有双辅音（极个别词以外）。蒙古人读党项语rjar^{2}kjɨ̣^{1}，只能分每个音节去读，如rirkiya、rayirkiya、rikiya等。又，蒙古

---

［1］Paul Pelliot. *Notes on Marco Polo Ⅱ*. Paris: Imprimerie Nationale, 1963: 641, 642（伯希和，赵琦译：《阿拉唅、额济纳、也里合牙、额里折兀地名考》，《蒙古学信息》1998年2期，1～5页）。

［2］宋濂等：《元史》卷六十《地理志》，中华书局点校本，1976年，1451页。

［3］〔意〕马可波罗著，冯承钧译：《马可波罗行纪》，东方出版社，2007年，180页。

［4］〔日〕那珂通世译注：《成吉思汗實錄（全）》，筑摩书房刊，1942年（昭和十七年），491、492页。

［5］见前引《“驳马—贺兰部”的历史与贺兰山名称起源及其相关史地问题》。

［6］李范文编著，贾常业增订：《夏汉字典》，中国社会科学出版社，1997年。

［7］李范文编著，贾常业增订：《夏汉字典》，中国社会科学出版社，1997年，5576、0803号字。

语中没有r辅音开头的词，若读r辅音开头的词，前面要加元音，如rašiyan读作arašiyan（温泉）、radio读作aradio（收音机）、raqi读作araqi（白酒）、ros读作oros（俄罗斯）等。所以，蒙古人读党项语rjar^{2}kjị^{1}时前面一定要加元音，如erirkiya、arayirkiya、erikiya等。那么，马可波罗所说Egrigaia、《元朝秘史》所记“额^{舌}里^{中}合牙”（eriqaya）是党项语rjar^{2}kjị^{1}之蒙古人读音。可见，“额里合牙”即“宁夏府”，其义亦是骝白马、驳马、驄马，与前文所说“薄骨律镇（灵州）”地名词义完全一致。

如此，党项人占据灵州之地后，用自己的语言称呼了原有的骝白马（驳马、驄马）城为rjar^{2}kjị^{1}。后来，蒙古人占据此地后，沿用原党项语名称，但以蒙古语读音作“额^{舌}里^{中}合牙”即eri-qaya或eri-γaya，也读作irγai。《蒙古源流》《阿拉坦汗转》等蒙古文史书中，把“宁夏”“宁夏城”一般称之为irγai（亦儿该），且一直使用至今。irγai名称应是“额里合牙（eriqaya）”之读音变化所致，源头为党项语rjar^{2}kjị^{1}。可见，蒙古语名称irγai的词义为骝白马、驳马、驄马，而不是目前几乎异口同声地解释为来自蒙古语植物名irγai（黑果枸子）或树名yirγai modu等，这种解释是以今训诂。

总之，“额里合牙”地名来自党项语rjar^{2}kjị^{1}，蒙古语也读作irγai，与“骝白马城”“薄骨律镇”“驄马城”“乞银州”“贺兰山”等地名一样也是驳马、驄马之义。

“额里合牙”地名能反映贺兰山地区深受党项文化之影响。党项族拓跋氏，学界有属于鲜卑拓跋、吐谷浑拓跋或党项拓跋等说法。不管怎么说，党项拓跋氏与鲜卑拓跋（或秃发）氏没有任何关系是难以置信的。党项拓跋部最初居于黄河上游，大致为今青海省东南部、四川省北部和甘肃省南部一带。635年，党项拓跋赤辞率众降唐，唐置松州都督府，以拓跋赤辞为都督。唐开元（713～741年）中，党项拓跋部内迁，唐在庆州（今甘肃省庆阳市一带）境内置靖边等州，安抚其众。764年，部分党项拓跋部从庆州迁至银州（今陕西省榆林市党岔镇）、夏州（今陕西省靖边县统万城）一带，此部亦号平夏部。唐僖宗乾符（874～879年）中，以党项拓跋思恭为夏州节度使，后因平黄巢起义军有功而再封为夏绥银节度使，赐姓李。1003年，居于银州、夏州等地的党项拓跋部主李继迁攻占灵州，置西平府。从此灵州成为党项人住地，直到蒙古攻战为止。1020年，李继迁之子李德明以怀远县为兴州（今银川市），后又升为兴庆府，迁都至此。1038年，李德明之子李元昊称帝，建大夏国，都兴庆府，后改为中兴府。1227年，蒙古击灭西夏，占据中兴府。1288年，元朝在兴庆府置宁夏路总管府，属甘肃行省。

西夏时期，党项拓跋部成为贺兰山地区的主人，他们继续在原有的南匈奴、拓跋鲜卑、宇文鲜卑文化基础上发展。当然，从北朝到西夏即隋唐时期，在贺兰山地区有突厥、回鹘等北方民族驻牧，突厥语名称“贺兰山”能反映其在此的活动。“额里合牙”地名的出现与发展，不仅能反映党项人持续发展了贺兰山地区原有的驳马之义地名文化，而且能说明后来的蒙古文化也深受其影响。

附记：本文为2018年度国家社会科学基金“冷门‘绝学’和国别史等研究专项”资助项目“草原丝路上的突厥卢尼文、回鹘文碑铭、历史文书调查与再研究”（批准号：2018VJX045）阶段性研究成果。

对隋唐时期乌海地区历史与行政建制变迁的初步认识

甄自明[1]　闫　琪[2]
（1.鄂尔多斯博物馆　2.乌海博物馆）

一、隋代乌海地区历史与行政建制变迁

（一）突厥的兴起

突厥可汗自称与“九姓回纥”同族，而回纥族出自铁勒，则突厥应源自铁勒。突厥的最初活动之地在准格尔盆地之北，后来迁移到高昌的山北。5世纪中叶，柔然攻占高昌，于是突厥沦为柔然的种族奴隶，被迁移到金山，就是今天的阿尔泰山南麓，这支定居于金山之南的铁勒部落遂以突厥为族号，突厥木杆可汗在位时，灭柔然、破滑国、走契丹、并契骨，威震塞外，“东自辽海以西，西至西海（今咸海）万里，南自沙漠以北，北至北海（今贝加尔湖）五六千里皆属焉”[1]，突厥势力达到顶峰。

（二）隋朝的建立

581年，隋国公杨坚废掉北周9岁小皇帝自立为皇帝，建起了隋朝，并在9年后统一了中国，结束了西晋末年以来近300年多民族纷扰争霸的分裂局面。隋文帝建立起隋朝以来，改革政治制度，设立了尚书、门下、内史三省，尚书省下设吏部、礼部、兵部、刑部、民部、工部六部，从而创立了“三省六部制”；对选举制度做出重大改革，废除九品中正制，创立了通过考试选用官员的科举制度；在位期间，颁行《开皇律》。

（三）防突厥、修长城

在隋文帝杨坚废北周建立隋朝的初期，北面夺得突厥汗位的沙钵略可汗借口为周复仇不断侵入长城侵扰边地。隋朝统治者在反击突厥入侵的同时，开始不断修筑长城和沿边城堡。隋文帝筑长城史书共记载了五次，当时在辽宁、山西、陕西、内蒙古、宁夏都修筑过长城。

---

［1］白寿彝、史念海：《中国通史·中古时代·隋唐时期》，上海人民出版社、江西教育出版社，2013年。

（四）东突厥与西突厥的分裂

隋文帝采用大臣孙晟“远交而近攻，离强而合弱”的建议，利用东突厥与西突厥的矛盾，进行离间。促使突厥分裂，一分为二，突厥便分为东突厥、西突厥两部分。东突厥沙钵略可汗在西突厥和契丹东西两面威胁下，于开皇四年（584年）向隋文帝称臣，愿意“永为藩附”，保持了边境的和平。开皇五年（585年），沙钵略可汗率部迁至漠南，寄居于白道川（今呼和浩特），接受隋朝的管辖。

（五）突厥归顺隋朝被安置到鄂尔多斯、乌海地区

597年，东突厥沙钵略可汗的儿子启民可汗为西突厥所迫归降隋朝，隋文帝封他为“意利珍豆启民可汗”，并以义成公主配他为妻，将他们安置在水草丰美的白道川。599年，隋文帝命孙晟在朔州筑大利城，即今呼和浩特市清水河县，以安置启民及其民众。不久，因归顺启民可汗的部众越来越多，隋文帝采纳孙晟的意见，“于夏、胜二州之间（今鄂尔多斯高原），东西至黄河，南北四百里，掘为横堑，令处其内，使得任情畜牧”。此后，突厥自漠北“或南入长城”，“或住白道（今呼和浩特市）”，降隋者数十万众。于是，鄂尔多斯地区、乌海地区就成为以启民为首的突厥人的牧场。

隋文帝对周边各族采取了军事上的防御和政治上的招抚政策，有效地处理了民族矛盾，为各族人民赢得了“二十年间，天下无事，区宇之内晏如也”的安定环境，为隋代经济发展提供了有利条件。

（六）隋炀帝巡幸榆林城

大业三年（607年），隋炀帝北巡到达榆林郡，突厥启民可汗及义成公主同至行宫觐见，为了向突厥示威，隋炀帝出动大批军队，“甲士五十余万，马十万匹，旌旗辎重，千里不绝”。并命工部尚书宇文恺制造大帐和观风行殿。大帐可坐数千人，隋炀在大账中，备仪卫，建旌旗，大宴启民可汗及其部落三千五百人，表演“百戏”为乐。连启民可汗也亲执佩刀，为隋炀帝削除牙帐中的秽草。隋炀帝得意洋洋地写诗道：“鹿塞鸿旗驻，龙庭翠辇回。毡帷望风举，穹庐向日开。呼韩顿颡至，屠耆接踵来。索辫擎膻肉，韦鞲献酒杯。如何汉天子，空上单于台。”启明可汗前后献马三千匹，隋炀帝回赠帛布一万三千段，并命启民位列诸侯王之上[1]，参加这次大会的，除了启民可汗所率突厥贵族头领外，契丹、奚等部落的酋长也来参加，出现了各民族欢聚一堂的盛况。

总之，隋代初年，隋朝在丰州、胜州、夏州之间安置突厥人。乌海地区成为由丰州管辖的安置突厥人的领地，隋朝末年成为灵武郡的辖地。

[1] 白寿彝、史念海：《中国通史·中古时代·隋唐时期》，上海人民出版社、江西教育出版社，2013年。

二、唐代乌海地区历史与行政建制变迁

618年，唐朝建立，这是继隋朝之后的大一统王朝，是公认的中国最强盛的时代之一。唐朝文化兼容并蓄，接纳海内外各国民族来唐进行交流学习，形成开放的国际文化。唐朝成为当时世界上最强盛的国家，声誉远扬海外，与亚欧国家均有往来。故而，唐朝以后海外多称中国人为唐人。

唐高祖时期，东突厥颉利可汗自恃强大，几乎年年南侵唐朝。唐王朝视鄂尔多斯、乌海地区为北部边疆的战略重地。这里是由漠北过黄河通向京城长安的门户，被称为“国之北门”“边之要地”。当时鄂尔多斯、乌海地区属关内道所辖。唐朝在鄂尔多斯东北部设胜州（今准格尔旗十二连城）、乌海地区以北设丰州、南部设夏州（今白城子，古统万城），三州共辖七县。其后又在西南设宥州（今鄂托克前旗城川古城），随着加强军事防御的需要，又先后在灵州（今宁夏灵武）置朔方节度使，在古盛乐城（今呼和浩特市托克托县）置振武军节度使，在统万城置夏州节度使，来统领鄂尔多斯高原的各都督府。

（一）唐朝安置突厥

629年，唐太宗乘东突厥内外交困和多年饥荒，派兵一举灭其国，生擒颉利可汗，突厥降唐者十余万口。东突厥大批降唐后，约半数进入京师长安居住，唐太宗将东突厥安置在东自今北京，西到今宁夏灵武，包括今北京、内蒙古、陕西、宁夏的广大地区。639年，发生突厥降将刺杀唐太宗未遂事件，唐朝令突厥和胡人渡河回归漠南故里，后突厥人请求被安置于“胜、夏”之间，即东北至准格尔旗十二连城，西南至乌审旗南部白城子之间的鄂尔多斯地区和乌海地区。

（二）羁縻府州政策

唐太宗十分重视如何安置归附的十万突厥人的问题，这关系到“安边”大计。唐朝把突厥内附各部安置在东起今北京，西至今宁夏灵武沿长城一线，包括鄂尔多斯、乌海的广大地区。“即其部落，列置州县；其大者为都督府，以其首领为都督、刺史，皆得世袭。”历史上称唐朝设置的这些州府为羁縻府州。羁縻府州的统治形式是唐朝统治者在一定历史条件下实行的比较开明而有效的民族政策，有助于加强封建国家的统一，对于民族间经济文化的交流和民族地区的生产发展起到了积极作用，当时突厥和北方各族都尊称唐太宗为天可汗，并于大漠南北开辟了一条通畅大道，名为参天可汗道。唐太宗曾说：“自古皆贵中华，贱夷狄，朕独爱如一。”这正是唐太宗的难能可贵之处。

（三）受降城与参天可汗道

草原丝绸之路东部中心地带在内蒙古地区，这里是草原文化分布的集中地，也是中西文化和南北文化交流的汇集地，是一条北方草原游牧民族的重要交通道路，开拓于匈奴，鼎盛于元代。草原丝绸之路大宗商品交换的需求起源于农业与畜牧业的分工，中原以农业为主，盛产粮食、丝麻及

手工制品；北方草原地区以畜牧业为主，盛产牛、马、羊及皮、毛、肉、乳等畜产品；农区和牧区的产品不同且相互需要。这种中原地区与草原地区在经济上互有需求、相依相生的关系，是形成草原丝绸之路的基础和条件。内蒙古高原上的草原丝绸之路是连接东西方以及中国长城以南地区与北方草原地区经济、文化交往的大通道。

708年，唐朔方大总管张仁愿于河套北岸、阴山南麓筑西、中、东三受降城，以御突厥。唐朝利用草原丝路与北方少数民族交往，并加以控制与安抚。从五原到哈剌和林的南北通道，即被铁勒、回鹘等民族称为“参天可汗道”，与夏州道、单于都护府道、受降城道共同形成了唐代漠南地区空前的交通盛况，乌海地区是当时西受降城的战略要地和必经之地，成为唐代草原丝绸之路上的不可替代的交通大枢纽和交流大通道（彩版八）。

（四）唐六胡州

679年，唐高宗在今鄂尔多斯高原南部设置了夏、宥、灵等州，还设立了总管府，都督府和节度，对归附入降的少数民族实行羁縻府州政策。六胡州是唐初为安置突厥降户，主要是昭武九姓的粟特人，在灵州，夏州之间设置的鲁州、丽州等的总称。粟特人是原居于中亚的古代民族，是活跃在丝绸之路上的商业民族，主要由康、安、曹、石、米、何、火寻、戍地、史共9个城邦组成国家，每个城邦的居民都以国为姓，所以习惯上称粟特人为昭武九姓。在鄂尔多斯地区，乌海地区所设立的六胡州中，最主要居民就是粟特人，当时的乌海地区是属于灵州、朔方节度使管辖的六胡州地区，主要是安置突厥人和粟特人。

六胡州属于羁縻府州的性质，粟特人在这里保持了较为巩固的部落组织，并未完成部落民向唐之编民的转变。“六胡州”所在之地属半农半牧地带，既是多民族错居杂处而交融频繁地域，又是唐朝的边疆战略要地。六胡州的置废变迁，是唐前期关内道北部，乃至整个北方边疆军政形势起伏变化历程之缩影[1]。几十年来，对鄂尔多斯高原唐代六胡州的学术研究成为我国历史学界、考古学界的热点和焦点。

（五）党项兴起

党项族是中国西部古老羌族与源出东北的鲜卑族融合而成的一个民族。南北朝末期，党项生活在今青海省东南部和四川省松潘县以西的山谷地带，主要以畜牧业为生[2]。

唐初，党项族拓跋部首领拓跋赤辞归唐，被任命为西戎州都督，赐以唐朝皇室李姓。后来，由于青藏高原上吐蕃强大起来，为避免被吞并，713～741年，拓跋部带领党项人请求唐朝内附，唐朝把原设在陇西地区的静边州都督府移置庆州（今甘肃庆阳），以党项族大首领拓跋思泰任都督，领十二州。

756年“安史之乱”后，吐蕃夺取河西、陇右之地，这些地区的党项部落再一次东迁到银州

［1］高毅、王志浩、杨泽蒙：《鄂尔多斯史海钩沉》，文物出版社，2008年。

［2］纪宗安、汤开建：《党项源流新证》，《暨南史学》（第一辑），暨南大学出版社，2002年。

（今横山）以北、夏州（今靖边县统万城）以东地区。绥州（今绥德）、延州（今延安）一带，也陆续迁来大批党项部落。党项二次迁徙后入居庆州一带的称东山部；入居夏州一带的称平夏部；南面横山一线，唐人谓之南山，居住在这一区域的党项人被称作南山部。此后，因唐代宗将居于庆州的拓跋朝光所率的党项部众迁往包括银州、夏州在内的陕北地区和鄂尔多斯东南部，故其被称为“平夏部”。

唐僖宗时，曾封平夏部首领拓跋思恭为夏州节度使。881年，黄巢攻占长安，拓跋思恭会同唐军镇压起义军，被封为夏绥银节度使。883年，拓跋思恭因在镇压黄巢起义中有功于唐，被封为夏国公，赐姓李。从此夏州拓跋氏称为李氏，统辖夏、绥（今绥德）、银、宥、静（今米脂）五州之地。鄂尔多斯肥美的草原为党项平夏部发展畜牧业提供了物质条件，他们在鄂尔多斯高原腹地地斤泽一带有广阔的牧场。鄂尔多斯高原特殊的地理位置，使党项族有条件同中原地区的经济文化进行交流，从此，“不知稼穑”的党项族在鄂尔多斯南部无定河、窟野河流域以及横山以下的肥沃的黄土高原上兴修水利、发展农业，西夏建国后，在夏州境内的七里平和桃堆平，有百余所谷窖及密密相排的“国官窖”，成为西夏的重要粮仓之一。鄂尔多斯高原南部乌池、白池盛产的青盐，是党项和内地进行贸易的重要物资和财源。在党项和宋朝关系友好时，在鄂尔多斯高原南部与宋交界处设立“榷场”，进行大宗贸易交换，党项族人民经常用驼、马、牛、羊、毡毯、毛褐（毛织品）、草药等同宋朝换取缯、帛、罗、绮、瓷、漆器和茶、谷等。宋朝还将大批的汉文经书、史书、医书和佛经等文化经典输往党项地区。日积月累，平夏部在鄂尔多斯南部地区的夏州、绥州、银州、灵州一带逐步发展成割据势力。

五代十国时期，党项平夏部粉碎了后唐政权的吞并阴谋后，仍然向后晋、后汉、后周的皇帝称臣。但实际上，平夏部虽未称王，但已成为独立王国。直到北宋建立时，平夏部已牢牢占据夏、绥、银地区，成为雄踞于西北的不可忽视的割据势力，陕北地区、鄂尔多斯地区、乌海地区成为以后建立以平夏部为核心的西夏国的基地。

（六）十里梁排子湾党项墓地

多年来，在陕北和鄂尔多斯交界处发现了一批唐、五代、宋初的党项族拓跋氏贵族的墓志刻石，在乌审旗十里梁排子湾墓地出土的墓志铭有：①大晋虢王李仁福妻渎氏墓志铭，②大汉故沛国郡夫人李彝谨妻里氏墓志铭，③后周绥州刺史李彝谨墓志铭，④故绥州太保夫人祁氏神道志，⑤大宋故定难军节度使李光睿墓志铭并盖，⑥大宋定难军节度使观察留后李继筠墓志铭并盖，⑦大宋国故管内蕃部都指挥使李光遂墓志铭并盖。

这些墓志铭一般由志和铭两部分组成。志多用散文撰写，铭则用韵文概括全篇，将死者姓名、籍贯、生平事略刻在石上，赞扬死者的功业成就，表示悼念和安慰。埋葬死者时，同时将墓志铭埋于坟墓中。后来方形墓志成为定制，即为两块等大之正方形石板，上下重叠，刻铭文者在下为底，刻碑额者在上为盖[1]。

［1］杜建录：《党项西夏碑石整理研究》，上海古籍出版社，2015年。

五代时期，党项族政权先后依附于梁、唐、晋、汉、周各朝，实力继续发展壮大。李氏各代持续掌管夏州及所属各州政权，先后有思恭弟思谏、思恭孙彝昌、彝昌叔仁福、仁福子彝超、彝殷、彝殷子光睿、光睿子继筠等袭节度使位。这些墓志铭反映了当时党项族上层的殡葬特点，既继承了本民族火葬的习俗，又吸收了中原地区的土葬形式，将土葬和火葬结合，有了家族墓地；党项族贵族接受当时上层流行的墓志铭制度，在墓中埋葬墓志石；五代、宋初党项上层的墓志盖上面阴刻八卦图，表明其墓葬受到道教的影响；11世纪初，党项族上层的殡葬又受到佛教的强烈影响。党项族在这一带长期与汉族杂相居处，交流密切，党项族上层的葬礼有大量番、汉人员共同参加，表现出不同民族之间的融洽关系。

排子湾李氏家族墓志铭中，开首用了大段的文字记述其家族起源经过，并明确表示其家族为“本乡客之大族，后魏之莘系焉”。根据西夏文献资料可知番族在历史上与鲜卑族有密切关系。西夏番族中有鲜卑的成分。在西夏番姓中有“西壁”一姓，“西壁”即“鲜卑”，可以认为，“鲜卑”已经从一个族称演化成番族的一个姓氏。此可以证明党项与鲜卑存在密切的联系。

总之，在唐代初期，乌海地区是属于灵州、朔方节度使管辖的六胡州地区，主要是安置突厥人和粟特人。在唐代后期，党项人开始进入乌海地区。

西夏、元代的乌海地区

翟　禹
（内蒙古社会科学院历史研究所）

1038年，西夏建国。1227年，蒙古灭西夏。1206年，成吉思汗建立大蒙古国。1368年，元代结束中原的统治，从西夏到元末共历300多年。这一时期的乌海地区先后处于党项族建立的西夏政权和蒙古族建立的元代统治之下，其总体特征有三：一是地处沟通南北、东西的交通要道，成为黄河流域非常重要的“通道走廊”，在这一地区发生的军事行动、商贸往来、文化交融与民族融合都极为频繁；二是乌海地区被西夏和元代纳入军事建置和行政区划之中，从而对其实施有效管辖；三是乌海地区地域狭小，囿于文献史料和文物考古资料的双重匮乏，直接相关的资料极少，只能从西夏、元代总体历史中寻找蛛丝马迹，并进一步进行具体推测和分析，方能初步勾勒当时乌海地区的历史轮廓。

一、西夏时期的乌海地区

西夏王朝统治者的先祖是游牧在我国西部地区的羌族。唐末五代时期，今天的乌海基本上地处党项活动区域。从行政隶属上来说，乌海仍然属于后梁、后唐、后晋、后汉和后周下辖的灵州（朔方节度使）辖区边缘地带[1]。但是，这一时期的党项族势力越来越壮大，逐渐不受控制，形成事实上的独立王国。

西夏正式建立是在1038年，但如果从党项拓跋思恭受唐朝册封为定难军节度使的881年开始算起，直到1227年西夏灭亡，以拓跋部为首的党项政权存在了三个半世纪之久。而乌海地区则作为西夏政权的下辖区，在这一时期始终处于党项的统辖之下。但是对于党项来说，乌海地区并非其统治的中心地区，而始终处于边缘地带。西夏的统治中心是今宁夏平原，从广义的地理区间来说，乌海地区属于宁夏平原的边缘地带，因此相对来说这一地区当时的人口应当比较少。但由于乌海地区位于黄河沿岸，且西夏、元代的气候环境较现在湿润许多，乌兰布和沙漠也没有像现在这样扩展波及面很广，因此理论上来说，在有水有植被的黄河沿岸是非常适宜人类生存的。

西夏立国的经济和地理优势显著。经济上来说，南部地区有宁夏平原、河西走廊，水源充足、地势平坦，可开展农耕；北部地区河套平原宜农宜牧，西北地区黑水流域（今额济纳地区）可进行

[1] 谭其骧：《中国历史地图集》第五册《隋唐五代十国时期》，中国地图出版社，1982年，82～88页。

畜牧，乌海地区正好地处这两大生产方式分布区的交界地带。从地理上来说，乌海地处黄河之滨，水源充足，地形有山有平原，恰好是西夏政权管控范围之内的南、北分水岭。西夏的统治中心——宁夏平原有黄河和贺兰山两处自然天险，历来有“襟山带河”有利地势的说法，如果从广义的地理范围来看，乌海地区就是这“襟山带河”的北段。所以这一地区虽然文献记载非常缺乏，但是从宏大的历史背景分析，在西夏时期这是一处非常关键的区域，值得注意。

西夏立国以后，东征西讨，逐渐强盛起来，其版图疆域“东尽黄河，西界玉门，南接萧关，北控大漠，地方万余里”[1]。西夏自建立伊始，就面临着周边的强敌，西有吐蕃，东有契丹，南有北宋，用重兵防御边疆是其立国之本。因此，西夏“倚贺兰山为固，料兵设险：以七万人护卫兴庆，五万人镇守西平，五万人驻贺兰山。左厢宥州路，以五万人备、延、麟、府；右厢甘州路，以三万人备西蕃、回纥；自河南洪州、白豹、安、盐州，至罗洛、天都、惟精山等处，以五万人备环、庆、镇戎军；自河北至午腊山，以七万人备契丹”[2]。可见，西夏在其统治中心的周边地区设置了一系列军政建制，并配置了大量的军队，用以防御。乌海地区在当时恰好地处西夏的北部边缘地带，自然也是其重要的军事防御区。

西夏在地方实行监军司制度，监军司是兼具军事和地方行政性质的建置，共设置有十二处，在北部有三，分别是黑山威福军司、白马强镇军司、黑水镇燕军司。黑水镇燕军司在今天的额济纳旗，治所为今黑城遗址。黑山威福军司治所经过考古调查和研究，认为在高油坊古城（位于巴彦淖尔市临河区新华镇古城村），也是西夏时期的斡罗孩城[3]、元代的兀剌海城。黑山威福军司的管辖区域，“北依阴山山脉作为天然屏障，东至哈素海—庙沟一线，西至狼山西端，主要包括今天的后套平原、小佘太川、明安川、三湖河平原、包头平原等地。西夏占领后套平原以东一带”[4]。可见，黑山威福军司的管辖范围以今天河套平原为主要区域。白马强镇军司，又称为娄博贝监军司。经过考古调查研究，认为治所位于阿拉善盟阿拉善左旗巴彦诺日公苏木沙日布拉格嘎查西北14 千米处的查干克日木古城[5]。这里位于阿拉善左旗的最东端，是乌兰布和沙漠的东端边缘，吉兰泰盐场附近，距离黄河渡口巴彦木仁苏木等地很近，黄河东岸就是乌海地区。一般来说，军司的治所应当是其所管辖范畴的中心地带，那么距离其治所很近的呈南—北流向的黄河两岸应当也是白马强镇军司的管辖范围，很可能是核心地区，这一点从乌海所处交通要道的位置也可推知。有关白马强镇军司的史实，见有记载的一条是，北宋元祐七年（1092年）三月丙戌，“环庆路经略司奏：‘有塔坦国人马于（去年）八月内出来，打劫了西界贺兰山后面楼博贝监军司界住坐人口孳畜。’”[6]这一事件所指如下：“塔坦闻（梁）乙逋兵入河东，率所部袭贺兰山，入罗博监军

[1] 吴广成撰，龚世俊等校：《西夏书事校证》卷十二，甘肃文化出版社，1995年。

[2] 吴广成撰，龚世俊等校：《西夏书事校证》卷十二，甘肃文化出版社，1995年。

[3] 张文平：《西夏北部边防军司城寨探考》，《草原文物》2019年2期。

[4] 张文平：《西夏北部边防军司城寨探考》，《草原文物》2019年2期。

[5] 张文平：《西夏北部边防军司城寨探考》，《草原文物》2019年2期。

[6] 李焘：《续资治通鉴长编》卷四七一“元祐七年三月丙戌”条，中华书局，1993年。

司所，劫杀人户千余，掠牛羊、孳畜万计。乙逋回兵援之，至达尔结罗，塔坦兵已退。”[1]“楼博贝”一词，《西夏书事》《续资治通鉴长编》均记载为“罗博监军司所”，“罗博”为西夏语“白马”之意，故监军司也称为白马监军司。《宋史》卷四八五《夏国传上》称“贺兰驻兵五万”，指的应当是这一监军司[2]。而楼博贝监军司治所位于贺兰山北，其所管辖的范围应当就是呈东北—西南向横亘在黄河沿岸的贺兰山及其周边地区，尤其是贺兰山以北的广大地区。

在贺兰山南的克夷门，西夏设置有右厢朝顺军司，目前克夷门地望尚难确定，因此关于乌海地区是否全部归属白马强镇军司管辖，还是有一部分归属右厢朝顺军司管辖，亦难确定。但是从这两处军司的设置来看，白马强镇军司设置于贺兰山北，右厢朝顺军司设置于贺兰山南。这种山南、山北分别防守的军事布局，应当是西夏统治者刻意为之[3]。《西夏纪事本末》卷首“西夏地形图”中，将右厢朝顺监军司标注在凉州城（今甘肃武威市）以北，故此也有学者认为，右厢朝顺军司应设治于凉州城（今甘肃武威市）。实际上，在西夏立国的二百余年漫长时间中，监军司先后有过增置、改置，辖区范围受战争影响而盈缩不定，军事建置多有变迁，很可能右厢朝顺军司也有过变动。右厢朝顺军司曾改名“西院”，《天盛律令· 司序行文门》中记载的西夏十七个监军司中就有“西院”。西夏的军事防御布局中，“左”与“东”相符，“右”与“西”相合，故左厢在中兴府东边，右厢在西边。至于监军司前后变迁与位置的史实，多与乌海地区关系不大，故不再赘述。

西夏军事发达，这一点在文物考古遗存中也能够得到证明。今乌海博物馆收藏有一定数量的西夏时期的军事武器文物，如铁镞[4]、瓷蒺藜[5]等，均出土或征集于乌海地区。学术界对西夏时期的武器多有总结，其主要的兵器中就包含铁蒺藜、火蒺藜等。其中火蒺藜是一种用作攻城的火器，其质地当为粗瓷质，制作成本较低，便于引爆。《宋史·夏国传》记载，西夏军队中“有砲手二百人号‘泼喜’，陡立旋风砲于橐驼鞍，纵石如拳”[6]。从描述的使用方式来看，这应当就是攻城使用的抛石装置，火蒺藜很可能是所抛之炮弹，即“纵石如拳”中的“石”。党项人善于骑射，北宋人称西夏“步奚挽强注射，锋不可当”[7]。而西夏地区也出产良弓，则箭矢必不可少，作为箭头的铁镞也必为常用之物，故在乌海地区能够有西夏时期的铁镞遗留，当属情理之中。此外，由于西夏境内大部分为黄河流域，渡河交通是行军作战、商旅往来的主要方式之一，因此专为渡河使用的浑脱、革、囊就成了必需品，尤其是在战争中，其是西夏水兵的渡河战具，起着非常重要的作

[1] 吴广成撰，龚世俊等校证：《西夏书事校注》卷二十九，甘肃文化出版社，1995年。

[2] 李昌宪：《中国行政区划通史·宋西夏卷》，复旦大学出版社，2007年，721页。

[3] 陈柄应：《西夏监军司的数量和驻地考》，《西北师院学报增刊·敦煌学研究》1986年5期；汤开建：《西夏监军司驻所辨析》，《历史地理》（第6辑），上海人民出版社，1988年；李昌宪：《中国行政区划通史·宋西夏卷》，复旦大学出版社，2007年，719页。

[4] 乌海博物馆藏西夏时期的铁镞计有6枚，一般长6～14、宽1～3厘米，高一般不足1厘米，资料为乌海博物馆郝玉龙先生提供。

[5] 乌海博物馆藏2004年征集所得Ⅰ枚，定名为“褐釉瓷雷”，长18.7、宽18.5、高13.4厘米，部分有残缺，资料为乌海博物馆郝玉龙先生提供。

[6] 《宋史》卷四八六《夏国传》，中华书局，1985年，14028页。

[7] 《宋史》卷二九二《王尧臣传》，中华书局，1985年，9773页。

用。西夏士兵的装备，史载："凡正军给长生马、驼各一。团练使以上，帐一、弓一、箭五百、马一、橐驼五，旗、鼓、枪、剑、棍棓、粆袋、披毡、浑脱、背索、锹䦆、斤斧、箭牌、铁爪篱各一。"[1]这些渡河工具使用的时间非常长久，直到后来的明朝与蒙古对峙时期，蒙古士兵仍然使用浑脱渡河南下。明人李开先有一首诗《塞上曲》："黄河万里障边隅，黠卤年来谋计殊。不用轻帆并短棹，浑脱飞渡只须臾。"[2]诗中描述的就是这种渡河工具。浑脱的具体做法，大致是使用牛羊皮制成袋子，并将袋子连接成筏子，轻而坚固，浮而不沉。

西夏时期，乌海地区属于西夏统治中心区的北部，距离中兴府相对较近，这一带的社会生产和生活，推测应当稍好于其他边远地区。文献曾记载，在贺兰山西北有一座"摊粮城"。西夏延嗣宁国元年（辽重熙八年，1049年）七月，辽兴宗兵分三路亲征西夏。第二年（西夏天祐垂圣元年，1050年）二月始，辽夏双方战事继续进行。直至"六月，契丹破摊粮城"[3]。文献对此城做了简要考订："城在贺兰山西北，国中储粮处，契丹兵攻破之，尽发廪积而还。"[4]可见，辽军攻破了西夏在贺兰山北的重要储粮基地，并将其储粮全部取走。当年十月，李元昊之妻没藏氏就遣使向辽朝请和，可见这次辽朝的进攻对西夏的打击应当是很严重的，也足以显示摊粮城粮储的重要性。关于摊粮城的记载，还有如下内容：

> 王沿知渭州日，尝与百姓范仁美持沿书入西界，反间野利、遇乞兄弟。事觉，仁美被杀，遂配居摊粮城。及契丹西伐，获遂以归。[5]

上文记载的"遂"，是北宋驻守渭州的边臣张遂。《中国历史地图集》第七册"宋辽金时期·西夏部分"也将"摊粮城"标注在贺兰山西北，今阿拉善左旗东边，其史料根据当源于《西夏书事》的这条记载[6]。摊粮城的位置，应当在今天贺兰山北麓的吉兰泰盐池附近，可见当时这一带应当是水草丰美、生产粮食并且易于储存的地方，这里已经是乌兰布和沙漠的东端边缘，与今天的乌海隔黄河相望。由于西夏从立国到灭亡，始终都处于周边强大政权的对峙、围攻之下，因此西夏最重视边防建设，在周边与宋辽等交界沿边地区设置了许多粮仓，以此保障边防军的粮食和物资供应。《天盛改旧新定律令》记载，许多监军司掌握着一定的军粮，在边防地区设有"边中粮食库"，根据粮库规模任命官员："五千斛以内二司吏，五千斛以上至一万斛一案头二司吏，一万斛以上至三万斛一案头三司吏，三万斛以上至六万斛一案头四司吏，六万斛以上至十万斛一案头五司吏，十万斛以上一律一案头六司吏。"[7]

---

［1］《宋史》卷四八六《夏国传》，中华书局，1985年，14028页。

［2］王士祯：《居易录》卷十九，文渊阁四库全书本。

［3］吴广成撰，龚世俊等校证：《西夏书事校正》卷十九，甘肃文化出版社，1995年，221页。

［4］吴广成撰，龚世俊等校证：《西夏书事校正》卷十九，甘肃文化出版社，1995年，221页。

［5］李焘：《续资治通鉴长编》卷一六八"皇祐二年四月丁丑"条。

［6］谭其骧：《中国历史地图集》第六册《宋辽金时期·西夏部分》，中国地图出版社，1982年，36、37页。

［7］史金波等译：《天盛改旧新定律令》卷十七《库局分转派门》，法律出版社，2000年，532页。

摊粮城是当时西夏设置在边防地区的一处较大的粮仓，这一带还是白马强镇军司的管辖地，且摊粮城的位置与白马强镇监军司治所相距不远，因此可以推断摊粮城归属白马强镇监军司管辖，而且摊粮城所储存的粮食和物资，如果要能够供应贺兰山一带的边防，就需要在包括今天乌海地区范围之内的黄河两岸屯田开垦，征收大量粮食和物资。也有学者进行了不同的分析："内蒙古后套乃至阿拉善地区是西夏重要的边防重地，驻守重兵，而贺兰山以西的阿拉善地区并不产粮食，因此摊粮城应为供应西夏西北军需粮草的重要后勤基地，文献只交代了摊粮城大致方位，至今未发现这方面的考古信息，具体位置不详。"[1]

在20世纪70年代，乌海地区曾经发现一处西夏墓地，墓地中有一通参知政事碑，为我们提供了目前乌海地区唯一一份与西夏历史有直接关联的文字史料证据。这处墓地位于乌海市海南区黑龙贵煤矿附近（现墓葬所在地划归鄂托克旗管辖），位于桌子山南端西麓台地上，当时地表残留的遗存有"小石狮三（原当为二对），石羊一对，石马一对（多缺首倒卧），文臣石像三（断残，缺一上身一下身），武将石像三（断残，缺一上身），巨大兽形碑座被近人炸毁成前后两半，侧卧一残碑，另有葵花纹柱础一，石柱一，碑座近旁散落有龙身纹碑额残块"[2]。其中最具文献价值的是带有文字的残碑一通，残碑仅存中段，上下均缺。陈国灿先生对这块碑文进行了详细考释，根据内容可知这是一通记功碑，立于墓葬地表，原有碑座，推测立碑时间是在天盛七年（1155年）七月三日。碑文中有"归葬于三山之原"之语，这座墓葬位置在桌子山南端的西麓台地上，在西夏时期，这一地带是否与所谓"三山之原"有关？三山之原，或可解释为三座山交界的平缓地带，那么这一处地点所指的三山至少包括贺兰山、桌子山，此外或许还有乌海湖以西以南的五虎山等。当然，从广义的地理区间来说，桌子山、五虎山等乌海黄河两岸的山脉，都可属于贺兰山北段的余脉，而黄河乌海段则是贺兰山余脉之中的一条南—北向的宽阔峡谷，在桌子山西麓的平缓台地上，则可以将其称作"原"。

通过解读残碑信息可知，此墓的主人是西夏党项人，曾任容州团练使，还可能担任过观察使或观察使下之某职位[3]，而其最高职位是"参知政事"，位高权重，在西夏属于上层官僚贵族。这位显赫的高官去世之后，归葬在这一带，说明这里很可能是其"族帐故里"之地。可见，西夏时期的乌海地区与党项大族有着千丝万缕的关系，既为其故里，则一定有军兵驻守，还会有百姓屯田并生活于此。这份资料弥足珍贵，填补了乌海地区这一段历史的空白。

二、元征西夏时期的乌海

蒙古进攻西夏并将其灭亡，经过了一个漫长的过程，先后六次进攻西夏，分别在1205年进攻河西瓜、沙诸州，1207年攻克兀剌海城，1209年进攻黑水城、兀剌海城并展开克夷门之战、围困中兴府，1217～1218年围困中兴府，1224年进攻河西沙州、银州，1226～1227年最后一次进攻并灭亡西夏。其中，1209年的第三次进攻西夏，文献记载如下：

[1] 杨蕤：《〈中国历史地图集·西夏幅〉补释》，《中国边疆史地研究》2020年1期。

[2] 陈国灿：《乌海市所出西夏某参知政事碑考释》，《内蒙古大学学报（人文社会科学版）》1997年4期。

[3] 陈国灿：《乌海市所出西夏某参知政事碑考释》，《内蒙古大学学报（人文社会科学版）》1997年4期。

四年己巳春，帝入河西。夏主李安全遣其世子率师来战，败之，获其副元帅高令公。克兀剌海城，俘其太傅西壁氏。进至克夷门，复败夏师，获其将嵬名令公。薄中兴府，引河水灌之。堤决，水外溃，遂撤围还。遣太傅讹答入中兴，招谕夏主，夏主纳女请和。[1]

太祖四年，由黑水城北兀剌海西关口入河西，获西夏将高令公，克兀剌海城。[2]

其他相关文献如《史集》等记载的内容大体相当，从这次进攻路线可知，成吉思汗率领的蒙古军队应当是从黑水城（今额济纳旗）向东进攻兀剌海城，克城之后通过“兀剌海城西关口”转而向西南沿黄河南下，经过磴口、乌海一带黄河沿岸的狭长通道，进入西夏中兴府的北大门——克夷门，在克夷门一带与西夏将领嵬名令公激战，将其俘获，于是继续进攻西夏首都中兴府。可见，在这次的战争中，乌海地区成为一处重要的军事通道，为蒙古军南下打开了大门。

成吉思汗十三年戊寅（1218年）第四次进攻西夏：

是年，伐西夏，围其王城，夏王李遵顼出走西凉。[3]

这次进攻也将西夏都城包围，而且皇帝李遵顼也被迫逃走，虽然没有记录进攻路线，但从西夏皇帝“出走西凉”可以推测，如果成吉思汗率领的蒙古军队是从河西走廊向东进发，则西夏皇帝不可能又迎着蒙古军队逃跑，因此蒙古军队很可能是从漠北南下越过沙漠戈壁来到河套西北角，即阴山（或狼山）以南黄河西北角，沿着磴口向南的黄河沿岸，经过今天的乌海地区，越过石嘴山口进入宁夏平原，从而围攻中兴府，这是最便捷的一条路线，也符合文献记载。而且，在此之前的几次进攻西夏过程中，蒙古军队曾经攻占过兀剌海城等地，阴山以南的河套一带应该已经为蒙古所控制，至少经过蒙古军的连番打击以后，西夏势力已经很微弱，相对容易行军和进攻。

蒙古最后一次进攻西夏：

（西夏乾定三年，1226年）十一月，蒙古取灵州，克兀纳剌城，故太子德任死之。见遣大将嵬名令公以十万众救灵州，蒙古兵渡河邀击，夏兵败走，领军佐里等战殁，遂取灵州。进克兀纳剌城，德任被执，不屈死之。有子惟忠，方七岁，求从死，蒙古将异而执之。[4]

同事见于《西夏书事》记载：

嘉定二年、夏应天四年……三月，蒙古兵入河西，大都督府主高逸死之。

---

［1］《元史》卷一《世祖本纪》，中华书局，1976年，14页。

［2］《元史》卷六〇《地理志三》，中华书局，1976年，1452页；王圻：《续文献通考》卷二三六《舆地考》，文渊阁四库全书影印本。

［3］《元史》卷一《世祖本纪》，中华书局，1976年，20页。

［4］吴广成撰，龚世俊等校：《西夏书事校证》卷十二，甘肃文化出版社，1995年。

金叛人李藻、田广明等劝蒙古伐金。蒙古主恐夏国议其后，先举兵出黑水城北，由兀剌海关口入河西。安全遣世子承祯为主将，以大都督府令公高逸为副元帅，督兵五万御之，大败。逸被获，不屈死。

夏四月，兀剌海城降。

蒙古兵围城，丰州人谢睦欢劝守将出降，太傅西壁氏率兵巷战，被俘。

秋七月，破克夷门。

克夷为中兴府外围，两山对峙，中通一径，悬绝不可登。曩霄时，尝设右厢朝顺监军司兵七万守之。安全闻蒙古兵深入，遣嵬名令公复率兵五万以拒。蒙古兵至，嵬名令公自山坂驰下，击败之。相持两月，备渐弛，蒙古主设伏以待，遣游兵诱之入伏获之，遂破克夷。[1]

从上述史料可见，这次进兵西夏也是从漠北进入漠南，至兀剌海城南下进攻。岑仲勉先生对西夏进兵路线进行了分析，颇为有理：

使蒙兵果从肃、甘诸州而来，未薄夏王城已前，固应有所残废，今顾无之。惟一逾狼山山脉，则宁夏已犹户庭，其道甚捷，夏非劲敌，太祖善用兵者，宁取迂曲之长道耶？[2]

从狼山一带向南行至黄河，有两条路线：一是沿狼山北的草原道路西行，再折而西南行；二是沿狼山南麓西南行。两条道在今磴口县哈腾套海苏木西端会合，西行至贺兰山西麓南下，这两条道都是清代从武威至包头驼路的东段[3]。至磴口一带，若再“进至”西夏首都中兴府，那就只有顺黄河而南下，经过乌海，穿过石嘴子，进入宁夏平原，这是必经之地。

从“两山对峙，中通一径，悬绝不可登”一语能够看出，克夷门所在地当是乌海市区以南至宁夏石嘴山以北这一带。学者对此多有考证，但目前尚未形成定论[4]。学界观点有“狼山高阙说”“贺兰山三关口说”“贺兰山大水口说”“石嘴山市石嘴山区东北说”“乌海市乌达说”等[5]。根据学术界多年研究论证，“狼山高阙说”早已被证明不可信，兀剌海城在后套平原，克

[1] 吴广成撰，龚世俊等校：《西夏书事校证》卷四〇，甘肃文化出版社，1995年。

[2] 岑仲勉：《中外史地考证》（下册），中华书局，1962年，534页。

[3] 李万禄：《瀚海长途——包武路》，《阿拉善盟公路交通史资料选编》（第二辑），内部刊印资料；转引自鲍桐：《兀剌海城地望和成吉思汗征西夏军事地理析》，《宁夏社会科学》1994年6期。

[4] 近年成果主要有：刘利华：《克夷门考》，《西夏研究》2014年1期；甄自明、郝雪琴：《西夏克夷门、右厢朝顺监军司驻地新考——内蒙古鄂托克旗西夏石城、长城的发现与研究》，《西夏学》2017年1期；杨浣、段玉泉：《克夷门考》，《北方民族大学学报》2019年5期。除此以外，岑仲勉、吴天墀、王颋、鲁人勇、许成、汤开建等学者在论述西夏相关历史问题时，都对克夷门地望做过详略不等的探讨。

[5] 杨浣、段玉泉：《克夷门考》，《北方民族大学学报》2019年5期。

兀剌海城以后，继续进至克夷门，则克夷门的位置不可能在兀剌海城以北的狼山一带。“乌海市乌达说”观点为刘利华《克夷门考》所提出，其说从“克夷门”汉字解释入手，缺乏更多史料依据。“贺兰山三关口”“大水口”等观点亦缺乏详细论证，均不足凭。

在《西夏地形图》上绘制有“克危山”[1]，杨浣先生通过汉字古音和西夏文比勘，认为“克危”与“克夷”乃一音之转，亦与“贺兰”“乞伏”勘同，他认为：“乞伏山、克危山、省嵬山、贺兰山等都是不同时期、不同部族对贺兰山北端抵河之处的称呼而已，为一大山而有数段之名也。”因此，克夷门的所在地应当是在宁夏与乌海交界的石嘴子，即“今石嘴山市惠农区东北黄河大桥以北1.5公里处的黄河西岸，长约1公里，河东即为内蒙古乌海市境的卓子山余脉”[2]。但“克夷门”究竟是一座城还是一处关口，目前尚无法得知。

三、元代的乌海地区

（一）行政建制的变迁与管辖

元代，乌海地区隶属于宁夏府路，最初隶属于西夏中兴行省（简称西夏宁夏行省），后归并于甘肃行省。李治安、薛磊《中国行政区划通史·元代卷》梳理了甘肃行省和宁夏行省置罢变迁的过程，总的来说，在中统和至元年间，甘肃行省和宁夏行省虽屡次置罢，但始终作为两个地区性中心来进行管辖，直至元成宗元贞元年（1295年）九月，宁夏行省并入甘肃行省，这一地区的地方行政建制才稳定下来，管辖中心也稳定在甘州（今甘肃张掖），而宁夏地区不再作为管辖中心，成为甘肃行省下辖的宁夏府路。可见，在西夏灭亡以后，今宁夏平原及周边地区丧失了作为一个地区性政权中心地位，从政治上来说已不再是核心地区。但是作为大一统格局之下的元朝，宁夏地区在交通地理和区域性经济方面，仍然占有非常关键性的地位，既是交通要道，又是经济核心区。

关于宁夏府路，《元史·地理志》“宁夏府路”条记载如下：

> 宁夏府路，下。唐属灵州。宋初废为镇，领蕃部。自唐末有拓跋思恭者镇夏州，世有银、夏、绥、宥、静五州之地。宋天禧间，传至其孙德明，城怀远镇为兴州以居，后升兴庆府，又改中兴府。元至元二十五年，置宁夏路总管府。至元八年，立西夏中兴等路行尚书省。元贞元年，革宁夏路行中书省，并其事于甘肃行省。领州三。本路枣园、纳怜站等处屯田一千八百顷。[3]

可见，宁夏府路最早设置于至元二十五年。查《元史·世祖本纪》，至元二十五年（1288年），“二月丙寅改南京路为汴梁路，北京路为武平路，西京路为大同路，东京路为辽阳路，中兴

[1] 张鉴著，龚世俊、王伟伟点校：《西夏纪事本末》卷首下“西夏堡寨附图”，浙江古籍出版社，2018年，32页。

[2] 杨浣、段玉泉：《克夷门考》，《北方民族大学学报》2019年5期。

[3] 《元史》卷六十《地理志三》，中华书局，1976年，1451页。

路为宁夏府路”[1]。这条史料所记载的是一次大规模更改路级建制名称的事件，从所更改的路名称可知，原有名称均为辽、金和西夏的政治中心，其中南京路、北京路、西京路和东京路都是辽金五京体制下的路级建制，而“中兴路”的前身是西夏首都中兴府，蒙古攻灭西夏以后，在此设置宁夏行省，作为西北地区的地方管辖中心。至元二十五年的这次更改，是一次将原有各地方政权统治中心在元朝大一统格局之下进行地方化调整的举措。

《元史·成宗本纪》载，元贞元年（1295年）九月“庚辰，罢宁夏路行中书省，以其事并入甘肃行省”[2]。可知，这一年元朝政府废除宁夏路行中书省，设置宁夏府路，隶属于甘肃行省，宁夏府路的设置是与宁夏行省正式并入甘肃行省同步的，标志着这一地区彻底被纳入甘肃行省这个更大的辖区之下。正如李治安、薛磊《中国行政区划通史·元代卷》所分析的那样：“甘肃行省和西夏中兴行省（宁夏行省）屡置屡废的过程，不仅可以反映出元朝在地方最高统治模式上的探索与矛盾，也能体现元朝对该地区统治中心的确定有一个反复摸索的过程。”[3]宁夏地区在元朝前中期的反复调整和变迁的过程中，逐渐失去了作为地方政权——西夏统治中心的地位，由此在进入元朝统治以后，也逐渐失去了作为西北地区政治中心的地位，转而被设置于甘州（张掖市）的甘肃行省所替代。李治安先生认为，宁夏平原的政治中心地位被甘州所取代的主要原因是政治军事因素。但如果以自然经济环境和原有的前代基础来说，宁夏平原仍然是绝佳的西北地区经济和交通中心。

宁夏府路的辖区基本上以原宁夏平原为核心，辖区为呈东北—西南走向的一块狭长区域，黄河主干流从中间流过。宁夏府路治所在今宁夏银川市。宁夏府路在唐代的时候隶属于灵州，基本上始终处于党项族活动的中心区域。元至元二十五年，设置宁夏路总管府。元朝在宁夏府路设置有宁夏等处新附军万户府屯田、管军万户府屯田、宁夏营田司屯田、宁夏路放良官屯田等[4]，但这些屯田具体在何处设置，因史料阙载而不详，设置在宁夏平原一带的屯田应当是比较多的，而今天的乌海地区属于宁夏府路的北部地带，黄河的西岸有大规模的沙漠，应当不会成为当时的重点屯田地区。

宁夏府路下辖三州，分别为灵州、鸣沙州和应理州。灵州州治在今灵武市，鸣沙州州治在今宁夏中卫市中宁县鸣沙镇，应理州州治在中卫市。从三州位置来看，今乌海地区当在灵州管辖范围之内。由于这一地区总体来说人口稀少，甘肃行省辖区内的路和州均不辖属县[5]。因此，作为宁夏府路最北部的今乌海地区一带，在元代没有州以下的行政建制。

元代时期，磴口以北的河套平原一带，归属于兀剌海路，根据《中国历史地图集》《内蒙古历史地图集》等前辈学者的研究成果，可基本确定兀剌海路的大致范围。由此可以推知，宁夏府路与兀剌海路的分界当在乌海和磴口一带黄河所流经的狭长地带。

[1]《元史》卷十五《世祖本纪十二》，中华书局，1976年，309页。

[2]《元史》卷十八《成宗本纪一》，中华书局，1976年，396页。

[3]李治安、薛磊：《中国行政区划通史·元代卷》，复旦大学出版社，2017年，184页。

[4]《元史》卷一〇〇《兵志三》，中华书局，1976年，2569页。

[5]李治安、薛磊：《中国行政区划通史·元代卷》，复旦大学出版社，2017年，184页。

（二）安西王的封地

至元九年（1272年），忽必烈封其子忙哥剌为安西王，驻地在京兆（今西安），“统河西、吐蕃、四川等处”[1]。忙哥剌选择了察罕脑儿（白海）作为驻夏之地，包括今鄂尔多斯一带，则乌海地区也当归属于忙哥剌安西王的封地范围。第二年（至元十年，1273年），忙哥剌的儿子阿难答率领十几万蒙古部众，集体皈依伊斯兰教，使得甘肃、宁夏、陕西这一地区的文化整体呈现伊斯兰化，这可能成为今天宁夏回族聚居区的肇始。忙哥剌、阿难答父子信奉伊斯兰教，这和当时西夏时期已有伊斯兰教在这一带传播有很大关系，元朝初年，伊斯兰教在这一地带迅速流行。安西王忙哥剌和阿难答父子在这一带镇戍时，其属下就有大批穆斯林[2]。《史集》记载，阿难答统治时期，西夏地区“有二十四座大城，该处居民大多数为木速蛮”[3]。阿难答及其部众所生活的范围，除了甘肃、宁夏，还有陕北、鄂尔多斯一带，今乌审旗无定河南岸的三岔城遗址，被认为是察罕脑儿行宫所在地[4]。

在至元十年到十八年之间，宁夏、甘肃一带的行省行政建制被取消[5]，取而代之的是安西王相府。前已述及，忽必烈于至元九年封忙哥剌为安西王，设置王相府，其管辖范围大致是“键河之位，秦固内地。教令之加，于陇于凉，于蜀于羌……”[6]。另外，安西王的职权相当广泛，从中可以看出这已经与行省、路府州县的职权基本无异：“其大如军旅之振治，爵赏之予夺，威刑之宽猛，承制行之。自余商贾之征，山泽之产，盐铁之利，不入王府，悉邸自用。”[7]可见在这一时期，安西王对甘肃、宁夏一带的管辖和影响是十分大的，而乌海地区作为这一地区的边缘地带，自然也是安西王下辖封地。

（三）沿黄交通、税收与社会经济

至元元年（1264年），元世祖命水利专家郭守敬考察黄河水利，准备开通黄河漕运。第二年（1265年），郭守敬在宁夏地区的考察中说道：“向自中兴还，特命舟顺河而下，四昼夜至东胜，可通漕运。及见查泊、兀郎海，古渠甚多，可为修理。”[8]《元史》也有派遣“善水者”考察黄河的记载，至元元年十二月“戊辰，命选善水者一人，沿黄河计水程达东胜可通漕运，驰驿以闻”[9]。可见，这次至元元年到二年的黄河考察，主要地段集中在宁夏黄河顺流经过乌海、巴彦

［1］屠寄：《蒙兀儿史记》卷七六《忽必烈可汗诸子列传》，《元史二种》影印本。

［2］陈广恩：《试论伊斯兰教在西夏的流传》，《西夏元史研究论稿》，中国社会科学出版社，2017年，73页。

［3］拉施特主编，余大钧、周建奇译：《史集》（第2卷），商务印书馆，1985年，379页。

［4］谭其骧：《中国历史地图集·元明时期》，17、18页，“陕西行省”图中，将“察罕脑儿站”绘制在此处。

［5］《元史》卷八《世祖本纪五》，148、149页，“罢中兴等处行中书省。”

［6］姚燧：《牧庵集》卷十《延鳌寺碑》，四部丛刊初编本。

［7］姚燧：《牧庵集》卷十《延鳌寺碑》，四部丛刊初编本。

［8］苏大爵：《元朝名臣事略》卷九《太史郭公》，中华书局，1996年，186页。

［9］《元史》卷五《世祖二》，中华书局，1976年，101页。

淖尔、鄂尔多斯等地至东胜（今托克托县东胜卫古城）的河段。至元四年（1267年）“秋七月丙戌朔，敕自中兴路至西京之东胜立水驿十”[1]。可知，这十处水驿位于宁夏至东胜的黄河沿岸，则今天乌海地区被包括在内，至少证明乌海地区在元代黄河漕运中发挥着水驿的作用。关于这一段水驿的设置情况，《经世大典》有详载，兹录如下：

（至元四年，1267年）四月中书省遣忙古解、锁赤等赍奉御宝圣旨，谕阿出凤哥、东胜达鲁花赤等官及八令迭儿、朵鲁不解纳怜站民：仰从应理，下至东胜，站十所。用水手二百四十人，驿船六十艘。宜令应付者。

五月二十一日，中书省据西夏中兴等处宣抚司呈：东胜合立三站，本路合立七站。除从权以东胜见在船二十一艘散给各站行用外，未造船三十艘，拟用已伐到大通山木植。其余物料计该价钞四十余定，及工匠粮食，合无令转运司应办。

又忙古解回称：只打忽等处旧有船三十六艘，合令修整。

七月一日，中书省奏：准新造船三十艘，修整旧船三十六艘，一切物料、口粮、铁木之工，官为应付。据水手二百四十名内，拟令各投下差拨一百六十二名，中兴府民户内差拨六名，西京抄海所管水手内，差拨七十二名。每站给牛一十只、祇应羊一百口，起置馆舍衾褥，标拨种养之地。札付制府及西夏中兴等路宣抚司施行讫。[2]

有学者对包括中兴府至东胜的十水驿在内的整个黄河水站（茶速秃—燕乙里）的大致位置进行了考证，但是由于文献记载阙漏，认为“北出宁夏直到梧桐站（或塔塔里屯田）之间，理论上还应该存在一个水站以利接济，惜于文献无征，目前尚不可考”[3]。所谓梧桐站（或塔塔里屯田），作者考订位置在今乌加河和阴山南麓，这一带是古黄河道，水站必定建于黄河岸边。因此，在乌海及周边黄河沿岸，很可能存在着一个水驿，用以接济和联络，但因史料阙载，未能确定。

关于沿黄河一带的税粮征收，元朝有所规定：“中统二年，远仓之粮，命止于沿河近仓输纳，每石带收脚钱中统钞三钱，或民户赴河仓输纳者，每石折输轻赍中统钞七钱。五年，诏僧、道、也里可温、答失蛮、儒人凡种田者，白地每亩输税三升，水地每亩五升。军、站户除地四顷免税，余悉征之。八年，又定西夏中兴路、西宁州、兀剌海三处之税，其数与前僧道同。”[4]其中所谓“轻赍”，指的是元明以来，税粮、漕粮、马草等折收银两的部分，叫“轻赍银”。

统治宁、甘地区的党项族建立西夏国后，更聚汉、吐蕃、契丹、女真、回鹘、鞑靼诸族之力，以陕西榆林、宁夏银川、甘肃河西走廊为文化中心，接受中原政权给予的“空缺之地”，种植大麦、小麦、水稻、荜豆等作物。西夏至元代，这一带的农作物当大体无甚变化。由宁夏向东，进入

[1]《元史》卷六《世祖三》，中华书局，1976年，115页。

[2]《永乐大典》卷一九四一七《站赤二》，7196页。

[3]周松：《元代黄河漕运考》，《中国史研究》2011年2期。

[4]《元史》卷九三《食货志一·税粮》，中华书局，1976年，2358页。

阴山以南的河套、土默川、乌兰察布三大平原，也都适合发展农业。与宁夏河套地区隔河相望的内蒙古河套地区，因地貌、土壤、气候等均基本相似，其种植品种亦应与宁夏河套地区基本一致，以麦为主。

四、“乌海走廊”与桌子山岩画

本文在梳理西夏、元代乌海地区的史实时，对乌海地区的两个问题进行了初步思考，一是乌海的交通位置，二是乌海桌子山岩画。

（一）“乌海走廊”

笔者在探讨西夏、元代乌海地区的历史时，想到乌海这一狭长地区在历史上所发挥的作用，主要是扮演了一个“通道走廊”的角色，如蒙古征西夏、西夏的边疆防御、元朝时期的驿道交通和行政建制等，都显著地展示出乌海地区在人文地理视野下的“通道走廊”的角色。

乌海所处的狭长地带，从大的地理单元来说恰好处于蒙古高原与黄土高原的交界地带，黄河刚好将这两大地理单元分割开来，这一区域是农耕与游牧的交错地带。从地理位置来看，乌海地处宁夏平原向北至河套平原的交通要道上，从宁夏石嘴山市惠农区城区向北，开始进入狭长的黄河谷地，向南则进入了开阔的宁夏川广阔的平原地带，这个狭窄的口子就是石嘴子。在惠农区黄河东岸，现仍有一处村落被称为渡口村，并有黄河大桥横跨两岸，黄河东岸的陆地是一处突出的尖角，伸向黄河中。从此处向南地势豁然开阔，黄河两岸是平缓的冲积平原，并在呈东北—西南走向的贺兰山脚下铺开。从渡口村向北则有一段100多千米的狭长地段，而乌海就位处其中。直至磴口，黄河流经地区又变得开阔，至此进入了河套平原。与南边的宁夏川和北边的河套平原相比，乌海所处黄河狭长地带的地理形势相对特殊，可以说是自成一个相对独立和完整的地理单元。这个地理单元是典型的“川”字形地区，东边是南北走向的桌子山，西边是乌兰布和沙漠，中间是自南向北径流的黄河。乌兰布和沙漠虽然是成片分布，但是在黄河西岸，沙漠的边缘与黄河河道截然分开，沙漠的边缘就是黄河的西岸，这个独特的地形地貌形成两个结果，一是黄河阻隔了沙漠向东蔓延，二是沙漠为黄河中下游“贡献”了大量泥沙。由此可知，乌海地区在生态文明建设方面的战略意义不言而喻，这也产生了今天乌海的文旅口号“来沙漠看海”这一独特的文化景观。

当然从行政区划上来说，这一狭长地带并不仅仅包括乌海市，而且向北有黄河西岸的阿拉善盟阿拉善左旗、巴彦淖尔磴口县，黄河东岸的鄂尔多斯鄂托克旗和杭锦旗。但是，从这一狭长走廊的主体来看，仍然是以今天乌海行政区划范围之内的地域为主。通过地理形势和历史发展规律来认识，我们可以暂时将乌海所处的这一狭长地带称为“乌海通道走廊”，或简称“乌海走廊”。这个概念借用了人类学、民族学、历史地理经常使用的术语，就像甘肃的河西走廊。一个有山有水又有沙漠，且呈现“川”字形南北走向的地带，注定要在中国历史上发挥许多独特且不可替代的作用。

（二）“石崖山”与桌子山岩画

关于桌子山，学界多引郦道元《水经注》的记载，但不同的《水经注》版本，记载稍有差异。清武英殿聚珍版丛书本《水经注》卷三记载：

河水又东北，历石崖山西，山石之上自然有文，尽若虎马之状，粲然成著，类似图焉，故亦谓之画石山也。[1]

明万历四十三年李长庚刻本《水经注》卷三记载：

河水又东北，历石崖山西，去北城五百里，山石之上自然有文，尽若战马之状，粲然成著，类似图焉，故亦谓之画石山也。[2]

清文渊阁四库全书本《水经注释》卷三记载：

河水又东北，历石崖山西，去北地五百里，山石之上自然有文，尽若兽马之状，粲然成著，类似图焉，故亦谓之画石山也。[3]

《（嘉庆）大清一统志》卷二六四“省嵬山”条记载：

（省嵬山）在平罗县东北，《旧志》在宁夏卫东北一百四十里有省嵬口，为防御要地。按《水经注》，河水迳石崖山西，崖之上自然有文，尽若战马之状，粲然成著，类似图焉，故亦谓之画石山，盖即省嵬山也。[4]

清济宁潘氏华鉴阁本《方舆考证》卷四〇“黄河”条记载：

河水又东北，历石崖山西，去北地五百里，山石之上自然有文，尽若兽马之状，故亦谓之画石山也。河水东北迳三封县故城东。按，三封，《汉志》：朔方郡下第一县也，在套外，而石崖山则在套内，或即省嵬山欤？[5]

---

[1] 郦道元：《水经注》卷三，清武英殿聚珍版丛书本。

[2] 《水经注》卷三，明万历四十三年李长庚刻本。

[3] 《水经注释》卷三，清文渊阁四库全书本。

[4] 《（嘉庆）大清一统志》卷二六四“省嵬山”条，四部丛刊续编景旧抄本。

[5] 《方舆考证》卷四〇“黄河”条，清济宁潘氏华鉴阁本。

通观《水经注》不同版本及其后出引用《水经注》的文献可知，石崖山上的“岩画”形状有三个名词，分别是“虎马”“战马”“兽马”，由于关于此“石崖山”之事的记述内容大体相似，且根据“战”和“兽”二字古字形相近，分析当为不同版本不同时期记录和传抄错讹所致。以《水经注》为核心的文献链条，均记载了黄河水向东北流，经过“石崖山”的西边，去往“北地”，这一记载将位置锁定在了乌海地区。《内蒙古历史沿革地图集》将“石崖山”标注在了今天桌子山处，一是根据目前掌握的文献记载所描述的位置大体在此，二是根据实地考察，在这一带只在桌子山发现的大量岩画，与文献所记载的“自然有文，尽若战马之状，粲然成著，类似图焉”相符。因此，今天乌海的桌子山就是文献中所记载的“石崖山”“画石山”，这应当是没有问题的。有学者对西夏的重要城址省嵬城和省嵬山进行过考订，认为省嵬山就是“今宁夏石嘴山市与内蒙古自治区交界地方的贺兰山——桌子山山地”[1]。从广义的地理区间来说，此说可取。

[1] 杨浣、付强强：《省嵬城与省嵬山》，《宁夏社会科学》2019年2期。

乌海市二道坎明代烽火台发掘简报

内蒙古自治区文物考古研究院
乌海博物馆
北京师范大学历史学院

乌海境内明长城分布在海南区巴音陶亥镇北流黄河东岸，南接宁夏陶乐段，起自新渠村（农场一队），止于大桥村，沿平坦的河谷由南向北穿行。沿线及附近共发现明代烽火台4座，由东南向西北依次为红墩、东红、大桥、二道坎烽火台。二道坎烽火台位于乌海市海南区巴音陶亥镇二道坎村东北700米处，坐落于黄河东岸的二级台地边缘，西距黄河约1千米，地理坐标为北纬39°25'18.47"，东经106°45'30.50"，海拔1180米（图一）。这4座明代烽火台中，靠南的3座基本位于明代所修长城沿线，唯独二道坎烽火台位于明长城北端向北约20千米处，附近分布有一段秦代长城（凤凰岭秦长城）。

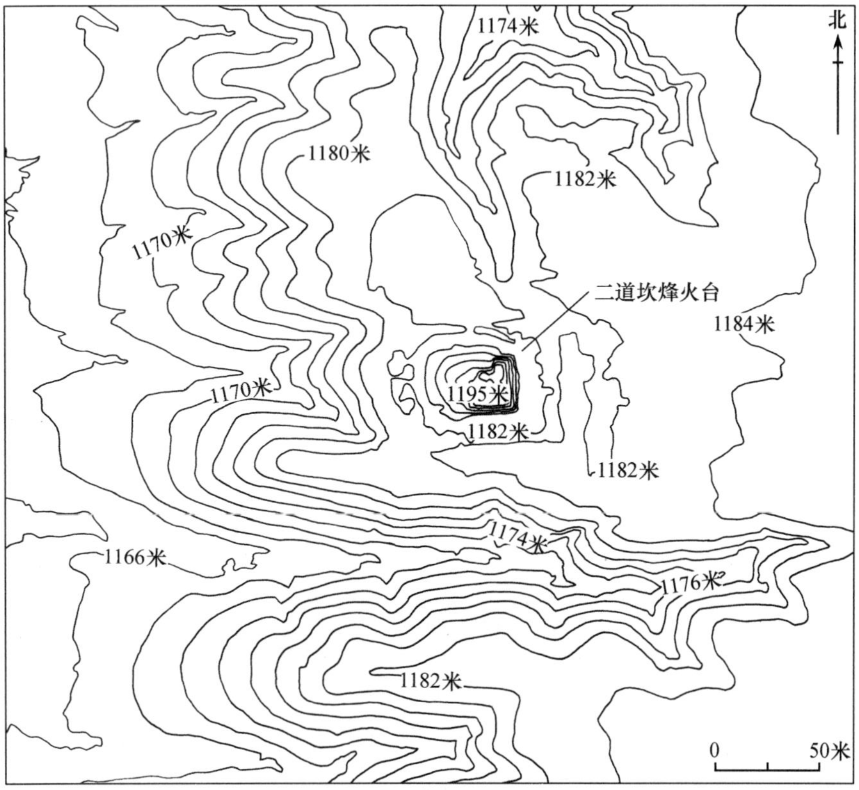

图一　二道坎烽火台地形图

2019年5月，为配合乌海市二道坎烽火台保护加固工程，了解烽火台的结构和修筑方式，内蒙古自治区文物考古研究所与乌海博物馆、北京师范大学历史学院联合对烽火台台基、台顶、台芯及围墙进行了局部试掘，共布1米宽的探沟7条，总发掘面积约42平方米。现将本次发掘情况介绍如下。

一、二道坎烽火台现状

二道坎烽火台整体略呈覆斗形，台芯以浅褐色土夯筑而成，外壁用石块垒砌加固，顶部边缘有土坯垒砌的垛墙。烽火台东壁面保存相对较好，其余三面皆有不同程度的坍塌，尤其以西半部分最为严重，坍塌堆积呈斜坡状，已至蔓延西围墙附近。从坍塌处看能够看到石砌加固层斜倚在夯土台芯上，自下而上向内收分，石砌加固层厚2.5～3米，石块之间以褐色黏土黏合。烽火台顶部的南垛墙和东垛墙保存较好，由烽火台台基表面至垛墙顶部通高13米。垛墙土坯垒砌，土坯长37、宽20、厚7厘米左右。台顶东半部分较平整，西半部分已坍塌，台顶中北部残存一处突出于顶面的夯土台面，功用不详。烽火台四壁向外15米处皆有围墙，将烽火台围在院落中央，围墙边长55米，坍塌堆积宽约5、残高约0.5米。北、东围墙向外10米处有一道与围墙平行的排水沟，宽约5、深0.3～0.5米。挖建排水沟时，将沟内的土堆积在沟边，水沟内侧至今仍可见宽3、残高0.1～0.3米的土垄。院墙和排水沟周围有一些自然冲沟，对院墙和排水沟造成了不同程度的破坏（图二；彩版九、彩版一〇）。

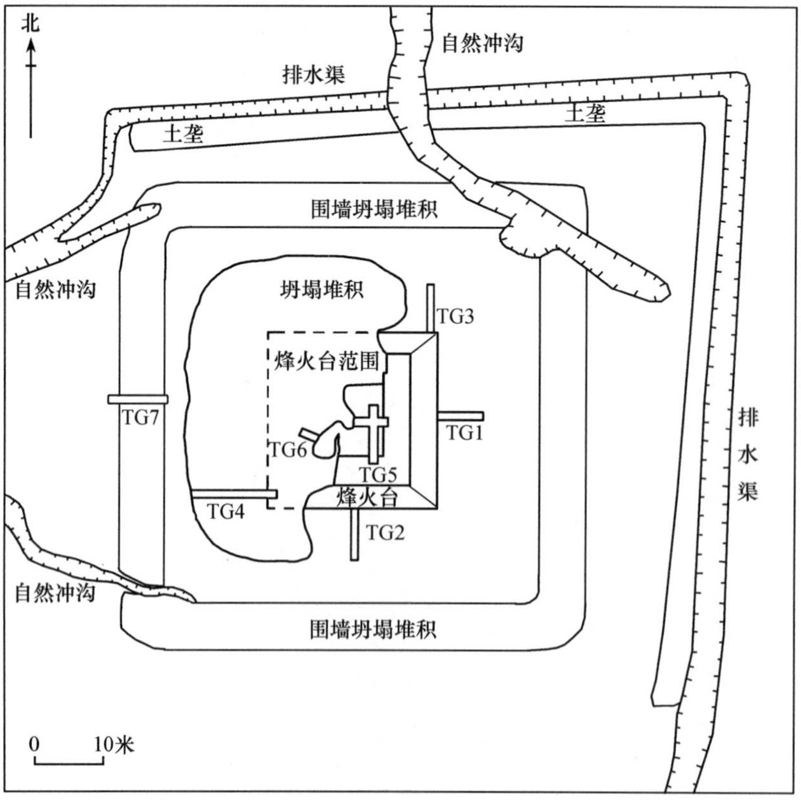

图二　二道坎烽火台平面图

二、探沟发掘及遗物出土情况

1. 探沟发掘情况

此次发掘共布探沟7条（编号TG1～TG7），烽火台台体四侧各1条，台顶东部1条，台顶中北部夯土高台西侧坍塌堆积处1条，西围墙中部1条。

TG1位于台体东壁中部外侧，东西向布置，长5米。探沟北壁的地层堆积可分为3层：第1层，以黄沙土为主，夹杂许多红黏土及石块，为台体坍塌堆积，土质较疏松，厚0.1～0.8米。出土遗物有少量酱釉及茶绿釉瓷片。第2层，浅褐色沙土层，土质较疏松，厚0.1～0.6米。未发现遗物。第3层，细黄沙土，土质略硬，为垫土层，厚0.12米左右，台基建于此层之上。第3层之下为生土层。台基用5层石头垒砌，石头边缘较平整，高约1米（图三）。

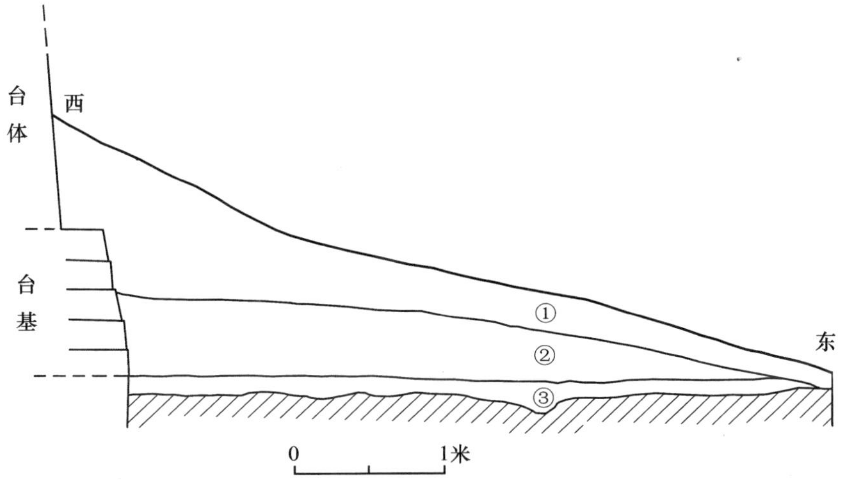

图三　TG1北壁剖面图

TG2位于台体南壁中部外侧，南北向布置，长5米。探沟东壁的地层堆积可分为4层。其中第1～3层为坍塌堆积，第4层为灰土堆积。第1层，黄褐色沙土层，夹杂少量小石块，厚0.1～0.2米。第2层，褐色黏土夹杂少量大石块，土质较硬，厚0～0.5米。第3层，黄褐色沙土掺杂褐色黏土，夹杂较多大石块，厚0.25米左右。第4层，褐色土与木炭屑的混合层，褐色土与木炭碎屑皆呈水平层状分布，厚0.15米左右，南北范围3.5米，包含少量酱釉、茶绿釉瓷片。第4层之下为生土层。台基用5层石头垒砌，石头边缘较平整，高约1米（图四）。

TG3位于烽火台东北角北侧，南北向布置，长5米。探沟西壁的地层堆积分为3层。第1层，坍塌堆积，黄褐色沙土层，土质疏松，厚0.1～0.2米。第2层，坍塌堆积，黄褐色沙土夹杂大量褐色黏土及少量石块，厚0.1～0.8米。第3层，细黄沙土层，为垫土层，厚0.3米左右，台基建于此层之上。第3层之下为生土层。台基边缘已严重坍塌（彩版一一）。

TG4位于烽火台西南角西侧，东西向布置，长9米。探沟内的堆积全部为坍塌堆积，以沙土、石块为主，夹杂少量土坯、框木，东部最厚处约3.35米。探沟东端发现烽火台台基，高约1米，下

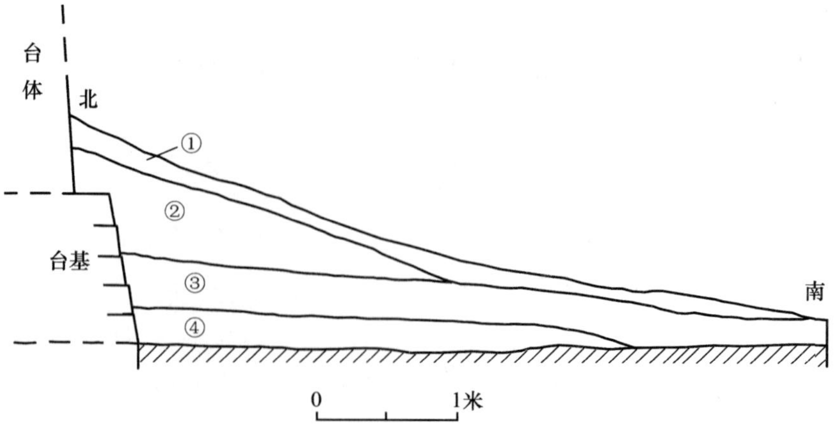

图四　TG2东壁剖面图

半部分保存较好，石头边缘较整齐。台基的台体边缘以石块垒砌而成，由于坍塌较为严重，壁面不甚规整。探沟底部为硬土踩踏面，与台基底部为同一水平面。考虑到安全问题，硬土踩踏面未向下发掘，厚度及其下地层情况不详（图五）。

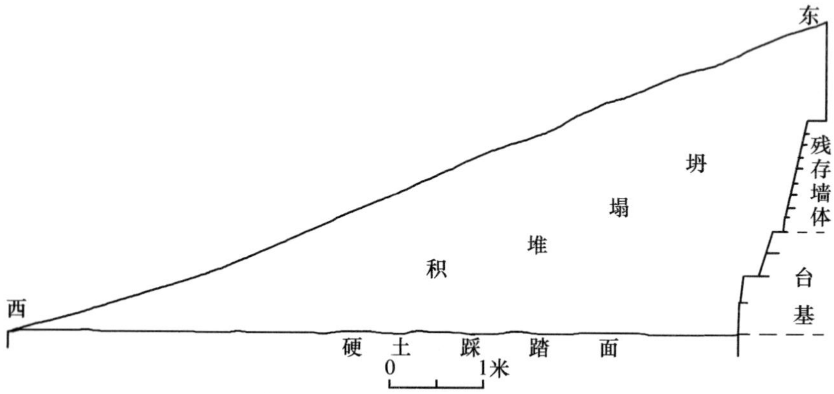

图五　TG4北壁剖面图

TG5位于烽火台顶部偏东的位置，为十字探沟，南北向探沟长8米，东西向探沟长3.5米。表土层为雨水冲刷土坯形成的淤泥沉积层，局部夹杂红烧土及炭屑，厚0.1米左右，其下为原台顶踩踏面。南北向探沟的南端已到达土坯垛墙的墙基，沟内发现两个圆形浅坑（彩版一二）。K1位置靠北，坑口椭圆形，直壁，平底，长轴1.15、短轴0.85、深0.35米，坑内填满黑褐色木炭焦土，出土了少量酱釉、茶绿釉瓷片（图六）。K2位置靠南，北距K1约1.1米。坑口圆形，斜壁，平底，口径0.6、底径0.3、深0.6米。坑内填满黄色沙土，出土了少量碎瓷片（图七）。

TG6位于台顶中北部夯土高台西侧坍塌堆积处，东西向布置，长3米。从探沟东壁看，台芯夯筑而成，夯土层厚约0.3米。每层夯土又可分为上下两层，上层为厚约5厘米的褐色黏土，下层为厚约0.25米的褐色土与砾石混合层（彩版一三）。

TG7位于西围墙中间，东西向布置，长7米。以探沟北壁堆积为例，共分两层：第1层，淤土层，黄褐色，土质疏松细腻，厚0.1、东西宽2米左右。第2层，坍塌堆积，黄褐色沙土，夹杂大量

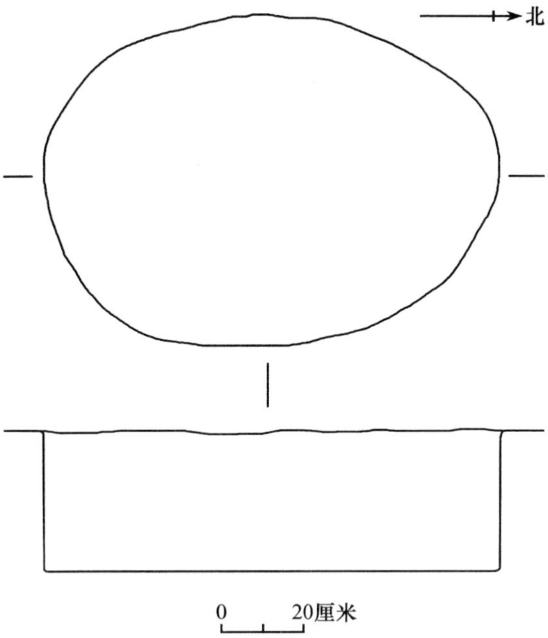

图六　K1平、剖面图

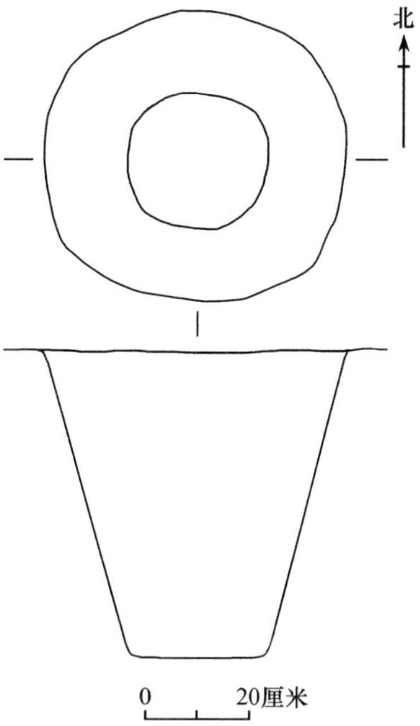

图七　K2平、剖面图

碎石颗粒，土质疏松，厚0～0.5、东西宽6.5米。第2层下为西围墙残存夯土层，褐色黏土夯筑，东西宽4、残高0.2米，夯层厚0.1米左右。夯土下为生土层（图八）。

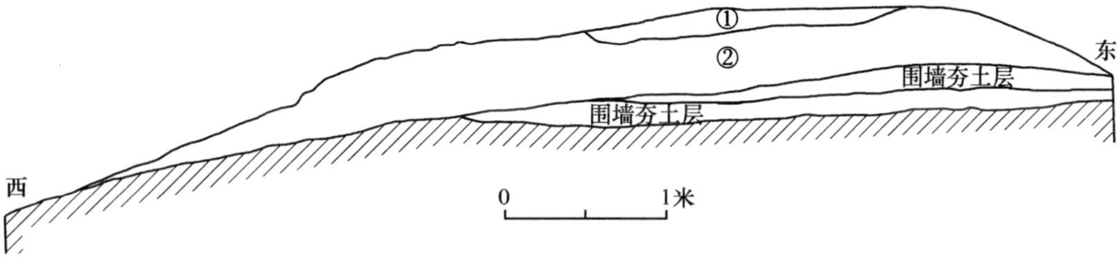

图八　TG7北壁剖面图

整体上看，烽火台周围的地层堆积较为简单，但因发掘面积有限，探沟相互距离较远，我们只能大致梳理出每个探沟内地层堆积形成的过程，而无法判断所有探沟地层堆积的整体形成情况及相互关系。TG1第1层、TG2第1～3层、TG3第1、2层皆为明代之后的坍塌堆积层，TG2的第1～3层和TG3第1、2层又进一步揭示了坍塌堆积由早到晚的形成关系，即两探沟第1层的形成时间最晚。TG1的第2层和TG2的第4层可能为明代堆积层，主要由雨水冲刷台体的淤土堆积、风沙堆积以及戍守人员的生产生活遗存堆积混合而成。TG3的台基边缘破坏较为严重，与TG1第2层、TG2第4层同时期的地层堆积也可能被毁殆尽。TG1的第3层和TG3的第3层为台基下方的垫土层，但TG2没有发现该层，反映出建造台基前并未大面积垫土，而是以平整为目的对相对低洼的区域进行了局部铺垫。

2. 遗物出土情况

本次发掘出土的遗物全部为酱釉和茶绿釉瓷片，瓷片的胎土较粗，胎壁较厚，为器形较大的缸类日用粗瓷。烽火台顶部的TG5、K1、K2中出土了许多瓷片，其中4片为釉色各不相同的瓷缸口沿残片（彩版一四，1）。这些瓷缸破碎后，一部分留在了烽火台顶部，一部分被人为抛掷到了台体四周，TG2第2层出土的瓷片也为瓷缸残片，应是从烽火台顶部掉落下来的（彩版一四，2）。

三、初步认识

通过发掘可知，烽火台台基在营建时，先在低洼的地方铺垫黄沙土，形成水平面，然后在上面建筑台基。此次发掘没有对台基进行解剖，台基内部究竟是夯土结构，还是全部由石片铺筑，还有待于今后的考古工作进一步验证，发掘时仅见到台基边缘由板状石片错缝平铺垒砌，石片间以黏土砂浆黏合。台基呈覆斗形，底部边长24米左右，高约1米，共有5层铺石，由下而上呈13°向内收分。台体建于台基之上，以台基边缘向内30厘米为台体建造范围。台体内部为夯土台芯，台芯四周用石块垒砌形成厚2.5～3米宽的加固层，夯土台芯及石筑加固层皆有水平排列的纴木，纴木间距1～1.5米。台体亦呈覆斗形，垂直高度为10米。台体顶部边缘以土坯砌筑垛墙，现存东垛墙及南垛墙东段的一部分。垛墙宽约2米，残高2米。由台基底面至垛墙顶面总高度为13米。烽火台东、南、北三面均没有发现踏道，台体西壁已坍塌，是否存在踏道已不得而知。烽火台四面都有围墙，西围墙的解剖情况显示，西围墙用褐色黏土夯筑而成，现存宽度为4米，残高0.2米，夯层厚0.1米。《明史·兵志三·边防》所记明成祖朱棣继位之初调遣武安侯郑亨充总兵官之敕书云："各处烟墩，务增筑高厚，上贮五月粮及柴薪药弩，墩旁开井，井外围墙与墩平，外望如一。"[1]从二道坎烽火台围墙坍塌堆积的范围和残存高度看，围墙坍塌之前并不是很高，远未达到与"墩平"的程度。带围墙的烽火台在明代宁夏镇及甘肃镇长城沿线中较常见，如乌海东红、红墩烽火台，鄂托克前旗特布德2号、3号烽火台，张掖高台县许家湾明代烽火台等，都发现了围墙痕迹。由于保护工程的工期紧张，此次发掘并未对围墙外面的排水渠进行解剖，排水渠的沟边有一条与水渠平行的土垄，我们认为是挖沟时在旁边堆土形成的，二道坎烽火台只有一重夯土围墙。

酱釉和茶绿釉缸在金元时期的北方地区较为流行，到了明代已成为普通百姓习见的日用品。二道坎烽火台出土的瓷片具有明代的风格特点，这也和烽火台在结构上所表现出的年代特征相吻合，瓷缸应是储藏"五月粮及柴薪药弩"的容器。现存于西北师范大学博物馆的深沟儿墩碑之碑文记载了万历十年深沟儿墩的驻军、火器、器械、家具情况，其中器械有"软梯一架"，家具有"缸伍只、碗十个"[2]。二道坎烽火台顶部仅在有限的探沟区域内就出土了4件属于不同个体的瓷缸残片，与"缸伍只"的墩台配额基本吻合。发掘中没有发现踏道，不排除有使用"软梯"的可能性。

二道坎烽火台虽为明代烽火台，但其南距沿黄河分布的明长城约20千米，与其他紧沿该段明长城分布的烽火台相比，二道坎烽火台容易给人造成与明长城关联度不高的错觉。实际上，二道坎烽火台的这种分布特征恰恰说明其与众不同的功用，即在整段长城防御体系中发挥着前沿哨所的作

[1]（清）张廷玉等：《明史·兵三》卷九十一，中华书局，1974年，2236页。

[2]李怀顺：《明万历〈深沟儿墩碑〉考释》，《华夏考古》2005年2期。

用。据杨建林考证，正德元年（1506年）杨一清给朝廷的奏疏《为经理要害边防保固疆场事》中提到了具有“瞭守”作用的“石嘴、暖泉二墩”，二道坎烽火台极有可能就是其中的暖泉墩[1]。杨文的分析细致入微，很有说服力，本文从之，此不赘述。

执笔：曹　鹏　马　婧　单月英　财　喜　谢　晶

（曹鹏，内蒙古自治区文物考古研究院；
马婧，内蒙古自治区文物考古研究院；
单月英，北京师范大学历史学院；
财喜，内蒙古自治区文物考古研究院；
谢晶，乌海博物馆）

［1］杨建林、武俊生：《内蒙古乌海明长城研究》，《河北地质大学学报》2018年4期。

内蒙古乌海明长城研究

杨建林[1]　武俊生[2]
（1. 包头市文物研究院；2. 乌海博物馆）

乌海市地处北流黄河两岸、贺兰山北端、鄂尔多斯高原西缘，地势东西高、中间低，南高北低，平均海拔1150米。黄河由南向北纵穿市区而过，形成了狭长的河滩湿地和农业绿洲。河东有桌子山、甘德尔山和千里山，明长城即分布于这些山地的斜坡或山间平地上，与黄河大体平行。此地属中温带大陆性季风气候，为极干旱荒漠区，年平均气温9.3℃，年降水量162毫米，无霜期165天。通过近年来的长城资源调查，乌海境内明长城的基本情况已经摸清，但其北端止点及与秦长城的关系，还需进一步探讨或说明。本文即在实地调查的基础上，结合文献，对乌海明长城做一综合研究。

一、乌海明长城修筑简史及今址考订

有明一代，在今乌海境内修筑的长城（边墙）有两条，一为“沿河边墙”，一为“陶乐长堤”。它们均归宁夏镇管辖，是宁夏镇北路平虏营所辖长城的一部分。

1. 沿河边墙

明朝初年，明廷在河套设置东胜诸卫，乌海一带基本在明朝的版图之内，归宁夏卫管辖。永乐年间（1403～1424年），明成祖朱棣内撤东胜诸卫，河套地区防卫空虚，蒙古各部逐渐填充了进来，占据了长城边外河套大部，与明朝对峙。宁夏北部黄河以东（简称“河东”）一带，地势平漫，为双方争夺的重点区域[1]。正统年间（1436～1449年），明朝开始在河东修边，规模较小，主要是设置营堡和增筑烽火台。成化年间（1465～1487年），河套蒙古势力大增，明朝在宁夏的防御压力加大，掀起了修边的第一个高潮。这一时期，在河东一带主要修筑了“河东墙”和“沿河边墙”。“河东墙”成化十年（1474年）修筑，西起黄河东岸的黄沙嘴，东至花马池，全长387里，都御史余子俊奏筑，巡抚都御史徐廷章、总兵官范瑾力举而成[2]。这道边墙即今天分布于河东地区内蒙古与宁夏边境线北侧的二道边。

［1］魏焕：《九边考》卷八《宁夏镇》，《明代蒙古汉籍史料汇编》（第一辑），内蒙古大学出版社，2006年，257页。

［2］《嘉靖宁夏新志》卷一，宁夏人民出版社，1982年，19页。

"沿河边墙"在成化十五年（1479年）由巡抚贾俊主持修筑。这道边墙位于宁夏横城以北黄河东岸，南与"河东墙"相连，向西过河与"旧北长城"[1]相接，在宁夏北境构成了一个闭合的长城防线。"沿河边墙"主要防止河套蒙古势力趁冬季河水结冰之际渡河进入宁夏镇城等地[2]。这道边墙沿着北流黄河东岸南北向分布，一部分当在今天的乌海境内，但其遗迹已不存，大部分应该被改修成了"陶乐长堤"。乌海市境内发现的部分明代烽火台，或是"沿河十八墩"的孑遗。

2. 陶乐长堤

嘉靖年间（1507～1567年）、隆庆年间（1567～1572年），以吉囊、俺答为首的右翼蒙古兴起，在明朝拒绝通贡、反对民族交往的绝贡固守政策的刺激下，频繁在宁夏明蒙边界一带争抢，而明军又无有效克敌之策，只能凭边固守，掀起了修边的第二个高潮。这段时间，明朝在河东地区的修筑较多，但和今天乌海相关的主要是"陶乐长堤"。

明弘治以后，由于地处极边，供饷不便，明朝逐渐放弃了对"旧北长城"及镇远关和黑山营的防守。嘉靖九年（1530年），陕西三边总制王琼在平虏城北10里的地方新修了"北关门"墙，"旧北长城"被彻底放弃[3]。嘉靖十五年（1536年），陕西三边总制刘天和想要恢复黄河以西、贺兰山以东、平虏城北至镇远关间70里的疆域，便在黄河东岸修堤一道，顺河直抵横城大边墙[4]。这道长堤主要分布在宁夏原陶乐县境内，所以后世称为"陶乐长堤"。从刘天和修堤的初衷，以及实地勘察来看，"陶乐长堤"极有可能是修复了旧有的"沿河边墙"。这段长城有一部分自宁夏过都思兔河，进入乌海，构成了今天所见乌海明长城的主体。

二、长城现状

乌海明长城分布在海南区巴音陶亥镇北流黄河东岸，南接宁夏陶乐段，沿平坦的谷地自南向北穿行，经农场一队、二队、三队，一棵树村，巴音陶亥村，巴音陶亥镇，东红村，绿化一队，农场六队、七队，四道泉二队、六队，至渡口村，过黄河进入宁夏石嘴山。全长16997.1米，其中土墙长3726.1米，消失段落长13271米。在总长3726.1米的土墙中，保存较差部分长1466米，保存差部分长1908.5米，消失部分长351.6米。墙体上不见敌台、马面等附属设施，沿线有烽火台4座。

1. 墙体

墙体主要为堆土墙，构筑材料为就地取材的红黏土、黄黏土和沙土，个别地段墙体中夹有碎石

---

[1]"旧北长城"位于贺兰山至黄河之间，大约修筑于明弘治之前，其北有镇远关及黑山营。镇远关南80里有平虏城（今宁夏平罗县城）。

[2]《明宪宗实录》卷一九七成化十五年十一月丁未，"中央研究院"历史语言研究所，1961年。

[3]《嘉靖宁夏新志》卷一，宁夏人民出版社，1982年，89～94页。

[4]魏焕：《九边考》卷八《宁夏镇》，《明代蒙古汉籍史料汇编》（第一辑），内蒙古大学出版社，2006年，256、257页。

子。现墙体较低矮，高不足2米，宽度在3～8米（彩版一五）。

2. 烽火台

这4座烽火台由南向北分别是红墩、东红、大桥和二道坎烽火台。其构筑方式比较多样。东红烽火台以红沙土夯筑。红墩烽火台底部以红黏土夯筑，顶部用土坯垒砌（彩版一六）。大桥烽火台为土石混筑，内部残留构筑烽火台时的搭架木椽，木椽间隔1.5米。二道坎烽火台的构筑方式最为特别，自腰部10米以下为石包土筑法，外壁用毛石块夹红黏土砌筑，中间填充碎石块和杂土，并且每隔1.5米平铺细圆木，即桩木，起拉接作用；腰部以上用红黏土土坯垒砌，土坯的尺寸一般为长0.34、宽0.18、厚0.9米；台顶四周尚残存土坯垒砌的垛墙痕迹（彩版一七）。

4座烽火台均呈覆斗形，比较高大，高9.3～21米，底部边长20米左右，顶部边长10米左右。大部分烽火台带有围院。其中以二道坎烽火台的围院最为复杂，有内外三道围墙，轮廓均呈方形，逐层相套。烽火台向外29米为第一道围墙，边长71、高0.1～0.3、宽1.1～1.5米。再向外8米为第二道围墙，边长80、高0.3、宽1米。二道围墙再向外6米为第三道围墙，边长93、高0.3、宽1米，第三道围墙的南墙、西墙与第二道围墙的南墙、西墙合并。

三、乌海明长城与秦长城辨析

这个问题的讨论缘起于对乌海市海南区巴音陶亥镇东风农场十队至平沟农场的一段长城性质的认定。这段长城南起东风农场十队，经雀儿沟三队、雀儿沟二队、向阳农场，北至平沟农场，全长18894米，初次调查沿线有4座烽火台，由南向北依次为渡口2号烽火台，拉僧庙1号、2号烽火台和二道坎烽火台。在这段长城的南边是明长城，北边是凤凰岭秦长城，三者基本呈南北一线分布。在2007～2008年的明长城资源调查中，将这一段长城及沿线烽火台认定为明长城，主要原因是在它的最北端平沟农场发现了明代二道坎烽火台，那么二道坎烽火台往南的这一段长城及烽火台也应该是明代的，也即乌海明长城的北端点在平沟农场。《内蒙古自治区长城资源调查报告·明长城卷》及《乌海文化遗产》均采纳了上述观点[1]。

之后开展的秦长城资源调查，以及数次复查、比对、论证，确认东风农场十队至平沟农场的这段长城是凤凰岭秦长城的一部分，而且东风农场十队是凤凰岭秦长城的最南端。这段长城沿线原来认为是明代烽火台的渡口2号烽火台、拉僧庙1号烽火台均为秦汉时期的烽燧，分别命名为渡口烽燧和拉僧庙烽燧；拉僧庙2号烽火台应是拉僧庙1号烽火台围墙的一部分；二道坎烽火台确为明代烽火台。

[1] 内蒙古自治区文化厅（文物局）、内蒙古自治区文物考古研究所：《内蒙古自治区长城资源调查报告·明长城卷》，文物出版社，2013年，350～361页；内蒙古自治区文物考古研究所：《乌海文化遗产》，文物出版社，2014年，121～132页。

1. 乌海明长城的北端点

乌海明长城北端点的确定，对于这个问题的探讨至关重要。

首先，从文献分析来看。前文已介绍，乌海的这段明长城是“沿河边墙”和“陶乐长堤”的孑遗。关于“沿河边墙”，明代人杨一清在一份奏疏中有比较详细的记载：“灵州横城以北，西抵黑山营，系宁夏通贼紧关要路。虏贼见我边防严备，既不能入花马池，必将从此而入，踏冰过河，东西任其寇掠。……宁夏横城北黄河东岸旧有边墙一百八十五里，壕堑一道，高厚深阔悉如花马池一带城堑之数，自南而北，有长城十八墩，后守臣恐稀疏，每墩空内，添设一墩，共见在墩台三十六座。墙里套内地方，又设石嘴、暖泉二墩瞭守。其第十八墩与河西黑山营镇远关相对，每年于黑山营屯聚人马，阻遏虏骑，以为宁夏北门锁钥。”[1]这是正德元年（1506年）杨一清计划帮修“沿河边墙”时，通过实地勘察和访查询问取得的材料，可信度比较高。从中可以看出，“沿河边墙”的北端点，也即其第十八墩正对着河西的镇远关。镇远关是明代宁夏“旧北长城”上的一座重要关口，一度为宁夏北境之锁钥。其南五里有黑山营，屯兵储粮，是镇远关的后方保障。后镇远关和黑山营俱废弃，宁夏北境防线内撤至平虏城北的“北关门”墙。关于镇远关的地望，结合相关研究成果，应在今宁夏石嘴山市惠农区偏北一带[2]。

至于“陶乐长堤”，文献记载虽然比较简略，但是也可从刘天和修边的初衷看出端倪。刘天和修筑“陶乐长堤”的主要目的是将宁夏北境的防线北推到镇远关一带，以恢复河西平虏城至镇远关间的故土。在黄河东岸顺河修筑“陶乐长堤”是为了加强河西的防御。那么，“陶乐长堤”的北端点必然与河西的镇远关相对，也即与“沿河边墙”的北端点相侔或重叠。

经以上分析可以确定，“沿河边墙”及“陶乐长堤”的北端点基本相同，当在今宁夏惠农区对面的黄河东岸。这里也即是乌海明长城的北端点。

再次，从实地调查材料来看。无论“沿河边墙”还是“陶乐长堤”，都是宁夏北长城的一部分，其南与宁夏东长城相连，向西过河与宁夏“旧北长城”相接，在宁夏北境构成一道闭合的长城防线。那么，若确定了宁夏“旧北长城”的分布地域，也可大体断定“沿河边墙”及“陶乐长堤”的北端点。经许成等人调查：“这段旧北长城的走向，计始于红果子沟口北侧，向东行，过包兰铁路，到石嘴山市四中，经下营子公社宝马东、尾闸公社下庄子到达黄河西岸，长15千米。目前这段长城的遗迹，在石嘴山市四中至红果子沟口一段保存尚好。”[3]石嘴山市四中及下庄子均在惠农区靠南一点。那么，黄河东岸的“沿河边墙”及“陶乐长堤”也应在这一带折向黄河西岸。

再从实地调查的乌海市明长城走向来看，由南自宁夏平罗县过都思兔河进入乌海市海南区境内，然后顺北流黄河东岸向北延伸，至巴音陶亥镇渡口村折向黄河河堤后消失。这里有一座烽火

[1]《明经世文编》卷一一六之杨一清《为经理要害边防保固疆场事》。

[2] 吴忠礼：《平虏所、平罗县和石嘴山市》，《共产党人》2007年13期；许成：《宁夏境内明代长城遗迹》，《宁夏考古史地研究论集》，宁夏人民出版社，1989年。

[3] 许成、马建军：《宁夏古长城》，江苏科学技术出版社，2014年，128页。

台，叫大桥烽火台。渡口村正对着河西的惠农区城区。那么，这里便是“沿河边墙”“陶乐长堤”及今天乌海明长城的最北端，大桥烽火台就是十八墩中的第十八墩。

2. 孤悬在外的明代二道坎烽火台

既然乌海明长城的北端点在渡口村，那么，为什么在其北20千米的地方，凤凰岭秦长城沿线又出现了一座明代二道坎烽火台呢？在上文引用的杨一清的奏疏中，提到了石嘴、暖泉二墩。杨一清说，在墙里套内地方，又设石嘴、暖泉二墩瞭守。从中，可以获得两个信息点：其一，石嘴、暖泉二墩与十八墩及后来的三十六墩不同，它们孤悬在外，是负责瞭守的烽火台；其二，它们在墙里套内。“墙里”应指在“沿河边墙”以里，“套内”则指在河套内。沿河边墙紧挨着北流黄河东岸修筑，其里（西）便是黄河，没有修筑烽火台的必要。那么这两座烽火台会不会跨过黄河，建在了河西呢？杨一清在奏疏中还说，“沿河边墙”修好不久便因蒙古人的争夺而放弃了。蒙古人在争夺时，先夺得石嘴、暖泉二墩，后占领的沿河边墙及沿线的十八墩[1]。前面已讲，蒙古人是从东来的，应该是先争夺“沿河边墙”外的据点，进而再争夺“沿河边墙”和十八墩。而且曾做过明代陕西三边总制的王琼在记述一次进入宁夏的蒙古人败退的时候说：“六月初二日，贼由镇远关渡河，石嘴墩入套。”[2]是说，蒙古人在败退的时候，从镇远关渡过黄河，自石嘴墩进入河套。镇远关在河西，那么石嘴墩一定在河东，而且过了石嘴墩便进入河套蒙古人地界了。艾冲认为，文献中的“墙里套内”应该改为“墙外套内”[3]。这个观点比较可信，因为只有这样，石嘴、暖泉二墩才有存在的必要，也才会成为沿河边墙的前哨。

从实地调查情况来看，二道坎烽火台孤悬于“沿河边墙”及十八墩之外，形体高大，构筑精细，周围带有三重围墙，具备前沿哨所的条件，应该就是石嘴、暖泉二墩之一。王琼在《北虏事迹》中还说：“镇远关、黑山营，对河之东为山嘴墩，南至横城，旧有墙堑长一百八十五里，墩台三十六座，皆年长废弃不能守。”[4]王琼记载的是嘉靖时期的事，此时“沿河边墙”已经废弃。但是王琼提到了一座山嘴墩，说它在镇远关、黑山营对面。前已介绍，镇远关正对着十八墩的第十八墩。现在又出来了一座山嘴墩。只能做两种猜测：①十八墩的第十八墩就叫山嘴墩；②山嘴墩是石嘴、暖泉二墩中石嘴墩的误写。如果是第二种，说明石嘴墩离第十八墩不远，那么孤悬在北的二道坎烽火台便是暖泉墩。

从二道坎烽火台往南至大桥烽火台之间，还有两座烽火台，分别为拉僧庙烽燧、渡口烽燧。这两座都是汉代烽燧，拉僧庙烽燧在大桥烽火台北16千米，渡口烽燧离大桥烽火台极近，在其北1.6千米。石嘴、暖泉二墩可能对其中的某一座有沿用。如果延续上段的第二种猜测，石嘴墩离第十八墩不远的话，就能确定渡口烽燧便是石嘴墩。但是从实际情况来看，拉僧庙烽燧形体高大，周围有围墙的痕迹，形制上远大于此地其他汉代烽燧，明代沿用的可能性更大。

[1]《明经世文编》卷一一六之杨一清《为经理要害边防保固疆场事》。

[2] 单锦珩辑校：《王琼集》，山西人民出版社，1991年，79页。

[3] 艾冲：《明代陕西四镇长城》，陕西师范大学出版社，1990年，69页。

[4] 单锦珩辑校：《王琼集》，山西人民出版社，1991年，79页。

3. 实地调查所见之乌海明长城与秦长城的差别

从长城的材质及构筑方式来看。宁夏河东一带的明长城均为土筑，乌海明长城为堆土墙，呈垄状，比较低矮。而秦长城多为石墙，由于坍塌破坏，痕迹不太明显。东风农场十队往北至平沟农场的这段长城多数为石墙，在形态上更接近凤凰岭秦长城。更为关键的是，在东风农场十队往北至平沟农场的长城沿线，以及渡口烽燧、拉僧庙烽燧附近采集的陶片、瓦片，具有秦汉的时代特征。

由此可知，乌海明长城在渡口村向西跨过黄河，进入河西。东风农场十队往北至平沟农场的这段长城是它北部凤凰岭秦长城向南延伸的一部分。而且，在东风农场十队，它有一个向西折的趋势，说明它从这里跨过黄河进入河西。明代可能对秦长城的部分烽燧有沿用。

四、乌海明长城的兴废

根据以上的梳理，可以对乌海明长城及明代宁夏北境边防的兴废做简单推论。明前期，宁夏的防线靠北，后来慢慢内收，最后干脆放弃了河西的黑山营和镇远关，退而防守平虏城及“北关门”墙。在河东，起先修筑了“沿河边墙”及十八墩（三十六墩）以与河西的“旧北长城”衔接，后来河东墩军经常被蒙古人掳掠，先是石嘴、暖泉二墩被迫放弃，最后“沿河边墙”及十八墩（三十六墩）都被废弃，只在河西筑立15座墩台守护瞭望，防冬不防夏[1]。正德初年，杨一清计划修复“沿河边墙”，由于刘瑾陷害，愿望未能实现。嘉靖九年（1530年），王琼新修“北关门”墙，镇远关、黑山营、“旧北长城”及“沿河边墙”被彻底放弃。到了嘉靖十五年（1536年），刘天和短暂恢复了河西的故土，在河东修筑了“陶乐长堤”，以防卫河西。不久，明朝再次将宁夏北境防线南撤至平虏城，“陶乐长堤”也失去了初始的意义，再加上它本来就修筑简单及常年的河水冲刷和风沙掩埋，大半处于荒废状态。

乌海明长城是明代宁夏镇最北端的一段，它的兴废、变迁反映了明蒙双方在这一带的势力消长，对于研究明代蒙古与明朝的关系史、明朝边疆史、明代历史地理都有着重要的作用。乌海明长城沿线墩台的构筑方式多样，既有北流黄河以外东的方式，也有北流黄河以西的影子，可谓“东西合璧”。二道坎烽火台是内蒙古明长城沿线保存最为完整的明代早期的土石混筑墩台，也是明长城一线向北伸出，距离长城墙体最远的一座。

[1]《明经世文编》卷一一六之杨一清《为经理要害边防保固疆场事》。

明蒙关系视野下的明代乌海

于默颖
（内蒙古社会科学院历史研究所）

乌海市位于内蒙古自治区境西南部，北、东与鄂尔多斯市为邻，西与阿拉善盟接壤，西南与宁夏回族自治区石嘴山市交界。乌海市地处黄河上游几字湾域内，黄河由南向北纵流而过，地形呈南北狭长状，境内贺兰山北端余脉桌子山、甘德尔山、五虎山自东而西呈南北走向平行分布，形成“三山两谷一河”的基本地形地貌特征，黄河东西接连鄂尔多斯高原和阿拉善草原，南北则连通宁夏平原与河套平原，从而形成人文地理上的狭长形十字通道，地理位置重要。就区域经济地理而言，乌海是华北地区与西北地区的结合部，同时也是“宁蒙陕甘”经济区的结合部和沿黄经济带中心区域组成部分。

历史上，乌海处于农耕与游牧交错地带，有时处于中原王朝的治下，有时成为北方游牧民族的游牧地。明代，乌海在地理上属于“河套”之地，明前期由宁夏镇辖治，明在此修建了长城墩台；明中后期，乌海地区成为蒙古右翼的游牧地。在明蒙并峙的局势下，乌海既是明朝与蒙古的交界地带，也成为多民族交流、交往、交融的通道之一。

一、明蒙并峙形成与明蒙关系演变

明洪武元年（1368年，元至正二十八年），明军北伐，闰七月，明军进克通州，元惠宗妥欢贴睦尔于二十八日率宫室百官北走上都（今内蒙古正蓝旗境内），明军攻克大都，大元王朝灭亡。此时元廷依然拥有相当力量，因而元惠宗不甘心失败，仍试图恢复对中原及全国的统治；而明朝则欲彻底消灭元朝残余势力，统一全国。这样，双方进行了激烈的争战。从洪武元年至三年（1370年），经过太原之战、开平之战、沈儿峪之战、应昌之战等一系列大的战役，明军陆续平定山西、陕西、宁夏及内蒙古部分地区，元廷统治者被迫回到漠北。北退后的元廷政权也被称为北元政权。洪武五年（1372年）岭北之役失败后，明朝暂时停止了对蒙古汗廷的大规模军事行动，转而实施剪翼策略，陆续平定西北、东北及云南地区的元朝地方势力。其中，洪武五年，冯胜率军西征，兵至瓜、沙，平定了甘肃地方，十一月明置甘肃卫（治甘州，今甘肃张掖）、庄浪卫（治今甘肃永登）。洪武十三年（1380年），西平侯沐英出宁夏，历贺兰山，涉流沙，至亦集乃路（治今内蒙古额济纳旗黑城），擒元将脱火赤。洪武二十一年（1388年），明军在捕鱼儿海（今贝尔湖）一举击溃蒙古大汗脱古思帖木儿，脱古思帖木儿汗在逃往哈剌和林途中被阿里不哥后人也速迭儿弑杀，北元汗廷遭到毁灭性打击，蒙古由此陷入混乱纷争之中。至洪武末年，历经近30年时断时续的战争和经营，明朝终于占领和控制了今东起呼伦贝尔。西至阿拉善的内蒙古大部分地区。

明蒙之间连绵的战争使得漠南草原上烟尘滚滚，很少再有蒙古部落人畜生活。洪武二十五年（1392年）北平都指挥使周兴远巡塞外，师至鄂嫩河，沿乌勒扎河到达呼伦湖一带，沿途只遇敌一次，擒五百余人，表明漠南地区已极少有蒙古部落驻牧，人烟非常稀少。魏焕称："二十五年，王师追讨，北虏远遁，不敢近边住牧者十年。"[1]这样，明朝虽经一再向蒙古举兵，但并不能征服蒙古，最终只好承认这个北方强大少数民族势力的独立存在。退往北方的蒙古虽曾力图重新入主中原，但很快就不得不认可新王朝的稳固统治。明朝与蒙古两个政权形成南北对峙并存的政治格局。"北元—明朝的南北对峙，从脱古思帖木儿败亡之后成为定局。"[2]明蒙并峙也被一些学者称为中国历史上的第三次南北朝。

永乐初，蒙古已分裂为两大部三大政治实体，即东蒙古（明人称为鞑靼）、西蒙古（明人称为瓦剌）、兀良哈三卫。基于对蒙古"散则易制，得并为一，则势专难图"[3]的认识，明成祖采取了扶弱抑强、分而御之、加强对蒙古羁縻控驭的政策。他利用东、西蒙古激烈争夺草原霸权的矛盾斗争，通过政治、经济甚至军事征服等手段，扶持争霸中处于劣势的一方，打击占优势的一方（主要是打击大汗所在的鞑靼部，扶持漠西瓦剌部），使双方维持均势，"人自为雄，各相为战"[4]，在争霸斗争中相互消耗，以此加剧蒙古的分化，加强明朝对蒙古的控驭羁縻。这一政策的具体内容包括：政治上积极招抚分化蒙古各部，设兀良哈三卫、哈密卫等羁縻卫所，册封瓦剌顺宁、贤义、安乐三王及鞑靼和宁王；经济上分别与蒙古各部开展朝贡互市贸易；军事上对蒙古进行大规模军事征服，所谓"五出三犁"，并调整明朝北边防御体系。明蒙关系进入和平交往与战争冲突并存的新阶段。

宣德之后，明朝"不复有出塞之师"，蒙古势力逐渐恢复。正统十四年（1449年），瓦剌也先以明朝削减赏物等为借口，大举进攻明朝，明英宗率五十万大军亲征，结果在土木堡大败，英宗本人也被俘，这就是历史上著名的"土木之变"，亦称"己巳之变"。一年后，明蒙达成和议，也先送还英宗，双方朝贡贸易恢复。也先死后，蒙古再度陷入混乱，明蒙边境冲突频繁，双方交往渐少，至弘治年间，明蒙朝贡互市往来完全中断。此后数十年间，明蒙之间边境冲突和战争不断，直到隆庆末年。这一时期，蒙古逐渐入据河套地区，最初仅是零星活动，后来则变为长期驻牧，嘉靖年间河套成为漠南蒙古右翼鄂尔多斯部的游牧地。

---

[1] 魏焕：《九边考》卷一《番夷（总）[通]考》，《明代蒙古汉籍史料汇编》（第六辑），内蒙古大学出版社，2009年，224页。

[2] 叶新民等：《简明古代蒙古史》，内蒙古大学出版社，1990年，81页。

[3] 瞿九思：《万历武功录》卷七《俺答列传》，《明代蒙古汉籍史料汇编》（第四辑），内蒙古大学出版社，2007年，28页。

[4] 魏焕：《九边考》卷二《辽东镇》，《明代蒙古汉籍史料汇编》（第六辑），内蒙古大学出版社，2009年，236页。

隆庆四年（1570年），漠南蒙古右翼领袖土默特部首领阿勒坦汗孙把汉那吉因家事纷争投降明朝。以这一事件为契机，明朝与蒙古经过和谈，最终达成封贡互市协议，实现了明蒙关系史上著名的“俺答封贡”。明朝册封阿勒坦汗为顺义王，授予右翼蒙古贵族不同的官职，并在宣府以西的七镇开设马市，与右翼蒙古诸部进行互市贸易。明蒙关系进入以和平友好往来为主的历史新时期。此后，虽然双方仍有小范围和局部的冲突，但明朝与右翼蒙古的封贡互市关系一直维系到明末。

二、蒙古入套与明代乌海地区的政治地理变迁

乌海地区在明代基本应属于明人所谓的“河套”，黄河以西部分大体应属明人所谓的“贺兰山后”范围。因而明代乌海政治地理的变迁与明代“河套”的政治形势紧密相连。明代河套的地理范围要远远大于今天的河套，包括今天内蒙古鄂尔多斯市、巴彦淖尔市的乌加河、黄河之间地区（今之河套）及乌海的大部分。本文所用“河套”一词均指明代河套。明前期，乌海地区由宁夏辖治；明中后期，随着蒙古入据河套，乌海地区成为右翼蒙古的游牧地。

（一）蒙古重新入据河套

《武备志》引《职方考》曰：“河套即秦所取匈奴河南地也。东至偏头，西至宁夏，三面阻河，南邻边，东西几二千里，南北八九百里。河之北三受降城在焉。受降城东为东胜。己巳之变，东胜失守，火筛遂南掠，因知河套所在，入据其中。嘉靖间，有吉囊者分地河套，当关中，最饶，分三部兵，所称袄儿都司是也。”[1]元代鄂尔多斯地区的行政、军事、经济、交通中心是察罕脑儿，这里是忽必烈第三子安西王忙哥剌的封地。元武宗时在此设立宣慰司都元帅府，元末又设行枢密院[2]。洪武三年（1370年）明将汤和“从大将军败扩廓于定西，遂定宁夏，逐北至察罕脑儿，擒猛将虎陈，获马牛羊十余万”[3]，宁夏归入明朝版图。同年二月，明朝大同指挥金朝兴攻克东胜州，鄂尔多斯地区纳入明朝治下。次年，明朝废州置东胜卫，同时，还因故元枢密都连帖木儿等自东胜州来降，设置了失宝赤、五花城、干鲁忽奴、燕只、瓮吉剌等五个羁縻千户所，羁縻其众，隶东胜卫[4]，这五个千户所皆在今鄂尔多斯东北部地区[5]。这是明初在河套东缘地区的设治机构。东胜卫所戍守地区仅在河套东北一隅及黄河以北今呼和浩特地区一带，河套北部、西北部则均恃黄河为天堑，弃而不守。

洪武二十一年捕鱼儿海一役脱古思帖木儿汗被杀，草原大乱，蒙古势力撤离漠南，之后，明成

[1] 茅元仪：《武备志》，《明代蒙古汉籍史料汇编》（第二辑），内蒙古大学出版社，2006年，538页。

[2] 周清澍：《从察罕脑儿看元代的伊克昭盟地区》，《元蒙史札》，内蒙古大学出版社，2001年，271～289页。

[3] 《明史》卷一二六《汤和传》，中华书局，1974年。

[4] 《明太祖实录》卷五四洪武三年七月丙申，卷五六九月己丑，卷六〇四年正月壬寅，卷六五五月丙寅，“中央研究院”历史语言研究所校勘本，1962年。以下《明实录》版本同此，不再标注。

[5] 〔日〕和田清，潘世宪译：《明代蒙古史论集》（上册），商务印书馆，1984年，12、13页。

祖"五出三犁"，深入漠北作战，数十年中漠南几乎无人驻牧。河套地区虽仅恃黄河为屏蔽，然亦再无蒙古牧民活动之记载。而明朝在洪武五年岭北之役后又将包括东胜、丰州、云内等在内的沿边州县百姓迁徙内地，所以包括今天乌海地区在内的河套成为"空虚之地"，草木深茂，鲜有人迹。

宣德末年，随着瓦剌的兴起，蒙古部落渐次南下。宣德九年（1434年）东蒙古首领阿鲁台为脱脱不花汗所袭，妻、子被杀，孳畜被掠殆尽，独与其子失涅干等避居"母纳山、察罕脑剌等处"，即今黄河河曲北岸的乌拉山一带，收聚散众，积蓄力量，欲图重整旗鼓，但不久为瓦剌脱欢袭杀。而其拥立的阿台汗则活动于宁夏、甘肃边外亦集乃地区，亦即今天的内蒙古阿拉善、额济纳旗一带，最后为脱脱不花汗所杀。正统初期，也先统一蒙古各部，"东自女直、兀良哈、野人，西自蒙古赤斤、哈密皆已受其约束"[1]，从天山南北到东海之滨，广大草原、森林地带，包括东胜、丰州、大同、宣府边外乌兰察布、锡林郭勒等内蒙古中西部地区，尽归瓦剌势力统治之下。

景泰五年（1454年）也先被杀后，东西蒙古的短暂统一宣告结束，瓦剌西撤，东蒙古则进入群雄逐鹿的混战时代。在这样的背景下，长期无人耕牧、生态状况极佳、有黄河屏蔽、相对安宁的河套地区，成为各支势力争夺的理想牧地。天顺初年，东蒙古强酋孛来、毛里孩、阿罗出等先后进入河套，并频频抢掠明朝延、宁、甘、固诸镇。当时他们的活动有一个明显的规律，即冬春在河套抄掠延、庆、宁地区，规模常常达数千骑、上万骑，甚至两万骑，如天顺二年春，天顺二年冬、三年春，天顺三年冬、四年春，天顺四年冬；而夏秋则在甘肃或宣大边外活动。"初虏居沙漠山，以黄河为限，冰冻而入，冰解而去，边人止防秋冬，春夏以余力垦田。"[2]成化时期，满都鲁汗、乩加思兰等蒙古部落进入河套活动，他们不仅冬春踏冰出入河套，而且夏秋间亦常常乘革囊（也称浑脱、馄饨等）飞渡黄河，往来河套，"是时，虏益能扎筏及皮袋浮水，声东寇西，使汉不可测"[3]。达延汗即位初期也出入河套，一般是秋冬南迁河套住牧，开春则渡河北上克鲁伦河一带过夏，往来途中还常住牧宣大边外的威宁海子等地。弘治年间，河套成为蒙古的基本根据地之一。达延汗分封，河套是右翼济农鄂尔多斯万户首领巴尔斯博罗特的分地，嘉靖以后为巴尔斯博罗特长子吉囊及其后裔的游牧地。

成、弘年间开始，贺兰山后也开始有蒙古部落居住。达延汗分封后，这里也成为鄂尔多斯万户领地。

嘉靖三十八年（1559年），鄂尔多斯万户首领吉能率部随阿勒坦汗西征青海，其侄宾兔台吉奉命留驻大小松山。松山紧邻宁夏中卫。此后右翼蒙古频繁西出河套，由贺兰山后至大小松山，再由此前往甘肃和青海地区。

萧大亨《北虏风俗》记载，鄂尔多斯万户（袄儿都司）"在陕西延宁河套一带边外住牧。东至黄甫与山西岢岚相邻，西连宁夏、甘、肃三镇"[4]。茅元仪《武备志》中引《兵略》详细记载了

[1]《明英宗实录》卷二二三景泰三年十一月丙戌。

[2] 谈迁：《国榷》成化二年五月辛卯，上海古籍出版社，1958年。

[3] 瞿九思：《万历武功录》卷七《俺答列传上》，《明代蒙古汉籍史料汇编》（第四辑），内蒙古大学出版社，2007年，40页。

[4] 萧大亨：《北虏风俗》，《明代蒙古汉籍史料汇编》（第二辑），内蒙古大学出版社，2006年，253页。

宁夏边外的蒙古部落，摘引如下。

《兵略》曰：宁夏镇两河边外住牧夷人：

河东边外夷人俱在清水营厂互市。

跨马梁、清沙湖是河套营名，与榆林、清平、定边相对，离花马池边五百余里。住牧酋首：

切尽黄台吉并妻妣妓，故，系已故薅台吉男、妇，部落约三千有余……

黄台吉弟琴赛台吉。

贴赖即铁雷，系黄妇侄男，部落约一千有余。

满克素阿不害，即火落赤，系黄妇侄男，部落约二千有余……

把兔，系黄妇长孙，部落约一千五百有余。

敖忽洞、五座山是营名，与兴武、清水营相对，离边三五百里不等。住牧酋首：

着力兔台吉，故，部落约二千五百有余……

打正台吉，即宰僧，故，系着力兔弟，部落约二千五百有余……

河西边外夷：

黄河岸老虎山是营名，离平虏边八百余里，住牧夷人俱在平虏厂互市。酋首：

丑气把都儿，部落约一千五百有余……

苦素阿不害，即威静着力兔，系丑气三弟，部落约一千五百有余……

屋逆贵，系丑气侄男，部落约一千有余，弟兄五人……

打儿沙，系丑气侄男，部落约一千有余……

贺兰山后长流水、蒲草泉等处是营名，离边一三百里不等。住牧酋首：

炒兔黄台吉，系河东酋首着力兔二男，部落约五百有余，在清水营厂互市。

宾兔，故，部落约一千有余……

炒哭儿，即歹成，系丑气二弟，部落约一千有余……

喇叭，即银定弟土门大儿，系歹成侄子，是叛夷，部落约六七百，每遇生事，向诸酋首借兵。

平虏起，贺兰山后止，与洪、广、镇北相对，住牧流移达子卜傥等，系河东套酋中我儿部落，约三百有余，无赏。

玉泉营边外赤木口、大沙窠，住牧流移达子湃言儿等，系河东套酋吉囊部落，约三百有余，无赏。

广武边外东连玉泉营，西接中卫，名水头、马跑泉、红山水、苍儿井等处，住牧流移达子纳阿太等，系河东套酋黄妇部落，约二百有余，有清水营厂互市。[1]

[1] 茅元仪：《武备志》，《明代蒙古汉籍史料汇编》（第二辑），内蒙古大学出版社，2006年，539～541页。

从上述史料可见，包括今天乌海地区的宁夏边外黄河东、西两岸广阔地带，分布着大小不等的众多蒙古部落，他们主要是右翼蒙古鄂尔多斯万户部落。《兵略》记载的是万历时期的情况。事实上，早在嘉靖中，鄂尔多斯部落已开始驻牧贺兰山后，“先是，能大父吉囊逢黄河冰解，入套则患在张掖、酒泉，出则患在云中、（山）[上]谷。顷，虏党益盛，套不能容，分据东西庄、宁山后，并擅其地，塞上颇心畏之”[1]。右翼蒙古部落分驻黄河两岸，乌海及邻近地区均有蒙古部落活动，“自是之后，俺答移踞河套，窥我延绥，吉囊徙居山后，窥我宁夏，并在石嘴、暖泉，列黄河两岸，相乡而陈”[2]。

漠南右翼蒙古诸部进入河套及贺兰山后地区，“射猎以为生，水草以为居，无仇敌之扰，有寇窃之利”[3]，不时扰掠明边，给明朝陕西三边特别是延绥、宁夏边防造成巨大威胁。许论《九边图论》称：“弘治以前，虏住套不常，间有连岁不入者。我边每岁于河冻时决其出入，入则戒严，出则解严，盖冰泮后则不复能出入矣。今虏浑脱飞渡，数万立济，经年住套，安为巢穴，逋逃教诱，尽知我内地虚实，此可与往日论哉？而花马池一带，适其利涉之境，游骑出没，无日无之，宜乎延、宁、固、靖终岁不得少息也。”[4]霍冀《九边图说》亦载：“自虏入套以来，边患始剧，其在夏秋则用浑脱浮渡以扰我边，严冬之时则踏冰卒入，乘我不备，甚至取道贺兰山后，往来庄、凉，恬无忌惮。今之宁夏是岂可以往昔例论哉。”[5]

（二）明代乌海政治地理演变

明前期，乌海地区由宁夏卫（后为宁夏镇）辖治。许论《九边图论》称：“宁夏亦朔方地也，镇城所据，贺兰山环其西北，黄河在东南，险固可守。汉唐旧渠皆在，厥田上上，人易为生。成化以前虏患多在河西，自虏据套以来，而河东三百里间更为敌冲。”[6]魏焕《九边考》记载：“宁夏亦朔方河西之地，即古夏州也。南北仅百里，东西二百余里。南北朝晋时，赫连夏及拓跋魏皆都于此。至唐、宋，胡裔李继迁、赵元昊相继居夏，累世据朔方之险，为中国患甚矣。今三边既为中国所有，而宁夏居中，适当喉襟之地。国初立宁夏府，洪武五年废之，徙其民于陕西。九年复设宁夏等伍卫于上郡，东南距河，西北抵贺兰山，盖四塞之地。内有汉、唐二渠，引水灌田，足称富庶，亦陕之乐土也。所隶贺兰山后，虏贼出没无时，而花马池盐川东西三百里，地势平漫，兴武营、灵州一带又套贼侵犯腹里必由之路。”[7]霍冀《九边图说》亦称：“宁夏古朔方河西地也，

[1] 瞿九思：《万历武功录》卷一四《吉能列传》，《明代蒙古汉籍史料汇编》（第四辑），内蒙古大学出版社，2007年，352页。

[2] 瞿九思：《万历武功录》卷七《俺答列传上》，《明代蒙古汉籍史料汇编》（第四辑），内蒙古大学出版社，2007年，39页。

[3] 《明宪宗实录》成化六年十二月癸酉。

[4] 许论：《九边图论》，《明代蒙古汉籍史料汇编》（第十二辑），内蒙古大学出版社，2015年，17页。

[5] 霍冀：《九边图说》，《明代蒙古汉籍史料汇编》（第十二辑），内蒙古大学出版社，2015年，49页。

[6] 许论：《九边图论》，《明代蒙古汉籍史料汇编》（第十二辑），内蒙古大学出版社，2015年，17页。

[7] 魏焕：《九边考》卷八《宁夏镇》，《明代蒙古汉籍史料汇编》（第六辑），内蒙古大学出版社，2009年，286页。

东起盐场，西尽中卫，东南距河为险，北倚贺兰为固，在昔称四塞焉。”[1]茅元仪《武备志》则载：“《职方考》曰：宁夏古朔方地。东南距河，西北倚贺兰山，故称沃壤。国初虏遁漠北，患在河西，频年据套内，患在河东，由平虏至花马池三百余里尤甚。虏一入则西可以窥宁、固，南可以窥庆阳，故后设后卫，每岁督抚移驻防秋。中卫僻处西隅，数苦山后之虏。”[2]

宁夏称“四塞之地”，可谓是明代陕西三边四镇中的喉襟之地[3]。元为宁夏路，洪武三年（1370年），明军取宁夏，改置宁夏府，洪武五年废府，徙其民于陕西。洪武九年（1376年）始设宁夏卫，之后又陆续增宁夏前卫、宁夏左屯、右屯卫，皆治今宁夏银川市；置宁夏中卫，治今宁夏中卫市；置灵州守御千户所，治今宁夏灵武县；又增设后卫于花马池，由陕西三边总督驻守。诸卫隶陕西都司，驻守宁夏，并控御宁夏以北及贺兰山外包括今天乌海在内的内蒙古西部地区。

宁夏为明代九边重镇之一，宁夏长城，西起靖虏卫（今甘肃靖远县），入宁夏中卫境，东北沿贺兰山至赤木口，这段长城成为宁夏与今内蒙古阿拉善地区的分界。成化中，明在宁夏东境黄河东岸修筑长城，北起黄沙嘴，东南至花马池连接延绥长城，这一段则为今内蒙古鄂尔多斯与宁夏的分界。今天乌海地区仍存有明代长城墩台遗迹。

在宁夏镇所设卫所等军政机构中，邻近乌海地区的是平虏守御千户所，平虏所下辖防御要地有老虎山、蒲草沟、镇远关、黑山营等，《读史方舆纪要》记载了它们的大体地理位置。平虏所，“在镇北六十里，东至黄河十五里，西至贺兰山六十里”。老虎山，“在所东北百八十里黄河岸上。《九边考》：‘自老虎山而西为长流水、蒲草泉等险……’”蒲草沟，“在所西北二百里。弘治十一年，制臣王越讨贺兰山后叛部，分兵击贼于花果园、蒲草沟，贼从沙窝遁去……花果园，《纪事》云：‘在所北二百里。’”镇远关，“所北六十里，为宁夏之冲要。嘉靖中总制王琼筑花马池新边，弃关不守，自是山后之寇益恣，议者引为琼咎。《九边考》：‘平虏当北面之冲，而镇远关实为外险。旧自镇远关以至火沙沟皆有台堡相接，以断北寇西行之路，外险既失，平虏虽有扼塞可凭，而终虞单薄矣。’”黑山营，“所北八十里。永乐元年建，与镇远关相应援，嘉靖九年废。议者谓河西营堡，惟平虏城三面受敌，河冻时套寇踏冰入犯，非墩墙所能御也。冰泮后寇每用浑脱浮渡，扰我耕牧，则弃黑山营镇远关而守平虏，殆非长算矣。”[4]

明中后期，与蒙古诸部入套相对应，明朝宁夏镇长城防线被迫逐渐收缩，与乌海地区相邻的镇远关、黑山营等均被废弃。嘉靖十六年兵科都给事中朱隆禧等言：“祖宗之时河套固中国地也，自余子俊修筑边墙不以黄河为界，而河套为虏所据；宁夏与山后诸夷为邻，贺兰山其界也，自王琼弃镇远关创为新边，而贺兰山为虏所据，遂使延、宁二镇受患至今。……我退一步，虏侵一步……”[5]许论《九边图论》称：“又洪武以来，虏出入河套，往来甘、凉，皆自贺兰山后取

[1] 霍冀：《九边图说》《明代蒙古汉籍史料汇编》（第十二辑），内蒙古大学出版社，2015年，49页。

[2] 茅元仪：《武备志》《明代蒙古汉籍史料汇编》（第二辑），内蒙古大学出版社，2006年，539页。

[3] 关于宁夏镇的重要军事地理位置，薛正昌：《明代宁夏镇军事地理位置》，《宁夏大学学报》1994年4期。

[4] 顾祖禹《读史方舆纪要》卷六二《陕西十一》，中华书局，2005年，2954页。

[5] 《明世宗实录》卷二〇三嘉靖十六年八月庚申。

道。自总兵杭雄败后，遂以山前为通衢，赵英、周尚文御之皆败。……或曰，旧墩瞭望，直出山外，有警即闻，易于遏绝，今皆废矣。或又曰，赤木、黄峡等口，旧皆叠石固塞，防守有人，今亦不然，是以莫之御虏也。……镇城南北仅百里，东西止二百余里耳。王琼废镇远关而城平虏，弃地盖八十里，一何易也？今虏患愈近而民利益窘，盖谋者一至是乎？”[1]魏焕《九边考》记载：“宁夏北贺兰山、黄河之间，外有旧边墙一道，嘉靖十年，总制王琼于内复筑边墙一道，官军遂弃外边不守，以致边内田地荒芜。十五年，总制刘修复外边防守，黄河东与外边对岸处修筑堤一道，顺河直抵横城大边墙，以截套虏自东过河以入宁夏之路。宁夏西倚贺兰山天险为固，山口一十二处，宽狭不等，共止量长一十五里。旧每口各有关墙三道，今尽圮废不修，以致大虏时入抢掠。”[2]可见，从成化到嘉靖年间，明朝长城防线一再收缩。宁夏镇东北部紧邻乌海地区的镇远关是重要关口，嘉靖十九年，巡抚宁夏都御史杨守礼曾上疏奏请恢复镇远关：“镇远关与黑山营皆我祖宗金汤之地，废弃岁久，诚为可惜。曩奉朝议欲经略平虏千户所以恢复之，而工力浩大，遽难轻举。若打硙口在镇远关之内，为通贼要冲，以次修筑则卒以障山后之贼，而镇远亦可渐图。其临山堡土地不毛，不可防守，必改筑墩台庶为有益。上从之。”[3]但之后未见实施和取得成效的记载，可能修复举措并未落实。

宁夏弃守北部的长城墩台及贺兰山隘口，乌海地区乃至与之相邻的今宁夏平罗县以北沿边一带，成为明朝边外之地，蒙古部落往来活动于此。

三、明代乌海在明蒙关系中的通道作用

明代乌海位处明朝与蒙古的交界带上，也在农耕与游牧交错带上。从地理位置来看，乌海南北两侧分别是开阔的宁夏平原与今河套平原，地形随河分布、南北狭长的乌海则是今河套平原进入宁夏的通道。而此段黄河也较窄，便于渡河东西而行，今天宁夏石嘴山市惠农区黄河东岸仍有一处村落被称为渡口村，应是历史上的黄河古渡口。所以，乌海地区成为明蒙冲突交往和蒙古西行进入甘肃、青海地区的重要通道。

（一）乌海地区是宁夏明军出境和蒙古出入河套的通道之一

乌海及其周边地区是宁夏明军出境作战通道之一。如洪武十三年（1380年），西平侯沐英出宁夏，历贺兰山，涉流沙，至亦集乃路（今内蒙古额济纳旗黑城）。永乐二十一年（1423年），明成祖第四次率大军北征蒙古，十月初，明前锋陈懋出宁夏，绕黄河至阴山下。其时由漠北移牧漠南宿嵬山口（今内蒙古包头附近）的阿鲁台重要副手也先土干势穷降明。成祖赐也先土干名金忠，封忠

[1] 许论：《九边图论》，《明代蒙古汉籍史料汇编》（第十二辑），内蒙古大学出版社，2015年，17、18页。

[2] 魏焕：《九边考》卷八《宁夏镇》，《明代蒙古汉籍史料汇编》（第六辑），内蒙古大学出版社，2009年，288页。

[3] 《明世宗实录》卷二四三嘉靖十九年十一月癸丑。

勇王，随即宣布班师。

弘治十一年（1498年）七月，陕西三边总制王越率军出境，袭击驻牧在贺兰山后的蒙古部落。"先是，敕谕总制越云，贺兰山后乃虏贼巢穴，累次寇边，皆自彼而入。使其住居年久，熟知地方，或诱引北虏大众，或招来野乜克力等夷，为患不小。尔须运谋追剿，毋令滋蔓。越自宁夏遣将，分路发兵，延绥副总兵都指挥同知朱瑾领兵二千出南路，宁夏镇守太监张僴、总兵官都督同知李俊领兵二千出中路，副总兵都指挥使张安、监枪右监丞郝善领兵二千出北路，越居中制之。张安、郝善分为二哨，北哨行五十余里，至花果园遇贼，击之，斩十三级；南哨至蒲草沟，贼望见畜产遍野，弃不顾，急从沙窝遁去。七人不及走，斩之。其一人衣甲居幕甚整，意其酋也。……贼西遁，乃还宁夏城。"[1]花果园、蒲草沟即前述宁夏平虏千户所守御的部分要地，此时已有蒙古部落人众活动于此。

明中后期，蒙古逐渐入据河套，宁夏边防收缩，乌海地区成为蒙古诸部出入河套抄掠明边的重要道路。嘉靖九年（1530年）兵部尚书李承勋在奏疏中称："宁夏一镇，前以黄河为据，后枕贺兰之险，自镇远关以至大沙沟，旧有台堡相接，以断北虏西行之路，昔人所谓断匈奴右臂者此也。数十年来，边军贫困，镇巡姑息，皆以修边为讳，遂致墩台废弃，耳目闭塞，屯堡不能自立，黑山诸营遂议内徙矣。屯堡徙则藩屏撤，而屯田不敢耕种，自此镇城遂为虏通行途矣。"[2]

嘉靖七年（1528年），"十二月初三日，套虏六七千骑自宁夏东北镇远关南踏冰过黄河，循贺兰山南行。总兵杭雄等领兵击之，兵少，败绩，官军死者九十一人，雄等结营固守得免。贼遂由贺兰山南赤木口出境。套虏过河，由宁夏境内自贺兰过庄凉者始此。"[3]镇远关紧邻乌海。这一战事就是前述许论《九边图论》中所谓的"杭雄之败"。

嘉靖九年（1530年），右翼鄂尔多斯部入掠，"三月，由庄浪北镇羌堡入西海，与亦不剌结姻，复由镇羌回至贺兰山外住牧。……五月二十六日，阿尔秃厮过宁夏，时领众二万，并所娶亦不剌女驼马牛羊万余。总兵赵瑛出兵，阻水下营，遇贼大营过，内轻骑数十趋水饮马，瑛督军拒之，自晨至酉，贼不得水，移营北行。又翌日，贼后哨千余沿山北行，赵瑛尾其后击之……六月初二日，贼由镇远关渡河，石嘴墩入套。"[4]蒙古部众仍然从镇远关渡过黄河，进入河套。

嘉靖十一年（1532年）十二月，鄂尔多斯万户首领吉囊率四万骑踏冰出套，潜伏贺兰山后，欲西掠甘凉地区。瞿九思《万历武功录》称："按舆图，河套在东，贺兰山在西，天隔以黄河，不可渡。十数年而来，虏乃用牛羊皮为浑脱，虽夏秋亦可浮水渡矣。以故套虏得入山后，而长流水、青山墩。虏亦东北走，然西行则必奔芦塘、松山、土豹岭，以犯兰、靖、庄、凉间，殆亡虚日。"[5]为了渡

[1]《明孝宗实录》卷一三九弘治十一年七月己酉。

[2]《明世宗实录》卷一一七嘉靖九年九月戊申。

[3]魏焕：《九边考》卷八《宁夏镇》，《明代蒙古汉籍史料汇编》（第六辑），内蒙古大学出版社，2009年，288页。

[4]张雨：《边政考》卷五《三夷纪事》，《明代蒙古汉籍史料汇编》（第七辑），内蒙古大学出版社，2011年，188、189页。

[5]瞿九思：《万历武功录》卷七《俺答列传上》，《明代蒙古汉籍史料汇编》（第四辑），内蒙古大学出版社，2007年，38页。

河，蒙古甚至抢夺明朝的船只，“宁夏孤悬河外，兵将皆驻灵州，常有贼过河夺舡，乞增兵渡口守之”[1]。

由上述史事可见，蒙古诸部出入河套抄掠明边，往往会经过乌海及其周边地区，甚至一些冲突就发生在这一地区。

（二）乌海地区是蒙古、回回等族与明朝互市的通道之一

明前期，宁夏即设有随来随市的不定期马市。明成祖即位后不久，敕谕宁夏总兵官左都督何福在宁夏设立马市：“回回有来市马者听，须立官市于城外，定其价，官与收买，为长久之法，仍严出境之禁。”[2]永乐四年（1406年），分别在陕西、甘肃设立苑马寺，“凡回回、鞑靼以马至者，或全市，或市其半，牝马则尽市之”[3]，交苑马寺收养。永乐六年（1408年）成祖敕甘肃总兵何福：“凡回回、鞑靼来鬻马者，若三五百匹，止令鬻于甘州、凉州；如及千匹，则听于黄河迤西兰州、宁夏等处交易，勿令过河。”[4]所卖马匹明朝官方买完后，其余许与军民贸易。

嘉靖二十九年（1550年）庚戌之变发生，明朝被迫答应右翼蒙古首领阿勒坦汗的互市要求，在宣、大、延、宁开设马市进行贸易。嘉靖三十年（1551年）四月，大同镇羌堡开马市，与土默特部互市，随后宣府开马市于新开口堡，与喀喇沁部互市。这年秋冬，延、宁开马市与鄂尔多斯部交易，凡易马五千余匹，“狼台吉等约束部落，终市无哗。涉秋及冬，三边绝警”[5]。

隆庆五年（1571年）“俺答封贡”实现后，明朝与右翼蒙古的互市贸易全面展开，明朝陆续在宣、大、山西三镇及陕西延、宁、甘、固四镇沿边地区开设马市市场。其中，宁夏在清水营旧厂设马市，与鄂尔多斯吉能部互市[6]，后来，宁夏又增设中卫、平虏两个市场。

蒙古部落前往宁夏马市市场进行互市贸易时，有的也会经过乌海及周边地区。

（三）乌海地区是右翼经贺兰山后进入甘肃和青海地区的通道之一

乌海地区是右翼经贺兰山后进入甘肃和青海地区的通道之一。嘉靖十五年四月中，虏酋吉囊率众十万屯牧贺兰山后，已而分遣其众入寇凉州[7]。嘉靖二十年，“先是，去冬虏酋吉囊部落数万骑踏冰渡河，住牧贺兰山后。至今春，犯镇朔堡”[8]。嘉靖三十五年冬，“套虏数万踏冰西渡，由宁夏山后直抵凉庄”[9]。所谓“宁夏山后”即贺兰山后。

[1]《明孝宗实录》卷一七九弘治十四年九月甲申。

[2]《明太宗实录》卷一三洪武三十五年冬十月壬申。

[3]《明太宗实录》卷五九永乐四年九月壬戌。

[4]《明太宗实录》卷七七永乐六年三月壬戌。

[5]《明世宗实录》卷三八〇嘉靖三十年十二月甲寅朔。

[6]《明穆宗实录》卷六〇隆庆五年八月癸卯，卷六一九月癸未。

[7]《明世宗实录》卷一九〇嘉靖十五年八月丙午。

[8]《明世宗实录》卷二四七嘉靖二十年三月壬寅。

[9]《明世宗实录》卷四四七嘉靖三十六年五月丁丑。

俺答封贡后，土默特和鄂尔多斯诸部多次西行，前往甘肃和青海。万历五年（1577年），阿勒坦汗西行，“而延宁套虏亦鹜利而西，甘肃多事矣”[1]。万历六年五月，阿勒坦汗到达扁都口，“顷之，俺答自甘州外边，使夷使兀蓝汉还丰州川，治贡事”[2]。阿勒坦汗西行中间从丰州川到宁夏中卫的路线，史料记载不太详细，但返程时路线大体明确。万历八年阿勒坦汗东还，“五月，俺答自甘州外边使使者还丰州……七月，俺答返巢。……八月，俺答发自石羊石、虎川脑，至寺儿峡，居四五日，复走木不藏休舍。而我塞上卒则恐虏自甘州，迤南则入兰、靖，迤北则由松山入宁夏中卫及赤木口，稍北则由贺兰山后入延绥。……而俺答冉冉从大同河、宽沟儿入镇羌境矣。已，从镇羌东阁门出，走东北草地，所至幸静息，无它肠。而御史赵楫、郜光先具以状闻。其十一月，俺答还至大板升，燕恰台吉”[3]。镇羌当为甘肃镇庄浪卫镇羌堡。阿勒坦汗“从镇羌东阁门出，走东北草地”，之后“至贺兰山，然后走赤木口，请市马”[4]，可见应是走贺兰山外，经过阿拉善草原、乌海地区及河套平原返回丰州川。阿勒坦汗西行道路原是鄂尔多斯部西征瓦剌和亦不剌曾走的道路，后来成为右翼诸部西行进入甘肃和青海活动常走的道路。“先是，俺答来也，由凉州之宁远、永昌而西，及其还归，则由庄浪之镇羌而东。……当是时，庄浪则备镇羌堡，黑松则备铁柜儿，凉州则备泗水堡，永昌则备水泉及宁远，甘州则备石峡口。此数道，曩套虏得假之以仓倅而来……已，俺答复假之。于是往来诸虏酋称引以为例。”[5]

万历十六年（1588年），第三代顺义王扯力克与三娘子决定率部西行，“十二月，扯力克果移壁多罗土蛮，治兵欲西行”[6]。万历十七年（1589年）五月自多罗土蛮拔营西行。“八月，扯力克与三娘子、一克黄台吉至宁夏外边……倾，扯力克以先年归路为来路，即拥众至平虏打磴口，赍夷使计龙、武天祥等一十五人、书及马一，诣备守使沙旸所，请假道于宁夏、庄浪。”[7]之后，据《万历武功录》记载，扯力克的西行路线如下：“其八月，自山后行，至把力大休舍，去边二百五十余里矣……是日，虏王宿蒲草泉，去贺兰山百五十余里，渐近矣。已，移帐黄硖口，而以一克黄台吉至乱井所，掘井汲水，乃发羸马弱卒诣镇番。于是，躬帅控弦之士待边，日讲市……

[1] 瞿九思：《万历武功录》卷八《俺答列传下》，《明代蒙古汉籍史料汇编》（第四辑），内蒙古大学出版社，2007年，107页。

[2] 瞿九思：《万历武功录》卷八《俺答列传下》，《明代蒙古汉籍史料汇编》（第四辑），内蒙古大学出版社，2007年，107页。

[3] 瞿九思：《万历武功录》卷八《俺答列传下》，《明代蒙古汉籍史料汇编》（第四辑），内蒙古大学出版社，2007年，108页。

[4] 瞿九思：《万历武功录》卷八《扯力克列传》，《明代蒙古汉籍史料汇编》（第四辑），内蒙古大学出版社，2007年，127页。

[5] 瞿九思：《万历武功录》卷八《扯力克列传》，《明代蒙古汉籍史料汇编》（第四辑），内蒙古大学出版社，2007年，133页。

[6] 瞿九思：《万历武功录》卷八《扯力克列传》，《明代蒙古汉籍史料汇编》（第四辑），内蒙古大学出版社，2007年，126页。

[7] 瞿九思：《万历武功录》卷八《扯力克列传》，《明代蒙古汉籍史料汇编》（第四辑），内蒙古大学出版社，2007年，127页。

约如是，虏王犹未餍也，迺从蒲草泉，道赤木口，休舍长湖，复使武天祥求市中卫，愿得市马九百四十匹……其九月，讲抚赏，自初九至十六始定。于是开厂中卫……是时，东虏明暗台吉犹住牧平虏迤北……而以十九日入中卫市，市马凡五百五十匹及镇城马三十，果如俺答数……其二十八日，虏王出宁夏外边，自营盘水传发，旦日休舍松山鹹……其明年正月，扯力克至甘州……其五月，扯力克拥众屯河西，不出口……其六月，顺义王携家室驰沙果川，休舍仰华寺。”[1]扯力克西行路线是从多罗土蛮出发，经乌海地区，至宁夏边外沿贺兰山后一带南下，至宁夏中卫边外休整，与明朝进行互市贸易，之后向西进入大小松山地区，由此向西进入甘州，最后到达青海湖畔。扯力克曾跟随其祖父阿勒坦汗西行，因此其西行路线可能也大体上是阿勒坦汗当年的西行路线。扯力克在甘青地区活动了一年多，在明朝的一再施压下，于万历十九年四月决定东返。九月，扯力克“引众从镇羌驿出口”[2]，十月回到丰州川驻地。

扯力克西行期间，鄂尔多斯部济农卜失兔也曾两次出入河套西行。“盖虏王西牧，原系卜酋要结共仇瓦剌。去年卜酋以祭祖回套，乃火酋勾引虏王，遂有河州之事矣。继而卜酋再来，乃遭大创，徘徊海上，进退无据。近二月各酋会事东归，舍遍都而欲由川底者，已明言其图抢瓦剌也。……且扯、卜二酋心桀口强，虽肆恶未忘，而妇女部落畏祸思归，实掣肘未便。今复遣使恳求由镇羌矣。”[3]万历十九年，卜失兔率鄂尔多斯部众随扯力克东返，“从镇羌驿出口，望套走。见塞上旌旗布列，乍隐乍见，凛凛自以为天兵不可犯也。于是，率诸酋赴红山、清水、中卫、平虏、扁都诸市”[4]。

由上述可见，右翼诸部包括顺义王阿勒坦汗、扯力克祖孙西行甘、青地区的路线，都经过乌海及其周边地区。

综上所述，明代乌海地区属明蒙交界地区，是游牧与农耕交错地带。乌海重要地理位置与其依河分布、南北狭长的地形特点，使得其成为一个十字通道，南北方向是今河套平原至宁夏的通道，东西方向黄河渡口则是鄂尔多斯高原进入阿拉善草原的通道，而由阿拉善沿贺兰山至中卫，再经松山进而可到达甘、青地区。由此，乌海地区也成为当时西北汉蒙回藏等多民族交流、多元文化交融的孔道和前沿地区之一。今天，乌海在公路、铁路网中是蒙、宁、陕、甘联通的重要节点，也是“宁蒙陕甘”经济区的结合部。这是有历史的基础和积淀的。

---

[1] 瞿九思：《万历武功录》卷八《扯力克列传》，《明代蒙古汉籍史料汇编》（第四辑），内蒙古大学出版社，2007年，128、129页。

[2] 瞿九思：《万历武功录》卷八《扯力克列传》，《明代蒙古汉籍史料汇编》（第四辑），内蒙古大学出版社，2007年，136页。

[3] 陈子龙：《明经世文编》卷四〇四，郑洛《郑经略奏疏一·类报四镇虏情疏》，中华书局，1962年。

[4] 瞿九思：《万历武功录》卷八《扯力克列传》，《明代蒙古汉籍史料汇编》（第四辑），内蒙古大学出版社，2007年，360页。

康熙皇帝过乌海

刘忠和
（包头医学院中医学院）

康熙皇帝是否到过乌海？经笔者考证确有其事，而且他曾在乌海境内驻跸了至少两晚。事情还要从康熙皇帝亲征噶尔丹说起。康熙三十五年（1696年）春夏间，康熙皇帝指挥清军兵分三路北讨漠西蒙古厄鲁特首领噶尔丹，其西路军在费扬古的率领下，在漠北昭莫多（昭，蒙古语意为百，莫多今多汉写为毛都，意为树，合起来就是一个有百棵树的地方，也就是在一个小树林附近，这片树林在当时应是一个大的地理标识）大败噶尔丹，取得了决定性的胜利。

但噶尔丹势力并未彻底覆灭，而是躲在今蒙古国西部苟延残喘。为促使噶尔丹尽快归降，康熙皇帝于同年九月十九到十二月十六再次率军亲征噶尔丹，这就是康熙皇帝第二次亲征噶尔丹。由于距前次战争结束仅三个多月，军力恢复不足，没有进行充分的准备，后期军粮不济，不能继续进军。此次亲征，康熙皇帝率清军最远到达了今鄂尔多斯市达拉特旗的吉格斯台而返。

康熙三十六年（1697年）春，第三次亲征开始。二月初五，他从北京出发，经昌平、怀来、沙城、宣化、左卫（今河北省万全县）、怀安（今河北省柴沟堡）、天成（今山西省天镇县）、阳和城（今山西省阳高县）、大同、怀仁、朔州、义井（今山西省岢岚县境内）、李家村（今山西省河曲县境内）、保德州（今山西省保德县），渡黄河经府谷县（今陕西省府谷县）南、孤山堡（今陕西省府谷县境内）、神木县（今陕西省神木市）、柏林堡（今陕西省神木市境内）、高家堡（今陕西省神木市境内）南、榆林（今陕西省榆林市区）、他喇布喇克（今陕西省榆林市境内西北部）、哈留图郭尔（今海流图河，位于陕西省横山县北部）、渡无定河驻跸库尔塔拉（今陕西省靖边县北部）、扎罕布喇克（蒙古语意为白泉，今陕西省靖边县西北部）、通阿拉克（今陕西省安边镇北部）、安边城东、定边城（今陕西省定边县城）、花马池（今宁夏回族自治区盐池县）、安定堡（今宁夏回族自治区盐池县安定堡）、兴武营（今宁夏回族自治区盐池县西北部）、清水营（今宁夏回族自治区灵武市北境）、经横城（今宁夏回族自治区灵武市境内的横城堡）再渡黄河，于三月二十六到达宁夏（今宁夏回族自治区银川市）。

康熙皇帝在宁夏驻跸了十八天，处理了许多军务、政务，对清军进行了进一步的调整、布置。闰三月十五康熙皇帝由宁夏启程，“上自宁夏城往白塔，是日启行，驻跸尧甫堡”[1]，此尧甫堡应即今平罗县姚伏镇所在地。由此可见康熙皇帝率清军是循唐徕渠东北行的，这在今当地百姓

[1] 《清圣祖实录》卷一八二，康熙三十六年闰三月乙未（十五）。尧甫与姚伏地名用字不同，但音相同。

口中仍有传言。次日，“上驻跸流穆河西岸”[1]，此流穆河应在今平罗县城北约二十里。依行军方向及当时日行程看，也应是这里，且它位于唐徕渠之东。丁酉，“上驻跸哨马营西南隅之峡河西岸”[2]。据学者研究，该哨马营位于今宁夏石嘴山市惠农区红果子镇一带，而这个驻跸地还在其西南隅，应在今平罗县黄渠桥一带，今惠农区下营子乡处。戊戌，“上驻跸哨马营”[3]。四日后，到达石嘴子西南隅黄河西岸[4]（当地百姓俗称八站。因每日要打尖，故到此是第八站，位于惠农区南），在此登船顺黄河而下，欲亲赴草原擒获噶尔丹。但此时噶尔丹已死月余，康熙皇帝没有得到情报，因此仍在亲征。按银川距石嘴山一百二十里，这样看康熙皇帝的军队日行即三十里左右。之后康熙皇帝曾驻跸石台西北隅黄河西岸[5]，该地还应该在今宁夏石嘴山市的惠农区境内，应是紧靠乌海市乌达区的一个地方。石嘴山市得名，应该也与黄河有关。在一个距今惠农区北2千米左右的黄河西岸的地方，有一段近三百米的石岸，而该石岸形状如层层叠叠的石蛤蟆蹲伏在岸边昂首鼓鸣的样子，因此当地人把这里称作石蛤蟆嘴子，简称为石嘴子。有船从黄河中行过，可看到此雄壮景象。

按此速度，今内蒙古乌海市（海勃湾区）距石嘴山市惠农区一百里，那么闰三月二十二、二十三，康熙皇帝率清军船队到达的黄河西岸环洞[6]、黄河西您黄差头湾[7]两地，大概位于今乌海市乌达区南和乌达区北一带。自此康熙皇帝所率清军进入了今内蒙古西部地区。二十四，康熙皇

[1]《清圣祖实录》卷一八二，康熙三十六年闰三月丙申（十六）。流穆河又名柳陌河，在今平罗县北，惠威村附近，另说是在二闸乡新村东之黄河河段。今平罗县高庄乡新村处，今此河不存。

[2]《清圣祖实录》卷一八二，康熙三十六年闰三月丁酉（十七）。哨马营西南隅之峡河西岸。峡河即黄河支流西河，该地应在平罗县北境或与惠农区交界处。

[3]《清圣祖实录》卷一八二，康熙三十六年闰三月戊戌（十八）。据《平罗纪略》载：“哨马营在北山崖，树木葱郁。”哨马营是明清时的兵营，在今石嘴山市惠农区红果子镇。东靠第三排水沟，西临110国道，在贺兰山红果子沟口中，北至旧长城约1.5千米，现遗址尚存。

[4]《清圣祖实录》卷一八二，康熙三十六年闰三月己亥（十九）。

[5]《清圣祖实录》卷一八二，康熙三十六年闰三月辛丑（二十一）。

[6]《清圣祖实录》卷一八二，康熙三十六年闰三月壬寅（二十二）。环洞是一种黄河岸边的水利设施。笔者认为应为暗洞。“西河在汉渠，东渠西各湖之水，阻汉渠不能达，故穿汉渠下瓮石为洞，横通湖水”（乾隆《宁夏府志》卷八水利）。可能是随康熙皇帝的记录者的口音问题，记为“环洞”。据乾隆《宁夏府志》记载，惠农渠上有暗洞九，这一暗洞应为最北的一个，可能已达今乌海市乌达区境内。

[7]《清圣祖实录》卷一八二，康熙三十六年闰三月癸卯（二十三）。西您黄差头湾，应是一个蒙古、汉语相结合地地名。西您黄差头的西您，今应写作锡尼，蒙古语“新”的意思；黄差头，笔者找了很多类似的发音都不能很好地对应，倒是有一个读急了转音的词，今多写作“呼吉尔图”的与此最相仿，“呼吉尔图”蒙古语意为“有碱的地方”，这样说来，合起来就是“新的有碱的河湾”，在今紧靠乌达区、恰在海勃湾区的阿拉善盟阿拉善左旗所属的地方，至今仍有地名呼吉儿图，而这也与乌海市北、今仍属鄂托克旗的碱柜相对应，也许这里是旧的有碱的地方，而今河对岸阿拉善左旗的呼吉儿图是新的产碱之地。要知道，早在康熙三十六年之前，这里只有鄂尔多斯部，他们能在黄河两岸放牧，直到康熙皇帝从这里回京后，才把河西岸土地赏于阿拉善部驻牧。所以西您黄差头湾就是康熙皇帝在今乌海地区活动最靠近今市政府的一个地名。这个地名应在今乌达区北与阿拉善左旗交界处。

帝驻跸黄河西岸双阿堡[1]，此双阿堡约在今阿拉善左旗巴彦木仁苏木近黄河处。二十五，康熙皇帝驻跸黄河西岸沙枣树[2]，此沙枣树约在今巴彦淖尔市磴口县南的二十里柳子一带，现在该地仍有沙拉毛都（蒙古语意为黄色的树）之类的地名，也许就是沙枣树的音讹。

自此康熙皇帝及三万清军离开了乌海地界，继续北行，为完成彻底征服噶尔丹而努力。乌海市地处黄河上游，是黄河进入内蒙古的第一市，有着一百多千米长的黄河流过。而古人行军多沿河谷行走，康熙皇帝的第三次亲征噶尔丹就从这里走过。

康熙皇帝在西您黄差头湾驻跸的时候，“抚远大将军、伯费扬古以去岁未能剿灭噶尔丹，请解大将军任，上不允”[3]。康熙还“命停止黑龙江官兵留于扬威将军觉罗舒恕处、命前调甘肃提督李林隆标兵二千仍回原处”[4]。他于此调兵遣将，为消灭噶尔丹势力而做着努力。

康熙皇帝过乌海，为大清王朝开疆拓土、统一蒙古各部做出了贡献，也进一步证明乌海是古代重要的军事通道，为以后中国版图的形成奠定了基础。当然康熙皇帝过乌海，也是他对今内蒙古西部地区了解的重要组成部分，正是这次亲征后，“走西口”拉开了序幕，一场持续二百六十多年的移民运动开始了，山西、陕西、甘肃、河北等地移民逐渐涌入内蒙古西部，与蒙古族人民一起，共同建设美丽家园。

[1]《清圣祖实录》卷一八二，康熙三十六年闰三月甲辰（二十四）。

[2]《清圣祖实录》卷一八二，康熙三十六年闰三月乙巳（二十五）。

[3]《清圣祖实录》卷一八二，康熙三十六年闰三月癸卯（二十三）。

[4]《清圣祖实录》卷一八二，康熙三十六年闰三月癸卯（二十三）。

乌海近现代开发建设史述

刘春子[1]　郇海忠[2]
（1. 内蒙古社会科学院历史研究所；2. 乌海博物馆）

位于黄河上游、内蒙古自治区西南部的乌海地区，是西北新兴的资源型工业城市、移民城市，也是我国重要的煤化工基地与电石、硅铁等高载能产品的重要产业基地。乌海百余年的开发建设史，既是一部改天换地的奋斗史，也是一部四海归一的融汇史。

一、资源禀赋

乌海市居于宁蒙陕经济区的结合部和沿黄经济带的中心，具有得天独厚的自然、人文资源优势，这为其社会经济发展奠定了坚实的物质基础与精神内涵。

1. 水土资源

乌海市东部是桌子山、甘德尔山，西部有五虎山，均呈南北向带状延伸。中间为宽谷沟地，由桌子山、甘德尔山西麓、五虎山东麓的冲积洪积扇与黄河冲积阶地构成，约占总面积的1/3。黄河纵贯全市南北，两岸地势平坦，土壤肥沃，适宜扬水灌溉，是发展灌溉式、绿洲式、观赏型农业的良好地带。乌海全市有宜耕地143.4797平方千米，宜果地126.782平方千米，宜林地161.1057平方千米，宜牧地、宜封禁育草地178.682平方千米。大量的未利用土地为城市建设和工农业发展提供了廉价的土地后备资源[1]。

黄河从宁夏石嘴山流入境内，经麻黄沟、二子店、头道坎、二道坎、三道坎、河拐子、乌兰木头、王元地、三十里敖包等地，黄河由南向北在乌海市流经75千米，河水面宽窄不一，窄处仅有100多米，最宽处可达近2000米。黄河河道在这一段的地形比较复杂，水面窄处水流湍急，河水较深，多漩涡；水面宽阔处水势平缓，河水较浅，而河心又多沙滩，并形成了一些河心岛。黄河在这里年过境量约320亿立方米，充分保障了全市的工业、农业、生活用水，充足的水资源保证了乌海市各项工作的快速开展。乌海市水质一般较好，矿化度小于1克/升，多为碳酸型水，适于农林牧业灌溉。黄河和山洪水泥沙含量大，又富有有机质，是引洪淤灌的良好水源[2]。

---

［1］《乌海市志》编纂委员会：《乌海市志》，内蒙古人民出版社，1996年，96～115页。

［2］杨同杰：《热血追寻——杨同杰自费黄河科学考察日记》，山东教育出版社，2006年，301页。

2. 矿产资源

乌海市矿产资源丰富，矿种较多，多数质量较好，分布集中，配套性较好。域内拥有煤、铁、铅、锌、铜、镍、金、银、锗、镉、电石灰岩、水泥灰岩、制碱灰岩、熔剂灰岩、耐火黏土、高岭土、水泥配料黏土、膨润土、白云岩、辉绿岩、紫砂黏土、砖瓦黏土、矿泉水等37种，矿产地82处，有探明储量的矿产25种。矿产规模达到大型的矿床有8处，中型21处，小型25处。域内迄今已探明的主要矿种的保有储量为：煤炭27亿吨、铁矿757万吨，制镁白云岩514万吨，耐火黏土36940万吨，软质耐火黏土81万吨，高岭土213万吨，溶剂灰岩35642万吨，制碱灰岩14340万吨，电石灰岩2554万吨，水泥灰岩18333万吨，含钾而岩2367万吨，水泥配料及砖瓦黏土7436万吨，硅质原料矿产1113万吨，紫砂黏土358万吨，石膏1304万吨[1]。

3. 生物资源

乌海市天然林资源面积30万亩。主要有四合木、沙冬青、霸王、白刺等天然灌木林。另外，在李华中滩、胡杨岛等黄河夹心滩及黄河沿岸的部分河漫滩上分布着天然河岸林，树种有沙枣、胡杨、河柳、黄白茨灌丛等。西桌子山沟谷陡壁上亦有零量天然散木分布，树种主要有山榆、黑桦、山杏、杜松等。乌海的野生植物大部分植株矮小，但萌生力旺盛，对于防风固沙起着重要作用。乌海市野生植物已查明的有69种、181属、279种。在这些植物中，有药用植物甘草、锁阳、肉苁蓉、苦豆根、麻黄、远志、罗布麻等，有造纸植物松叶猪毛菜、红河、油蒿、籽蒿等；有国家二级濒危珍稀保护植物四合木、半日花、锦刺、沙科青、胡杨等，特别是四合木的科学研究价值无可估量。

4. 文化资源

在人类进化史上，乌海地区属黄河流域旧石器时代“河套文化”及新石器时代“仰韶文化”的范围。夏代这里为古羌族后裔羌、氐民族的游牧徙居地，形成了最早的中国北方草原文化。在漫长的岁月里，乌海市域内先后成为鲜卑、乌桓、羯、氐、柔然、突厥、吐蕃、党项、蒙古等北方少数民族活动的场所。他们或游牧狩猎、交通互市或金戈铁马、兵戎相见。有的不仅称雄塞上，而且还入主中原；有的迁移至西亚和欧洲，渐渐湮没在历史的沉寂之中；有的则加入了民族大融合的行列，演出了一幕幕史诗般的宏大剧目。

乌海是草原文化、河套文化、西夏文化和移民文化的集大成者，具有鲜明的兼容性、开放性和创新性。乌海有新石器时代的部落遗址、秦始皇长城、汉代古城遗址、西夏古墓遗存、明代烽火台和清代寺庙群。这些古代历史遗存几乎都是沿桌子山、沿黄河而建。这都充分说明了乌海文化源头之一是黄河文化。

[1]《乌海市志》编纂委员会：《乌海市志》，内蒙古人民出版社，1996年，97～107页。

二、发展历程

乌海地区于1958年开始大规模开发建设。到1975年时，乌海市煤炭、建材、化工形成一定生产规模。1975年工农业总产值达32882万元，年产原煤445万吨，精煤36万吨，水泥24万吨，玻璃3万标箱，石灰石49万吨，生铁1.5万吨，烧碱6500吨。农业耕地面积达到44892亩，年产蔬菜土豆3155万千克，大部分实现自给。乌达、海勃湾两地人口由1958年的2934人增加到1975年的193723人，形成一个数千人到上万人的工矿居民区和两个小城镇，交通邮电、文化教育、医疗卫生和商业服务业都有相应发展。2019年末，乌海市粮食作物播种面积42.09平方千米，粮食总产量3.32万吨，全年猪牛羊肉类总产量11228吨。全市规模以上工业企业增加值同比增长21.7%，其中，重工业同比增长21.7%；规模以上工业企业主营业务收入964.29亿元，同比增长16.2%；利润总额60.7亿元。全市常住总人口56.61万人，比2018年增加0.28万人，其中城镇人口53.87万人，城镇人口比重95.2%，农区人口2.74万人。乌海市城乡常住居民人均可支配收入44369元，同比增长6.8%，扣除价格因素，实际增长4.3%。城镇常住居民人均可支配收入45010元，同比增长6.4%[1]。

1. 行政建置沿革

民国时，宁夏护军使兼辖阿拉善和硕特旗，后直属中央行政院蒙藏委员会。民国三年（1914年），鄂托克旗归绥远省管辖。民国十八年（1929年）1月，宁夏省政府成立后，在磴口正式设县。随后又擅自将沿黄河南到石嘴山、北至河套，长约200千米的狭长地带划入磴口县（包括乌海地区）。民国十九年（1930年），绥远省政府在黄河以东鄂托克旗地区设立沃野设置局，后改为沃野县，辖今海勃湾地区。民国二十六年（1937年），宁夏省主席马鸿逵占领沃野县，划归宁夏，改名陶乐县。

1949年8月23日，鄂托克旗和平解放。9月7日，鄂托克旗人民政府成立。当时，海勃湾地区属鄂托克旗第三区（阿尔巴斯）。当年9月23日，阿拉善和硕特旗和平解放。当时，乌达地区为该旗宗别立巴嘎的一部分。

1950年3月31日，成立阿拉善和硕特旗自治区人民政府，隶属宁夏省。1954年4月25日，成立宁夏省蒙古自治区，辖阿拉善旗、磴口县。9月，宁夏省制撤销，自治区改归甘肃省管辖，后又改为甘肃巴音浩特蒙古自治州。1956年4月13日，将巴音浩特蒙古自治州划归内蒙古自治区，改为巴彦淖尔盟，乌达地区仍归巴盟阿拉善旗所辖。

1955年2月，海勃湾地区建立伊克昭盟桌子山矿区办事处，隶属伊克昭盟。1958年11月，经内蒙古自治区人民委员会批准，建立阿拉善旗乌达镇。1959年4月，经内蒙古自治区人民委员会批准，撤销桌子山矿区办事处，建立矿区人民委员会，隶属伊克昭盟。1961年7月9日，国务院第111次全体会议通过，批准建立乌达市和海勃湾市。10月1日，正式成立乌达市和海勃湾市，分别隶属

[1] 乌海市人民政府：政务公开（历史）>重点领域信息公开>统计信息，http://www.wuhai.gov.cn/wuhai/zwgk/zdlyxxgk/tjxx/787867/index.html，2020年2月。

于巴彦淖尔盟和伊克昭盟。

1975年8月30日，国务院批准建立乌海市，翌年1月10日，乌达市和海勃湾市正式合并成立乌海市，为内蒙古自治区地级市。乌海市人民政府设在海勃湾，下辖乌达、海勃湾、拉僧庙3个县级办事处。1979年12月，将3个办事处改设为区，同时，将拉僧庙办事处更名为海南区。

2. 农业开发

清代乌海地区红柳丛生，黄河两岸及桌子山区沟涧纵横、森林密布，当地一直以畜牧业为主，只有几户农民零星耕作。鄂托克旗扎萨克将昌汗陶老亥地租给宁夏人王元耕种，之后，这片土地被称为“王元地”，位于今海勃湾农场北，此为乌海地区成规模农业活动之始。

1951年春天，张洪高、张三旦、徐生福3户到乌达乌兰木头附近开荒种地。1年组织起第一个互助组。1956年，乌达张洪高和另一个互助组合并成立“乌兰木头农业生产合作社”，徐生福任社长。合作社有8户人家，200多亩耕地，20头耕畜。

1958年，以乌兰木头农业生产合作社为基础成立乌达矿区蔬菜大队，安国柱任队长，招收外地人员开荒种菜，当年耕地达1000亩，种菜600亩。1959年3月乌达镇组成“乌兰木头开荒野战团”，镇委常委魏义亭任指挥，参加会战的有6000人，分6个营，历时3个月，在河拐子、乌达滩、乌兰木头开荒1万多亩，当年部分荒地种上蔬菜。1960年各厂矿、机关也抽调人员办起农副业生产基地，到1975年，耕地面积已达8000多亩，春夏蔬菜实现部分自给。海勃湾矿务局各厂矿也在黄河边建起多处农副业生产基地，到1975年，耕地面积达到7000多亩。此外，西卓子山水泥厂、包钢卡布其石灰石矿等企业也在黄河岸边安营扎寨、开荒种地。同年，乌达市和海勃湾市又分别兴建河拐子灌区扬水工程、海勃湾灌区扬水工程，设计灌溉面积分别为3.5万亩、3.2万亩。

1958年以前，乌海地区仅拉僧仲庙有由喇嘛栽植的木瓜树。20世纪60年代，乌海市引进无核白、龙眼、元白等若干品种进行试验，引种成功后陆续建立了一批生产园并在庭院中同步发展。目前，全市葡萄种植面积20平方千米，庭院葡萄万余株，引入优良品种100多个，已成为内蒙古自治区最大的葡萄生产基地。

3. 工业建设

1893年，俄国地质学家奥勃鲁契夫从三盛公（磴口）过黄河，自桌子山西部穿越至陕北，后又返回贺兰山等地进行路线地质调查。1920年法国人德日进、李森迈等在桌子山地区做过地质调查，对该区的地层、构造进行概略研究，确定了石炭—二叠纪煤系地层的存在，记述了桌子山和甘德尔山背斜构造。1943年地质学家边兆祥、古生物学家李星学赴贺兰山进行地质调查，着重煤铁勘察。任绩、胡增壁等地质工作者也在桌子山南端雀儿沟和老石旦两个矿区进行调查，著有《煤田地质报告书》，刊载于《燃料汇报》第一卷上。

1887年宁夏人顾老泉到乌达开窑挖煤，之后由其子顾起高经营。随后顾姓窑井由顾保高继续经营，直到1947年关闭。乌达煤矿顾家沟由此得名。1915年宁夏矿商郑万福、王嘉宾、张嘉荣等在雀儿沟、老石旦一带开办煤窑。1917年，三盛公商号天兴泉资本家高双喜在乌达黄白茨沟开煤窑。1920年，石嘴山地主李双生在乌达四黄风沟开煤窑，有矿工7人。当时，私人煤窑完全靠人工开采，采取“棚采落煤”法。矿工分为刨手、扶手、背手，由刨手用镐在煤壁的左右和下面掏出槽沟，再在顶上掏槽加楔，采下煤块。由扶手将煤放在背手的背上，背手赤裸身子，口衔油灯，手拄木棍，从狭窄巷道把100～200斤重的煤块背到井口。一个背手一天要背30多趟，煤矿工人劳动强度大，安全全无保障[1]。

1951年5月1日，宁夏省阿拉善旗人民政府正式接管乌达地区河拐子煤矿，建立地方国营乌达煤矿。冬，宁夏省阿拉善旗人民政府将杨青山派往乌达担任查山队长，这也是乌达地区第一个共产党员。1952年6月，伊克昭盟制碱公司迁址拉僧庙，开始土法试制烧碱。9月，鄂托克旗人民政府派老红军康岳等到雀儿沟煤矿工作。

1953年，中央领导同志指示在内蒙古西部地区寻找煤炭和石灰石以满足包钢能源与配套工业基地的需要。为此，华北地质局即组建“桌子山普查队”到乌海地区全面普查矿产资源。地质队通过普查，填制出桌子山区域1：10万地质图，实测出1：5万桌子山煤田地质图，并作《1953年桌子山队普查报告》《桌子山西部及南部普查报告》《乌达煤矿可选性报告》《桌子山灰石岩普查简报》。地质部205地质队和内蒙古煤炭工业管理局117煤田勘探队精查了桌子山西麓及甘德尔山以南各煤矿区，填制各矿区1：5000地质图，并作《精查报告》。1953年3月，康岳到老石旦煤矿工作，与拉僧庙伊盟制碱公司的刘学元、天然碱运销处骆驼队的云开雷组成中共党支部，刘学元任支部书记。4月，鄂托克旗人民政府接管和改造由私人经营的老石旦煤矿。5月，地方国营那托克旗煤矿建立，康岳任矿长。是年，华北地质局对桌子山地区进行全面普查。1954年7月，乌达煤矿井下使用马车拉煤，结束“三条腿”背煤史。

1981年8月，内蒙古第一台综合机械化采煤机组在乌达苏海图矿安装试产成功，日产原煤1000吨。1983年12月，老石旦煤矿运输一队试制成功一台能代替人工清理矿车底煤的液压自动清车器，提高工效13倍。

中华人民共和国成立前，乌海市12个小煤窑年产原煤约8万吨；1957年，乌达煤矿生产原煤46736吨；1966年，乌达矿务局原煤产量达191万吨；1993年，乌海市生产原煤1200万吨。2020年上半年，乌海市生产原煤2685万吨。从中可见乌海市能源产业七十余年的发展速度与质量。

4. 交通运输

在包兰铁路通车前，黄河航运是内蒙古西部区连接西部其他省份物资交流的主要通道。康熙第三次亲征噶尔丹由北京到宁夏，返程时，由横城乘船顺黄河北行。随驾船101只，其中楼船3只，官员和侍卫坐船96只，载马大船2只，途经今乌海地区。为平定噶尔丹叛乱，清廷从宁夏征集并由水陆两路经今乌海地区运往白塔（今巴彦淖尔市临河区附近）的军粮达1. 17万石，从陕甘等地征集到宁夏并运往北方前线的骡马1.5万匹、骆驼1600峰。包头至宁夏的长途航运最发达时，过往乌海地区的航运

[1] 乌海市政协文史资料研究委员会：《乌海市文史资料选辑》（第二辑），1985年，25页，矿史编写组：乌达矿史。

船只每年达600～800只次，行船种类有七站船、高帮船、小五站船、小划子、牛皮筏等。运载物资有煤炭、皮毛、药材、食盐、碱、粮食、瓷器等，年总运量10多万吨。依凭便利发达的交通网络，在清代，宁夏北部花马池、横城堡、石嘴子等3个蒙汉交易市口十天一市，其中，经乌海地区至石嘴子通市最多，喀尔喀、土尔扈特等部皆赴通市，以羊只、毛毡、皮张、大盐易布匹、米粮。

绥远省通往新疆、甘肃、宁夏的三条道路都途经乌海。1926年9月17日，冯玉祥以国民联军总司令名义在五原哲师就职。国民军陆续从包头经乌海入甘援陕，配合北伐。冯玉祥也于10月24日由五原经临河、磴口、乌达沿黄河西岸乘汽车5天后抵银川。为便于运输军资，冯部石友三率部队修筑了乌海至石嘴山的包宁公路，该公路成为绥远通往西北地区的重要干线。

5. 三线建设

1964年，国家推行“三线建设”，喊出了“备战备荒为人民，好人好马上三线”的口号，开始大规模进行工业迁移，在三线地区建设第二套完整的国防工业和重工业体系。根据中央关于开发三线建设备战的指示，自治区决定在海勃湾地区桌子山区建立能生产轻型武器的军工企业。

1965年4月，内蒙古第一、第二、第三军用机械厂以及配套的工具制造厂、机床大修厂、木件生产厂、铸锻厂等企业开始动工兴建，7个军工企业落地乌海。内蒙古跃进电厂、六五四医院、六五四供应站、内蒙古军事工业局招待所、国防工业技工学校等后勤基础配套项目也相继投入使用。因为确定军工企业厂址的时间是1965年4月，于是这相继开工几家军工企业的建设工程被统称为“六五四工程”。

到1984年，7个军工企业（跃进电厂除外）累计投资4335.5万元，拥有工程技术人员279人。这些三线工厂在从事军工生产15年中（1964～1979年），共完成工业产值2.0188亿元，实现利税1837.56万元，相继生产了56式半自动步枪、子弹、地雷、手榴弹、炸药等军工产品[1]。

这些军工企业除了军品生产任务外，还承担着一些地方民品生产任务，改变了原先乌海地区机械工业局限于机械修理的局面。更主要的是，培养了一批企业管理干部和优秀工程技术人员，为乌海市经济发展储备了一大批高素质人才。与此同时，三线建设促进了乌海地区城市化的发展，为当地社会事业的发展提供了支持。

三、历史经验

乌海地区的开发建设历程，凝结着无数建设者的宝贵心血，也给后来者留下了许多难能可贵的经验，对于趁时而起的乌海而言，有着重要的借鉴意义。

1. 制度优势

为了支援乌海地区的工农业建设，中央和地方政府组织各地、各部门为这些企业提供各种帮

[1] 王利中：《内蒙古乌海地区三线建设述论》，《内蒙古师范大学学报（哲学社会科学版）》2019年3期。

助，加快了工程项目的建设，体现了社会主义制度集中力量办大事的优越性。1964年，内蒙古建设兵团四师二十四团、一师八团6000多名现役军人、复员战士和来自全国16个省份的知识青年陆续来到乌海地区从事农业和工业建设。在三线建设项目落户海勃湾的过程中，当地的各单位给予了大力支持和协助。施工队伍一到现场，邮电局当天就把电话通往施工工地，市人民医院在施工现场开设了医务室。商业服务部门分别将理发馆、饭馆设到工地。市物资局全力以赴，及时组织供应各种物资。同时，大批建设人员和工厂技术人员、职工家属汇聚到海勃湾地区，他们的住宿和饮食保障也是一个重要问题。为此，海勃湾市专门将原海勃湾矿务局办公大楼、食堂腾出，供“六五四”工程指挥部和各厂筹备使用。将原海勃湾机械厂的厂房设备人员全部交给枪厂使用。市粮食局专门组织供应大米，照顾从南方调来的职工的饮食习惯。市公安局解决了100多名由对口厂调入职工的家属的农村户口问题。

事实证明，正是“全国一盘棋、统一部署、协调各方”，中央地方党政军民同舟共济、共克时艰，乌海市的开发建设才取得了叹为观止的成就。

2. 优质发展

乌海市地处乌兰布和、库布其、毛乌素三大沙漠交汇处，多年平均降水量仅为165毫米，但蒸发量却高达3200毫米，是自治区内典型的干旱少雨地区，生态环境十分脆弱。

包银公路的建成，虽给黄河两岸尤其是乌海地区的人类活动创造了方便条件，却给自然植被和生物群落带来了灾难。从1925年建成到1937年，仅仅12年的时间，乱砍滥伐及车辆的碾轧便破坏了天然植被，导致流沙的形成和蔓延，最后公路被吞噬，被迫改道。1944年，绥远省公路处重修包宁公路三石段，分东、西两线，再次破坏了植被，扩大了沙漠化面积。1957年，修筑包兰铁路以后，由于人口不断增加，加之无度地开荒、开矿、拓城，到处掏挖柴木、药材等固沙植被，致使沙漠化速度进一步加快。

由于受地质地貌、气候条件和地区产业特点等因素的影响，一直以来，工业烟尘、粉尘、扬尘污染都是影响乌海市大气环境的最主要的污染源。而环境污染也成为长期制约地区发展的瓶颈，开展环境综合整治是乌海实现绿色发展的迫切需要。

进入21世纪以来，乌海市推进矿区环境综合整治，大力实施排土场、矸石山灭火和扬尘治理工程，实现矿区生态环境根本改善；深入推进乌海及周边地区大气污染联防联控，严格控制扬尘等面源污染，开展重点行业挥发性有机物治理，持续改善空气质量；加快发展循环经济，以“减量化、再利用、资源化”的原则，促进生产、流通、消费各环节循环发展，推动生产生活方式绿色化。2014年，黄河海勃湾水利枢纽工程全面蓄水。以黄河为轴心的健康水生态体系、以绿色防护带为重点的生态安全体系、以循环高效为准则的节水防污社会经济体系相继落地，“沙地绿洲、水上新城”成为乌海市新的城市形象。

乌海精神的现代性价值

刘春子
（内蒙古社会科学院历史研究所）

“一年一场风，由春刮到冬；沙漠无阻拦，不断向东侵；黄河水患多，生命无保证……”这首长期流传于乌海的民谣，是当时乌海人民生活困境的真实写照。数千年来，乌海人民面对“沙进人退”的困境，面对建设开发中的重重困难，一直持续进行着艰苦卓绝的建设事业，谱写出一部战天斗地的奋斗诗史。乌海的开发历程铸就了乌海人民极其坚韧的个性和乐观豁达的生活智慧。七十余年来，乌海人民与恶劣的自然环境作斗争，治沙治水，取得了社会经济飞速发展的伟大胜利。

总结和回顾这段历程，必须要承认，艰苦奋斗、自力更生的乌海精神，海纳百川、有容乃大的乌海精神，因时而动、顺势而为的乌海精神，贯穿于整个过程，成为乌海人过去、今天乃至未来的巨大精神财富，认真回顾和总结这一精神凝练的过程、实质及其作用，对于进一步推动乌海的发展具有重大的历史意义和现实意义。

一、艰苦奋斗，自力更生

1958年4月10日，鄂托克旗组织3000余人的“黄河水利远征军”，由马振清带领到桌子山矿区黄河沿岸开始大规模的农田水利建设。马振清带领朱拉汗、乌兰吉令、旱稍、达拉吐鲁等乡的3400名农民组成“黄河水利远征军”来到海勃湾地区，在南起石嘴山渡口、北到三十里敖包约50千米长的黄河东岸，开渠引水，垦荒种地。在铁道兵留下的数十孔土窑和自建的地窖、茅屋中安家落户。在生产、生活条件十分简陋情况下，开始大规模农田水利建设，经过几个月的“黑天当白天，灯笼当月亮，天冷不停工，大雪不收兵”地拼命苦干，开垦出荒地1万多亩，成立了鄂旗矿区水利乡。1959年冬，组建为桌子山矿区海勃湾蔬菜人民公社。1960年改为地方国营桌子山矿区“五一”蔬菜农场口，耕地扩展到16000多亩，辖有4个大队、1个农业小队，建立3所小学校。为海勃湾地区的蔬菜基地奠定了基础。乌海地区土壤基础较差，农业建设者们对黄河沿岸黏土及下湿地、盐碱地则采取铺沙改土的办法加以改良，还用洪水浇灌的办法改造土壤，使土壤从本质上发生变化，沙化土、沙土变为新的土壤——新积土，使之成为高产稳产田[1]。

为了支援国家经济建设，当时伊克昭盟、巴彦淖尔盟组织万人上山到乌达进行夺煤大会战。

[1]《乌海市志》编纂委员会：《乌海市志》，内蒙古人民出版社，1996年，213～219页。

参加会战的有巴彦淖尔盟6个旗县民兵团4600人，内蒙古大专院校师生、机关干部1000人，包头、开滦、鸡西、峰峰、鹤岗、扎赉诺尔、抚顺、大同老煤矿支援的干部工人1400名，加上新职工共计11000人。在挖地窖住帐篷，用咸菜、辣椒面下饭的条件下，艰苦创业，会战采用“小土群”办法，短时期内开挖40对小井和1处露天煤矿。用镐头、炸药、排子车、马拉车、小矿车以及自制“循环牵引绳架空索道”“马拉无极绳运输机”“简易自卸式矿车”，采取“打洞”“刀柱式”采煤法进行生产。乌达煤矿当年产煤80多万吨，海勃湾煤矿产煤50多万吨。

据乌海地区三线建设工程的负责人回忆，六五四工程开始建设时，就把艰苦创业放在首位。在生产方面，一切设施要工艺先进，保证产品质量，而在生活方面则因地制宜，因陋就简，家属房盖的是“干打垒”，而且干部职工一视同仁，党员干部带头将家属迁移到厂区。第三通用机械厂在设备进场时，没有搬运工，全凭干部职工手拉肩扛，硬是把设备安装到位。在短暂的一年内，建成了两条生产装配线，使工厂初具规模。大多数军工企业当时都是在基建工程尚未完工的情况下，一边建设，一边试制，争取早日完成国家的三线建设任务。乌海能在沙海重围中崛起，靠的就是这种战天斗地、坚韧不拔的奋斗精神[1]。

乌海精神艰苦奋斗、自力更生的价值内核是在特殊的历史时期和特殊的环境下孕育的。其形成和发展有一个共同的政治环境和共同的指导思想，那就是马克思列宁主义、毛泽东思想与乌海人民劳动生产的实际相结合。这些精神是中国工人阶级、农民群体形象的集中体现，是我党优良传统在乌海建设开发事业中的继承和发展，更是中华民族自强不息精神在社会主义革命和建设时期的升华和发扬。艰苦奋斗是中华民族精神的重要组成部分。它体现的是一种不怕艰难困苦，奋发图强，艰苦创业，为国家和人民的利益乐于奉献的英勇顽强的斗争精神。千百年来，中华民族正是依靠这种艰苦奋斗精神，才能历经沧桑而不衰，巍然屹立于世界民族之林。

二、海纳百川，有容乃大

草原文化、黄河文化、蒙元文化和西夏文化在乌海碰撞融汇。草原文化、蒙元文化的积淀，可从拉僧庙的兴建窥见一斑。乾隆四十三年（1778年），六袭扎萨克栋罗布色棱将满巴拉僧从乌力吉图沙日召（今鄂托克旗察汗淖尔苏木沙日布日都嘎查东部乌力吉图滩）迁至图亥山（今乌海市海南区拉僧庙），兴建为独立的蒙医学府。满巴拉僧庙源于藏语，译为“医方明经院”或“培养僧医的学院”。满巴拉僧庙兴盛时期，喇嘛有200余名，殿塔十座，寺庙仓库和僧舍170多间，大小牲畜数百头；庙内雕塑威武，壁画精致；经书、医药书籍有数千卷，成为内蒙古地区研究蒙藏医药规模较大、声名远播的寺院[2]。

从乌海的地名中也可以看出乌海的地域文化谱系。原名海若布刀亥的海勃湾，是藏-蒙语音译，意为“雄狮之湾”。据乌海民间传说，成吉思汗时代，有一个名叫约勒道日玛的著名铁匠，曾在桌子

[1] 王利中：《内蒙古乌海地区三线建设述论》，《内蒙古师范大学学报（哲学社会科学版）》2019年3期。
[2] 刘彦宇：《满巴拉僧庙科仪音声调查报告》，《艺术评鉴》2018年19期。

山上为成吉思汗西征制作弓箭和甲胄，成吉思汗得胜后便把桌子山这片肥沃的土地赐给了铁匠。铁匠有一子，名海若布，生得犹如雄狮一般英武、剽悍。久而久之，蒙古族牧民就以他的名字来称呼他的草地。从这一传说即可看出蒙元文化在乌海地区的遗痕。老石旦由蒙古语“老石格都伦”演变而来，意为马儿颠悠或“噔噔”奔走的地方，相传是成吉思汗出征西夏途经此地时命名的。此外，如代兰塔拉铅矿，“代兰”意为“神圣的”，“塔拉”意为“草原”，代兰塔拉铅矿即神圣草原上的铅矿之意，象征该地的铅砂像草原一样富有、宝贵。地处黄河西岸的黄柏刺渡口，地名即为“码头”；李华中滩之所以得名，则是因为清朝末年，李华曾居住于此，联络往来船只商业业务[1]。

1949年前，乌达和海勃湾地区属和硕特和鄂尔多斯蒙古族游牧地。从1958年以后，随着经济的发展，由全区各盟市和吉林、辽宁以及黑龙江等省先后调入一批蒙古族干部、军人，分配或招收部分学生和工人。在岁时、礼仪、生活等习俗上，鄂尔多斯、阿拉善蒙古族和内蒙古中东部、东北蒙古族仍保留各地区、部落的一些风俗习惯。从清朝到民国时期，部分汉族商人、农民先后迁入乌海地区开荒种地或采煤开窑。1958年以后，全国29个省份400多个县的汉族工人、农民、知识分子，参加了乌海地区的开发与建设。他们在日常生活、风俗习惯、方言等方面，仍保留各籍贯地的一些固有特点，同时彼此相互依存、相互吸收，血脉交融，联系越来越密切，逐渐形成一股强大的内聚潮流。

乌海作为一个移民城市，多元共存、兼收并蓄的土风民俗，是其最为独特的文化内核。乌海在开发建设的漫长历史中，以其高远博大的胸怀承载、吸引、融汇、萃取、发展各方文化，形成包罗万象的自身文化，构建了一种包容、和睦的文化形态。

三、因时而动，顺势而为

乌海市的发展主要是伴随着计划经济时期对矿产资源的开发、矿区经济的发展而壮大起来的，京兰铁路通车，包头钢铁工业基地投产，内蒙古自治区现代化建设，是乌海市迅速发展的历史契机。在我国经济高速度增长的大背景下，乌海市的经济、社会、生态、资源、基础设施和城市管理等诸多方面都取得了较大发展。然而，就总体而言，乌海市的整体发展水平还比较低，经济结构、社会结构都有待进一步调整。在中国社科院进行的城市竞争力排名研究中，乌海市综合竞争力排名比较靠后，在同为资源型发展城市的排名中也较为落后，这也可以从一个侧面展示乌海市的整体经济社会发展状况。

资源型城市在转型初期一般积极培育和促进产业链条的向下延伸，促进城市产业发展方式由矿业初加工为主导向以资源深加工产业集群转变，并通过加工企业的集中布局，促成规模效应的形成，诱发企业之间的技术外溢，从而促进新兴产业的发展，促进城市功能逐步多元化完善，拉动城市经济规模增长，也使新兴产业具备了更广阔的发展空间，最终也促进了城市职能多元化的转型。乌海市作为自治区西部“小三角”地区最重要的区域中心城市，既面临着进一步加快发展并提升质

[1] 李偲佳：《乌海市地名的社会语言学研究》，南宁师范大学硕士学位论文，2019年。

量和效益，解决不平衡、不充分的发展矛盾，提升全市人民福祉的历史重任，又承担着引领区域产业转型升级，建设国家重要的煤焦化工、氯碱化工生产加工交易基地的责任担当。

从国家宏观发展战略来看，西部大开发、东北振兴等区域开发振兴政策进一步加大力度，民族地区、边疆地区、革命老区等特殊地区开发建设也将得到更多政策倾斜，乌海市将踏上边疆民族地区稳步发展的快车道。国家优化国土空间开发格局，将促进能源重化工产业向原料基地就近、环境容量更大的西部地区转移，乌海市依托国务院赋予的“两大基地”功能定位，必将在新一轮产业布局调整中赢得主动。“一带一路”合作倡议更是带来了极为重要的发展机遇，乌海市发挥地处中蒙俄经济走廊和河西走廊古丝路经济带交汇点的区位优势，可以在国际产业合作中实现新作为。从自治区中观区域政策看，全力促进呼鄂协同发展，建设沿黄经济带，实施“小三角”一体化发展战略，将会有效化解区域同质化竞争矛盾，为乌海市解决资源接续、要素补充、市场扩容等问题带来新机遇。

乌海市属于资源枯竭型城市，正处于转型发展的关键时期，经济下行压力较大，只有抓住国家实施“中国制造2025”“互联网+”等转型升级战略机遇，按照优势资源开发转化、现有产业延伸耦合、主导产业衍生配套和承接产业转移等多种路径，引进和培育新技术、新业态和新商业模式，大力发展装备制造、节能环保、生物医药等产业基础好、技术支撑强、发展潜力大的新兴产业，才能促进产业规模快速扩张、产业结构多元协同发展、产业体系向绿色低碳转型。

四、结　　语

不同时代乌海精神具有不同的表现形式，乌海精神被赋予新的时代内涵。在社会主义革命和建设初级阶段，乌海人民依靠自力更生、艰苦奋斗，从无到有，在一穷二白的基础上实现了乌海地区的初步现代化，也奠定了多元共存、兼收并蓄的地域文化形态。新时期的自力更生、艰苦奋斗有别于20世纪五六十年代，更多体现在抓住产业转型升级机遇，依托当前国家宏观发展战略，实现高质量招商引资和区域合作，推动乌海市完成产业结构调整与社会经济转型方面。当前尽管进入了新时代中国特色社会主义发展时期，但是乌海精神并没有随着乌海日新月异的变化而消失，反而在实践中得到不断深化，成为中华民族宝贵的精神财富，对新时代中国特色社会主义的建设具有重要的当代价值。

马宝店佛塔遗址抢救性清理简报

乌海市文物工作站

马宝店佛塔遗址位于乌海市乌达区乌兰淖尔镇政府东北2千米处，北靠乌兰布和沙漠，东临黄河，与甘德尔山成吉思汗像隔河相望；南接巴音敖包和兰亭广场；西连葡萄庄园（彩版一八）。2009年7月12日～8月12日，为配合乌达区乌兰淖尔镇兰亭广场的施工建设，乌海市文物工作站对马宝店佛塔遗址进行抢救性清理。清理结果如下（彩版一九、彩版二〇）。

一、遗　　迹

马宝店佛塔遗址共清理佛塔一座和墓葬两座，分布范围以佛塔为中心，东侧41米处为一“甲”字形土坑墓，西侧35米处为一小型“甲”字形砖室墓。

（一）佛塔

佛塔残基下方上圆，为砖土混筑，内用夯土夯筑土台，外部包以青砖，整体已坍塌呈覆钵状，残高170～200厘米，被盗掘严重，顶部及其他处见盗洞6处。

佛塔有上下两层台基，皆夯筑而成。下层台基与现地表相平，大体呈圆角方形，长945、宽900、平均厚度20厘米，直接修筑于黄色生土之上，版筑后施以火烧，以使表面特别坚硬、光滑、平整。佛塔及四墙均筑于此上。上层台基为黄土夯筑，方形，每边760厘米，筑于下层台基的中心部位，应为塔基，外包青砖。塔基中心处夯土筑圆台，夯窝清晰，夯层共有10层，厚5～30、残高170厘米，由下至上呈台阶状逐层内收，底径525、顶径330厘米，青砖墙包筑，可分三层，每层高50～60厘米。墙体多向夯土台内倾斜、坍塌（图一）。坍塌砖块夹缝中出土大量泥塑擦擦，当时墙体或有壁龛摆放泥塑。

（二）墓葬

共清理墓葬两座，其中竖穴土坑墓一座（M2），砖室墓一座（M1），现分别介绍如下。

1. 砖室墓

M1，被破坏严重，仅存墓葬的底部。该墓葬由墓室和墓道组成，整体呈“甲”字形，墓向

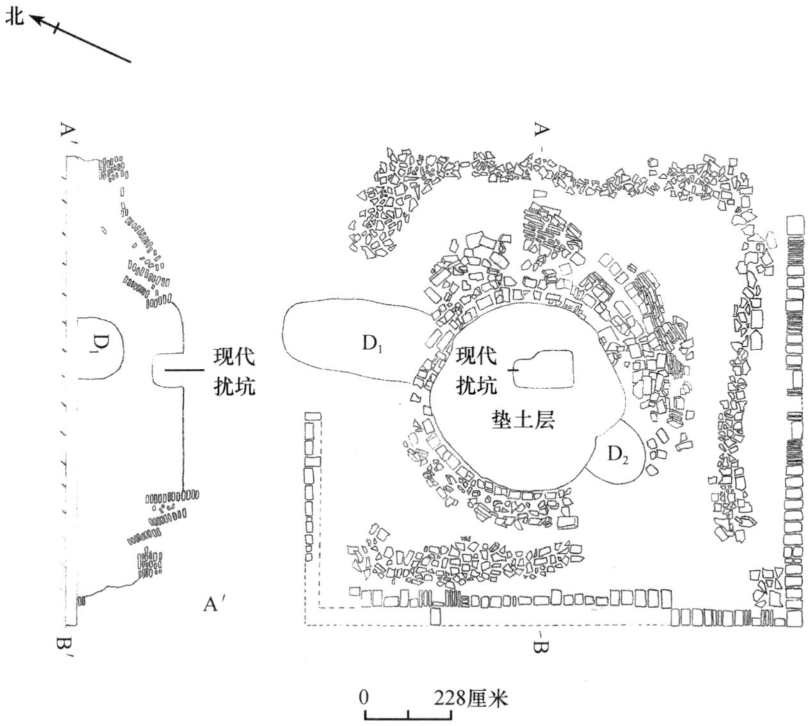

图一 2009年乌海市乌达区马宝店佛塔平、剖面图

南。墓室为砖砌结构，大体呈方形，每边长为133厘米，东、西、南壁残高分别为10、26和31厘米；北壁被破坏后，仅在与西壁交界处保留几块残砖。墓室内填土为五花土，土质疏松较软，夹杂砖块和植物根茎，无其他遗物出土。墓室内未见人骨和葬具，也未发现随葬品。

墓道位于墓室南部，平面呈长方形，长123、宽42、残深35厘米，方向为南偏东20°。墓道三面砖错缝垒砌，内填土为五花土，土质疏松较软，伴出一些植物根茎，未发现其他遗物。

墓室和墓道所使用的砖为素面红砖和青砖，长33、宽16、厚5厘米。墓室和墓道墙体均为平置错缝垒砌单墙，形制平直规整（图二）。

2. 土坑墓

M2，土坑竖穴墓，由墓室和墓道组成，整体呈“甲”字形，墓道与墓室略有夹角，而非垂直方向。墓室形状大体呈长方形，墓口距地面深40厘米，长283、宽278厘米；墓底距地面深210厘米，长278、宽260厘米。墓室内填土为五花土，土质疏松较软，夹杂植物根茎，无其他遗物出土。墓室内未发现人骨和葬具，也未发现任何随葬品。墓室底部四周有生土二层台。二层台宽16、高6厘米。在墓口外发现大量砖，与M1所用的砖大小形制基本相同，这些砖或为该墓与二层台配合使用的铺底砖，被盗墓者从墓底扰动上来。墓壁较平直，光滑，墓底为黄色沙土，其下为生土。

墓道位于墓室的南侧，墓道形状平面呈长方形，整体结构呈斜坡式，坡度25°，宽90～110厘米。在墓道近墓室处随葬有动物骨骼，应为骆驼胫骨、腓骨、蹄骨和头骨。墓道内填土为五花土，土质疏松较软，夹杂植物根茎、砖泥坯，无其他遗物出土（图三）。

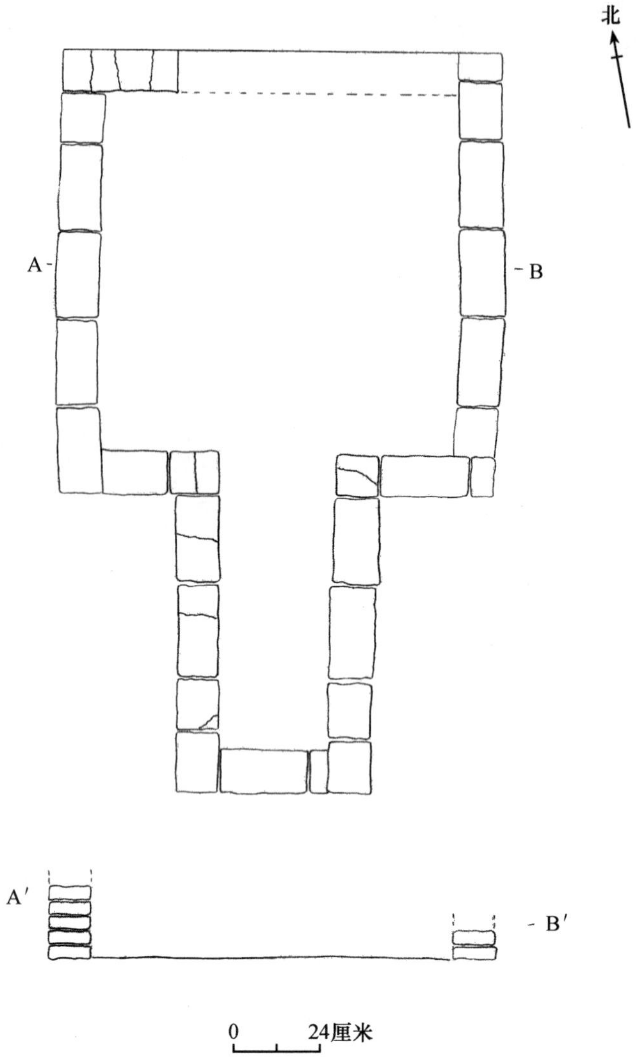

图二　2009年乌海市乌达区乌兰淖尔镇马宝店M1平、剖面图

二、遗　　物

马宝店佛塔遗址破坏严重，盗掘现象也有发生，因此出土遗物较少。按照质地可分为泥塑、砖、陶器、铁块和铜钱等。这些遗物主要出自佛塔遗址。

（一）泥塑擦擦

擦擦，是藏传佛教泥佛像的藏语音译，意为“复制”。用擦擦翻模制作的泥质小佛像、小佛塔，因便携且符合造像仪轨，是藏传佛教图像学及其艺术风格传播的重要载体之一。

马宝店佛塔遗址共出土泥塑擦擦63件，包括泥佛塔、带佛像泥饼、带佛像泥块，均用黄色黏土模制而成。

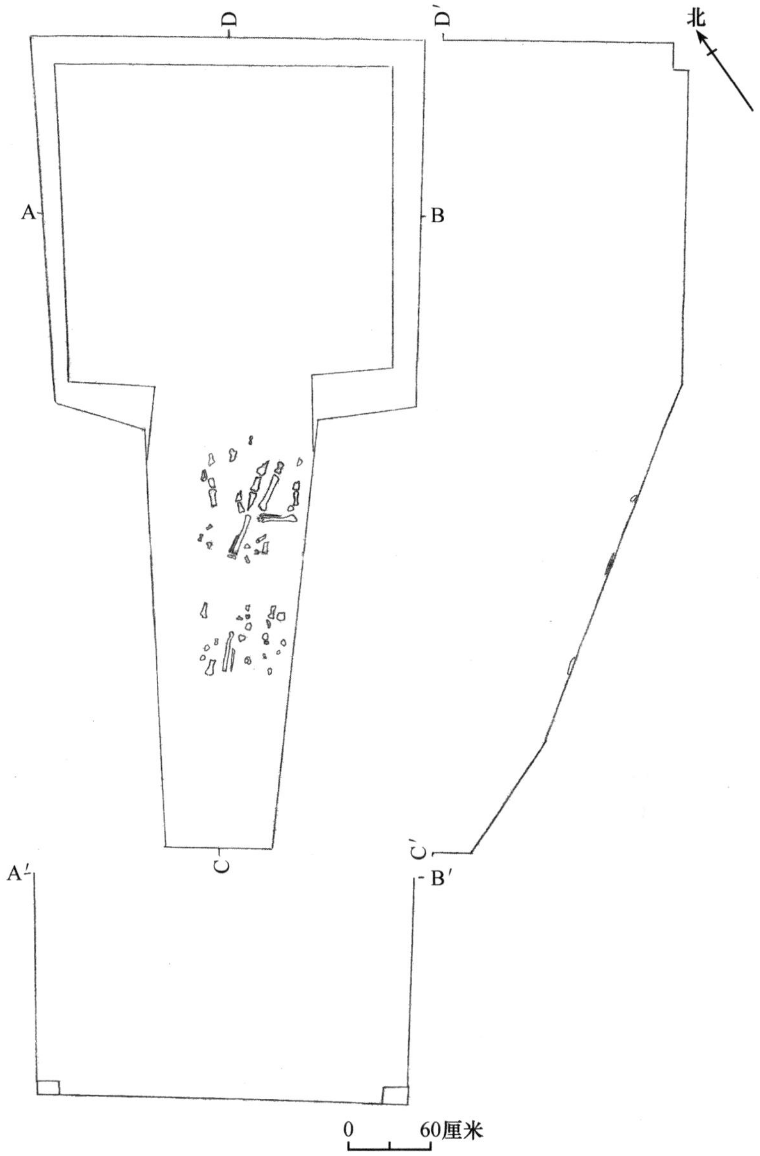

图三 2009年乌海市乌达区马宝店M2平、剖面图

1. 泥佛塔

共52件，其中32件破损相当严重，另20件保存稍好。泥佛塔基本上可以分为大、小两种规格。小型泥佛塔的底座直径7、高7.5厘米（图四）。大型泥佛塔的底座直径9、高8厘米（图五）。底座均有清晰的模印痕迹，底部较光滑，四周略微上翘，均为黄色黏土，模制而成，未经烧烤。

2. 带佛像泥饼

共6件，其中4件破损严重，但仍可见隐约印画的佛像图案。另2件保存较好，其中一个分为两半，但是在两者表面均能看到一个清晰的坐佛像。佛像造型简洁，线条流畅，形象栩栩如生。这些泥饼长7、宽5.5、厚2.5厘米。印画有佛像的一面较光滑、平整，背面略呈弧形（彩版二一，1）。

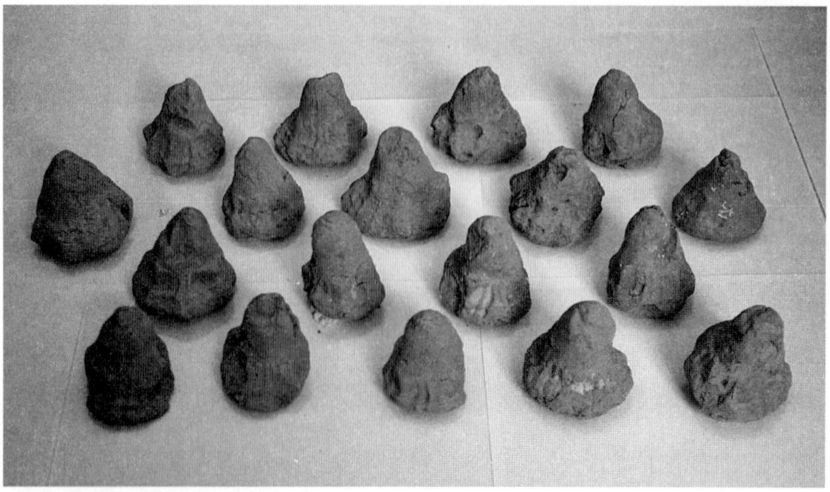

图四　泥佛塔

图五　泥佛塔

3. 带佛像泥块

共发现5件。3件较小的泥块残高分别为7、6.5、8厘米。其上都残存3个佛像，佛像较模糊（带佛像泥块）。2件较大的泥块分别高16、13.5厘米，宽12、12.5厘米，分别残存7个和13个佛像。

（二）砖

M1、M2和佛塔都发现了大量或残或完整的砖。主要有红砖和青砖，可以按照形状分为长方形砖、方形砖和尖角砖（一端为尖角的砖）。这些砖大小形制不一，主要有以下几种。长方形砖A，长32.5、宽16、厚5厘米；长方形砖B，长30.5、宽17.7、厚4.5厘米。方砖，边长29.5、厚5厘米。尖角砖A，长30.3、宽15.2、厚4.6厘米；尖角砖B，长29、宽17、厚5厘米。不同形状的砖当为不同的建筑用途而烧制，长方形砖主要用于各种墙基和墙体的主体部分。方砖用于墙基的四个角端。而尖砖主要用于墓室券顶部分，也用于墙基部分，如佛塔的三面墙基中均有使用。具体使用方法为墙基处置方砖，接着将6～10块尖角砖竖直放置，再连续平砌两块长方形砖，再砌尖角砖，依次直到另一个墙基角端。还发现两块带彩绘的白灰砖，砖表面抹有较厚的白灰，白灰光面有彩绘的痕迹，可以看见清晰的红、黄等鲜艳的颜色，但由于彩绘面积较小，而无法看清具体的图案内容，推测彩绘图案应与佛教故事有关。

（三）铁器

2块，均出土于M2的墓室内填土中，看不出具体形状，锈蚀严重，用途不明。

（四）陶器

陶罐1件，出土于佛塔倒塌堆积东南部。红陶夹砂罐，直颈，小侈口，口径8.4、高17厘米，最大腹径在近底三分之二处，为12.7厘米。器表饰凹弦纹。器物整体制作较粗糙，底部不平。罐内有黍、稻谷等粮食作物和一枚“雍正通宝”小平钱。此陶罐与康熙年间瓷瓶器形相似（彩版二一，2）。

（五）铜钱

1枚，“雍正通宝”铜钱，发现于佛塔倒塌堆积东南部出土的陶罐内，小平钱，品相较好，钱文对读，背面为满文，钱文较清晰，直径2.7、厚0.15厘米（彩版二一，3）。

三、结　　语

依出遗物推断，马宝店佛塔遗址应为清早期藏传佛教建筑遗址，这与文献所载清康熙时，河套以西地区为蒙古和硕特部落的游牧地，康熙三十六年（1697年），始设阿拉善和硕特旗，乌达在其辖区之内的记载相符[1]。两座墓葬当与佛塔有较密切的联系，但未见陪葬品及墓主，应为被盗或为该塔衰败后废弃的未用墓葬。该遗址的发掘为研究内蒙古西部地区清代藏传佛教建筑技术、建筑材料等提供了新的实物资料。

参加清理人员：武俊生　包曙光　郝玉龙

执笔：武俊生　包曙光

绘图、摄影：武俊生　郝玉龙

［1］宋志刚：《内蒙古疆域考略》，内蒙古文史馆，1981年；绥远通志馆编：《绥远通志稿》，内蒙古人民出版社，2007年。

乌海博物馆馆藏精品文物介绍

郝玉龙　谢　晶
（乌海博物馆）

乌海博物馆是国家三级博物馆，于2004年9月23日成立，目前登记馆藏文物五千余件/套，馆藏文物主要来源于考古发掘、征集和捐赠。现遴选十余件有代表性的馆藏精品，以飨读者。

1. 战国双熊纹鎏金铜饰牌

这对长方形铜饰牌，表面鎏金，主体纹饰是镂空浮雕的2只小熊，左侧的熊低首爬行，右侧的熊憨笑回望，萌态十足。牌饰上方是一排10个重复的马首造型，牌饰背面有2个拱形穿纽，用于装饰固定（彩版二二，1）。

2. 汉绳纹陶水管

水管发现于乌海市海勃湾区新地古城遗址。为泥质灰陶，表面装饰粗绳纹。其中3件呈直筒形，一端稍粗，端口微撇，另一端稍细，接口处表面光滑。水管端口都刻有符号，分别是“十”“△”“P”，用以标记。另有1件水管带有90°弯头，在拐弯处刻划有“∧”符号。每节水管根据符号由这一节的小口套入另一节大口内，如此节节紧密套扣，便于排水。从这4件陶水管可以看出，新地古城构建了排水系统，城市卫生设施比较完善，是一座重要的边塞城址（彩版二二，2）。

3. 汉车马人物纹骨尺

骨尺出土于新地墓群，为骨料制作，淡黄色，左端完整，右端残缺。尺子正反两面都有刻度，现存7个寸格，左端寸格中间有一圆孔，每寸长度在2.15～2.45厘米，寸与寸间上下均有墨线刻度相隔。第2个寸格内有墨线分寸刻度，1寸有9分。第1个寸格上端刻度内涂朱砂，下端涂绿色颜料；第2个寸格内未涂色，第3个寸格内上端刻度内涂绿，下端涂朱；第4个寸格内未涂色，第5个寸格上端刻度内涂朱，下端涂绿，如此往复。尺子正面中间区域左侧是一组波浪纹，中间区域糟朽纹饰不清，靠右是车夫驾驭马车的图案；背面中间区域左侧也是一组波浪纹，旁边是相对而坐的两个人物，右端腐朽残断。这些图案均是先用墨线勾勒轮廓，再用朱砂或绿彩填涂（彩版二三，1）。

4. 北朝—燕鎏金铜饰

神面纹铜箭箙饰，饰片为铜制鎏金，纹饰以錾刻的楔形点连线而成，整体呈“山”形，铜饰正面錾刻狰狞神面纹，粗发向上竖起，细眉大眼，直鼻，嘴大张，双耳饰珰，颌下有装饰，从头顶处伸出一对长臂，末端为三爪。神面上方左右各有一只展翅飞翔的凤鸟，下方是两只相对而驰的奔兔，可见彼时人鬼信仰、人神崇拜比较盛行。铜饰下方和两侧边缘处有铆钉孔，用于固定装饰。箭箙在古时是盛放箭矢的器物（彩版二三，2）。

当卢，为铜制，表面鎏金，下端细长，能很好地贴合马的鼻梁又不至于遮挡马的视线，当卢上端呈“山”形，当卢四周边缘原有一圈穿管小摇叶，现大部分已脱落，仅有部分穿管附着在当卢上（彩版二四，1）。

鞍桥包片，为铜制，正面鎏金。第1个包片居中均匀分布有3个方形穿带孔，2、3孔之间錾刻一只双首凤鸟，凤身似鱼形，有鱼鳞状腹羽，双颈，凤首有冠，相对而望，腹两侧有双翼，腹下为简化的凤尾及凤爪。包片的四周还点缀有四朵莲花纹，下侧边缘有一排6个钉孔。第2个包片居中靠左有1个方形穿带孔，在孔的上、下和左侧各饰1朵莲花纹，右侧亦是一只双首凤鸟，与上个包片相似。钝角的这两边各有3个钉孔。第3个包片居中有3个方形穿孔，在1、2孔之间是一只双首凤鸟，双首相对，衔有饰物，展翅飞翔。在第2孔上方左侧是一只奔兔，长耳小尾，四腿飞驰。右侧是一只展翅驻足的凤鸟。2、3孔下方是一朵莲花（彩版二五）。

马镫，铜铸而成，表面鎏金，镫身扁平，长直柄，上宽下窄，柄上端有一方形穿孔，下端接椭圆形镫环，镫柄与镫环近90°相接，镫环底部中间凸起（彩版二四，2）。

5. 辽绿釉皮囊壶

壶扁身，瘦高，凹底。胎质细腻，呈红色，通体施绿釉，釉面泛蛤蜊光。管状流，口微侈，唇外凸，有塔式盖，前后冠峰高度基本相若，前后冠各有1圆孔，大小高度基本相同。冠峰边缘处装饰细密连珠纹，是仿针线眼的装饰，壶体边缘处有凸起的缝合线装饰，壶口与壶身连接处贴附一条仿圆扣饰的装饰带，壶身两侧刻有轴对称的卷草纹（彩版二六，1）。

6. 辽飞天石雕

飞天身躯短壮，面容圆润丰满，绾发束髻，眯眼微翘，丰鼻小嘴，笑意微含，双下巴。身穿窄袖长裙，项饰璎珞，双手捧花盘，肩披巾带，长带从身后飘飞，身畔祥云相伴，身体呈敞口“U”字形，姿态朴拙（彩版二七，1）。

7. 辽莲花宝子柄铜香熏

香熏造型为1束莲花，扁条形枝杆为执柄，中间有蒂分为3枝，下面花梗下弯上托仰莲造型的炉体，中间的叶柄向下弯曲连接着莲叶造型的炉座，上面的花梗托着1个小香盒，又名香宝子，用来盛放香料。炉体为绽开的莲花造型，外饰多层向外张开的莲瓣，圆形子母口，镂雕盘龙纹盖，龙身矫健苍劲。香盒上是子母口六边锥形盖，整体为菡萏造型，含苞待放。炉座外缘为葵花形，仿莲叶边缘的波状造型。香薰、香盒、炉座、执柄均采用分铸法单独铸造，铸成后铆合连接。设计巧夺天工，造型优美自然（彩版二六，3）。

8. 辽错银铁马镫

马镫为铁制，略呈葫芦形，方形鼻，长条形镫孔，扁条形镫梁，镫板较宽，镫板两侧翘起与镫梁呈弧形，踏板底部中间有一道凸脊用以加强。马镫表面嵌错银片，银片表面錾刻纹饰，镫孔下方两侧盘坐着人物，镫鼻与梁装饰花草纹，镫板饰缠枝莲花纹，镫体锈蚀严重，部分银片翘起，镫孔上方有镫带的残留痕迹。

马镫A正面是一个妇人，头顶戴小冠帽，巾带自冠帽向两侧飘逸，回旋至肩膀处，绕过大臂，至腰两侧飘落，妇人脸庞圆润，额前有刘海，两鬓些许短发，目视前方，耳部有珰，上身着圆领窄袍，腰间系带，双臂微曲，双手放于腿上，左手握有带柄铜镜，下穿长裤，双腿盘坐，双脚穿长筒靴，靴口装饰连珠纹。

马镫A背面是一少年，头顶戴小冠帽，巾带自冠帽向两侧飘逸，回旋至肩膀处，绕过大臂，至腰两侧飘落，人物脸庞圆润，头上有短发，双眼目视前方，上身着圆领窄袍，腰系带饰，双臂微曲，手心朝上置于腿上，下穿长裤，双腿盘坐，双脚穿长靴，靴口饰连珠纹。

马镫B正面是一成年男子，头顶戴小帽，巾带向两侧飘落，脸庞圆润，前额与两鬓有短发，双眼目视前方，满脸络腮胡，上身着窄袖窄袍，腰间系带，双臂微曲，双手放于腿上，下穿长裤，双腿盘坐，脚穿长靴。

马镫B背面是一少年，头戴小帽，巾带向两侧飘落，脸庞圆润，前额与两鬓有短发，双眼目视前方，上身着圆领窄袍，腰系带饰，双臂微曲，双手放于腿上，下穿长裤，双腿盘坐，脚穿长靴，靴口饰连珠纹。

9. 西夏石雕像

石雕像发现于乌海市海南区与鄂尔多斯市鄂托克旗交界处的黑龙贵。1973年武汉大学历史系陈国灿来乌海时，曾对此碑进行过察访考证。“于黑龙贵煤矿东南有一三山环抱之平坡地上，确有不少红砂岩石刻散乱于此原中心地面上，此处属沙碛不毛之地，四野无人。经初步勘察有小石师三（原当为二对），石羊一对，石马一对，（多缺首倒卧），文臣石像三（断残，缺一上身一下身），武将石像三（断残，缺一上身），巨大兽形碑座被近人炸毁前后两半，侧卧一残碑，另有葵花纹柱础一，石柱一，碑座近旁散落有龙身纹碑额残块。”[1]乌海博物馆现藏武将石雕像2件、文臣石雕像1件、立马石雕1件、卧羊石雕1件、蹲狮石雕2件、石碑1块。石质均为黄色粗砂岩，运用圆雕和浮雕手法制作，表面风化剥蚀。

武将雕像有2件，风格近似，均粗犷雄浑，身材魁梧，立于四方座上。其神情威严，头戴鳞甲兜鍪，肩着披膊，身穿鳞甲战衣，腰束鞓带，下身着腿裙，便于马上厮杀征战。其一为双手于胸前斜握一柄双刃斧，孔武有力。其二为双手于腰前竖握一柄剑尖抵地的齐腰高长剑，气势非凡，此剑应是蜚声四邻的“夏国剑”（彩版二八，2、3）。

［1］陈国灿：《乌海市所出西夏某参知政事碑考释》，《内蒙古大学学报》1997年4期。

文臣雕像有1件，站立在四方座上。其首已轶，身穿朝服，腰系绅带，双手持笏，一派文臣风范。在相邻的鄂托克旗博物馆展示有一尊石雕头像，材质与风格与此近似，应是此组雕像流失在外的一尊文臣头像。头戴圆帽，凤眼浓眉，神态安然（彩版二八，1）。

卧羊石雕有1件，一只盘羊卧于四方座上，台座边角有残缺，羊嘴部磕碰缺失，一对弯角扭曲向前，羊身圆润，膘肥而身健，风格简洁明了（彩版二七，2）。

立马石雕有1件，战马站立在台座上，脖颈处琢有缰绳，向后悬挂置马鞍前桥之上，马鞍简洁实用，两侧下垂圆环形马镫，其后披挂有鞧带，马尾绾结，四腿粗琢出外形，腹下与四肢间多余石块未去除，仅修平，为的是使石马更加厚重坚固，同时重心下移，摆放更加稳固（彩版二七，3）。

蹲狮石雕有2件，狮子蹲坐于小方座上，造型简洁，身躯瘦长，仰首嘶吼，前肢现已损毁，后肢蹲立，其爪有3趾，气势勇武。公狮身体微向前倾，跃跃欲试，胸前装饰响铃，两侧饰绳环和流苏穗头，绳结在颈后自然垂落，便于牵引，狮尾粗壮，向上竖起。母狮矗然直立，全身光洁无装饰，其尾细长，自然向上。

石碑有1块，石碑残断缺失，仅残存中段，碑身文字因风沙雨水侵蚀大部分已无法分辨，现存有30列楷书汉字，现将文字附录于下。

都
異識抱不同作柱石於夙朝為股肱
閱討都巡检使曾祖匡胥靈州節度
理郭林宗早喧□□□終見興邦屬
□□御座每從翠華出實為車常
破隅堅之眾莫不公之力也乃□
不義須任有功授容州團練使
□親對天階而辯若□河謂國□
歸葬于三山之原禮也公室四
已終顯來儀之瑞靈芝三秀非為園
田人郝娘適防禦使吴何悝香剌適
人也兩朝荷寵百辟欽風弈許史之
乃為良輔　　爰佐堯人　　文
無毀無譽　　克寬克仁　　榮同□□
王到此　送荒壠而堪悲傷營丘墳兮

吏部□郎臣□□奉
恩字三接其□□政□□也望出河西
㢊奴氏舍和□辭貞克彰訓
起義江東□非勇烈𨳍時公選觀
耀神武於河西遂改舊俗荒服建
赫赫南仲從載美於周詩灼灼
参知政事至天□□年八月丙
令諸侯何福善以無□致龜齡□
使尹遇何觀察使兀輕何也順子㐂
發芳瑞露凝姿女工專自於天生
梗梗作擎天之柱礎為濟海之舟航酷吏
忝文章慚無擲地之才謬紀　如山之
席卷三秦　　詩稱戡難　　恩
骨寄鬼鄰　　斯文不朽　　永刊□□
月丙午朔三日戊申鐫石都大勾當

根据残碑考释墓主人为党项贵族，是一位能征善战的武将，曾驻守朔方边城，任州团练使，因维护皇权，得到西夏崇宗皇帝李乾顺的信任，且在河西征战中战功卓著，最后官至参知政事。因其族帐故里在乌海一带，常年驻军也在河套一线，故葬于此。

10. 元“尚飾奉御兼尚輦”象牙牌

此长牌为象牙雕刻，牌首上端为圆角方形，下端疑似因残被裁切。牌首有圆孔式环形纽，环纽上端有穿绳磨损的痕迹。牌身正面中间竖排阴刻“尚飾奉御兼尚輦”汉字，牌身背面左侧是八思巴文，右侧是畏兀儿蒙古文，文字内容与正面汉字相同（彩版二九，1）。《元史》载：“奉御二十四员，秩五品。尚冠奉御二员，从五品；尚冠副奉御二员，从六品；尚衣奉御二员，从五品；尚衣副奉御二员，从六品；尚釐奉御二员，从五品；尚釐副奉御二员，从六品；尚沐奉御二员，从五品；尚沐副奉御二员，从六品；尚饰兼尚辇奉御二员，正六品；尚饰兼尚辇副奉御二员，正七品；奉御掌薄四员，从七品。天历初置，以四怯薛之速古儿赤为之。”

11. 元剔犀如意云纹高足杯

杯口内镶嵌铜胆，微外侈，深腹，喇叭状高足，封底。胎骨为木胎，通体髹漆，层层堆积，杯身雕满如意云纹，刀口横断面红、黑色漆层层环绕，线条流转自如，古朴精美（彩版二六，2）。

12. 元胡人戏狮砖雕

此砖为建筑装饰构件，质地细腻坚硬，采用高浮雕手法雕刻，砖面开窗，内琢一人一狮，周围装饰祥云花卉。胡人头戴锥形毡帽，浓眉深目，高颧骨，阔口，络腮胡。上穿对襟短袖长衫，呈敞胸状，腰间束带，左手扬起，右手执绣球前甩，下穿长裤，脚踩短靴，左腿微曲站立，右腿高抬，踢向左前方，正在跳舞戏狮。狮子圆目张嘴，长舌吐出，鬃发后飘，腰背健壮有力，狮尾翘起，后腿微蹬，前爪前扑，与胡人相呼应，活泼热烈（彩版二八，2）。

13. 元“趙二□至元二年八月廿二日趙家造”镂空“卍”字纹三足铜火盆

火盆为圆形敞口，盆壁镂空“卍”字纹，盆内另铸有连体内盆，盆底筑有竖排3列铭文，内容从左向右为“趙二□，至元二年八月廿二日，趙家造”，铭文标明了这件火盆的铸造工匠姓名、铸造时间和铸造作坊。由于制模时文字未反写，导致现在看到的是反字，抑或此炉另有用途。盆下是3个锥形足（彩版二九，3）。

14. 元“至元二年上都路菩萨阁”鎏金铜铎

铜铎为铜质四方形铃体，外表鎏金，上窄下宽，横断面为圆角方形，铃体顶部有铁纽，已锈蚀残损，器壁较薄，局部有锈蚀小孔，四铣高低不等，铃舌不存，铜铎四面阴刻菩萨（彩版二九，2）。

第一面菩萨为女相，发髻高耸，头戴化佛宝冠，饰以华丽璎珞，宝缯垂肩后自然飘扬，面相方圆，颊颐饱满，眉心白毫，双目微睁，鼻梁挺直，小嘴微抿，圆环耳珰，神态安详。颈饰三无碍纹，胸前配饰璎珞，着天衣绸裙，帔帛自肩头自然飘落，腕戴宝钏，右手上扬持柳枝，左手于胸前持钵，双腿结全跏趺坐于仰莲座上，莲瓣层次丰富饱满，菩萨头后有圆形头光，背后有圆形身光，上下装饰三朵如意祥云。

第二面菩萨为女相，束葫芦形发髻，头戴发冠，卷发正中嵌一髻珠，眉间白毫相，面相圆润，五官端正精致，耳戴花形耳珰。菩萨上身袒露，颈饰三无碍纹，胸前佩戴项圈、璎珞，璎珞饰于胸腹间，肩上着帔帛，自两臂自然飘落，下身穿长裙，轻柔飘逸，于腰间系带打结。两臂着钏，左手结禅定印，右手施触地印，结半跏趺坐于仰覆式莲花座上，莲瓣宽肥饱满，头后有圆形头光，背后有圆形身光，上下祥云相伴。

第三面菩萨为男相，发髻略凸，发正中有一菱形髻珠，额头宽广，额中有白毫，眉毛细长，双眼微眯，唇微闭，大耳下垂，饰圆环耳珰，面目微怒。颈处有三道无碍纹，着右肩半披式袈裟，衣褶自然流畅，双手结说法印，以示宣讲传法，度化众生。结全跏趺坐于莲花座上，先以左趾押右股，后以右趾押左股，莲座为仰莲式，莲瓣饱满层次丰富，身后是重叠的圆形头光和身光，上下祥云相伴。

第四面菩萨为男相，头戴璎珞宝冠，发髻高耸，额中有白毫，弯眉细目，唇上有髭，耳戴串珠耳珰，面相圆润祥和，颈处有三无碍纹。身着天衣，下穿长裙，腰间系带，衣褶自然流畅，左手持净瓶，右手持柳枝，结半跏趺坐于仰覆式莲花座上，身后有背光，上下祥云映衬。菩萨右侧自上而下阴刻“至元二年上都路菩萨阁”铭文。此物应是元代上都路境内菩萨阁遗物。

15. 清浮雕降阎魔尊石碑

碑中造像呈牛首人身造型，头戴五骷髅冠，怒发上冲，额有竖目，三眼圆睁，大口长舌，面目狰狞。其身赤裸，项戴五十人头串，一直垂于胯下，大腹便便，身体健壮。双臂张开，左手结期克印并持金刚索，上端是索套，下端是钩，用于衡量业力和功德，右手持骷髅法杖，为“作恶者”的骨架，这些法器彰显他降伏鬼神的法力，身后环绕降魔烈焰。主像左侧是魔尊的明妃“撒门底”，头发向下，表示对魔尊的恭敬，身披一张鹿皮，右手捧盛血的嘎巴拉碗敬献给魔尊，左手持三叉戟，表示对降阎魔尊的驯服与奉献。主尊和明妃手腕、肘、脚踝等部位都缠绕着蛇，表示降伏龙王。魔尊胯下生灵座是1头昂首怒号的水牛，魔尊右腿弯曲，脚踏牛头，以降伏水牛（阎王）的骄傲，左腿长伸，脚踩牛臀，降服它的残暴，水牛匍匐在单层覆莲座上，水牛身下压着1个裸体的男人。这个形象有两种解释：一种解释称，人代表众生，水牛形象是阎王，水牛压着人，代表生死轮回对众生的摧残，降阎魔尊脚踏水牛，是降伏生死的意思；另一种解释称，水牛身下所压伏的是作恶者“挪细”。魔尊上方是两朵祥云和代表日月的两个圆盘，象征着绝对和相对真理、胜义谛和世俗谛的菩提心露。石碑中的造像表现了降阎魔尊大威猛、大忿怒的宗教特性（彩版三〇，1）。

16. 清浮雕六臂大黑天石碑

这是一尊一面六臂大黑天，头戴五佛冠，怒发上冲，发中装饰一个骷髅头。大黑天面部被凿毁，项戴五十人头珠串，垂至腹处。肩膀处环绕帔帛，腰间围着虎皮裙，后背放射出火光烈焰。他的六只手都有持物，中间两手置于胸前，左手托嘎巴拉碗，右手持钺刀。其余四臂伸展，上面两只手，左手拿三叉戟，右手持人骨念珠，表示他要戳穿天上、地面、地下有情的关系，这两只手还同时张开一张象皮，表示驱逐无明，象首在右侧胳膊下方漏出。下面两只手，左手拿金刚索，表示勾缚一切妖魔，右手拿手鼓，以勾召女妖，将其降服。他身上还缠绕装饰着很多蛇，头顶以蛇束发，脖子上亦直垂下来一条蛇，胳膊肘、手腕上也缠着蛇，表示对龙王和药叉的降伏，也增添了恐怖、愤怒的气氛。法神呈站立姿势，左腿伸，右腿屈，两足踩在生灵座上，生灵座已被凿毁，应是被降服的象头天神，其下是莲花座。碑身上方是祥云和象征日月的圆盘（彩版三〇，2）。

栉风沐雨守护遗产

——乌海市文博事业发展综述

武俊生　谢　晶　肖　鹏
（乌海博物馆）

一、乌海自然环境概况

乌海市是36亿年前鄂尔多斯古大陆的一部分，系古地中海浸区经第三次喜马拉雅山隆起而成，历经沧海桑田，逐渐形成了现在的“三山两谷一条河”的基本地形地貌特征。全市平均海拔为1150米。地势东西两边高、中间低。东部是绵延百里的桌子山，构成了乌海黄河谷底与东部鄂尔多斯高原之间的一道天然屏障，山势雄伟，峰峦叠起，其主峰海拔2149.4米。中部为巍峨险峻的甘德尔山，山体北窄南宽，全长24千米。西部为五虎山，主峰海拔1396.4米。因山势奇特，形似五虎而得名。各山体均属贺兰山脉的北端余脉，三山呈南北走向平行排列，中间形成两条平坦的谷地。黄河沿岗德尔山西谷流经市区，阻断乌兰布和沙漠进入河套地区。

乌海地区历史上属于黄河流域旧石器时代“河套文化”及新石器时代仰韶文化的范围。在距今10000年的新石器时代到800年前的西夏时期，一直是北方早期原始氏族和北方游牧民族活跃的重要区域之一，其中在距今4000～800年，古代游牧民族羌、乌桓、鲜卑、突厥、回鹘（纥）、党项、蒙古等民族都曾先后在这里繁衍生息，创造过灿烂的古代文明，也留下了他们的生活遗迹与遗存。

桌子山岩画是乌海地区最具代表性的历史遗迹。桌子山位于内蒙古自治区乌海市境内的东部，主峰海拔2149.4米。主体呈南北走向，长约75千米，桌子山山势雄伟，峰峦叠起，巍峨壮观，因其主峰山顶较平坦，远眺貌似桌子状，故得此名。在桌子山脉诸多山沟的悬崖峭壁和沟畔石灰岩磐石上，残存着无数古代岩画的遗迹，称为“桌子山岩画群”，包括召烧沟岩画、雀儿沟岩画、苦菜沟岩画、苏白音沟岩画、小摩尼沟岩画、阿泰沟岩画、摩尔沟岩画等。岩画内容多为太阳神人面像、动物图形、人体图、符号等，这些神奇精美的岩画，磨刻在悬崖峭壁或沟畔磐石上，数量多，分布广，内容丰富，艺术风格古朴，尤其独具特色的人面像图形堪称中国人面像岩画之精华[1]。

[1] 内蒙古自治区文物考古研究所编：《乌海文化遗产》，文物出版社，2014年，21页。

二、乌海文博事业发展阶段

1980年，内蒙古自治区文物考古研究所盖山林先生来到乌海市，进行了为期数月的调查工作，揭开了乌海文物考古工作的序幕。乌海文物考古工作起步较晚，至今已走过40年，回首凝望，乌海文博事业的发展也经过了艰难起步、探索发展、稳步向前、蓬勃向上的缓慢过程，在此重要的历史节点，回顾乌海文博事业发展的历史过程，总结成长过程中的宝贵经验，相信对乌海乃至内蒙古文博事业的发展都有十分重要的意义。

1. 艰难起步（1980～1989年）

由于乌海建市较晚，行政区划几度变更，所以文物工作的起步也较晚。1980年，内蒙古自治区文物考古研究所盖山林先生来到召烧沟，揭开了桌子山岩画考察研究工作的序幕。随后盖先生在乌海进行了数月的考察工作，记录、拍摄、拓描了大量的岩画，先后考察记录了召烧沟、毛尔沟、苏白音沟、苏白音后沟等处岩画，并将考察研究成果发表于《阴山岩画》一书中之附录一《乌海市桌子山附近的岩画》。

1982年6月，乌海市文物工作站成立。1986年，乌海市文物工作站从乌海市文化局文化科剥离出来，成为独立的机构。自此有了专业队伍，还开辟了自己独立的办公场所，文物事业正式迈上了规范化的发展轨道。境内的文物保护、科研工作主要由其领衔承担。

1985年，乌海市文物工作站对召烧沟岩画进行全面发掘清理工作。1986年5月，召烧沟岩画被内蒙古自治区人民政府公布为自治区第二批重点文物保护单位，乌海市文物工作站于当年竖立2块蒙汉文文物保护碑。

1988年，乌海市按照自治区部署进行了第二次全国文物普查。这是乌海市文物工作站成立后的首个重要工作，也是乌海人第一次摸清自己文物家底的机会。在1988～1989年，乌海市进行了第二次全国文物普查，登记在册文物点19处，这是第一次对乌海市境内的野外文化遗产进行梳理登记。通过这次文物普查，基本摸清了乌海市境内各个历史时期的文物分布家底，为进一步推进对这些珍贵文化遗产保护工作的深入开展提供了科学的决策依据。

1989年6月，内蒙古自治区文物考古研究所和乌海市文物工作站对新地汉墓群进行了抢救性清理，探明古城北砖窑附近有墓葬24座，并有选择地发掘清理了其中的12座。墓葬分为竖穴土坑墓、竖穴偏洞室墓、竖穴直洞室墓、斜坡墓道直洞室木椁墓、土炕木椁墓几类。其中大部分墓葬为单人葬，皆有木棺，少有木椁类葬具。尸骨多仰身直肢，少量屈肢。随葬品以陶器为主，另有铁器、铜器、桦树皮器、漆器等。通过清理发现新地墓群早期体现了较多的秦文化特征，如屈肢葬、盛行随葬陶釜等。但稍晚的墓葬中则表现出了与之前墓葬较大的差异，如在墓道中出现了加木炭的现象，就随葬品而言，以陶壶为主，墓葬形制继续流行单人葬和土洞墓，仍是之前文化的延续[1]。新地

[1] 魏坚：《内蒙古中南部汉代墓葬》，中国大百科全书出版社，1998年，195页。

汉墓中另一值得注意的现象就是不少器物的底部都凿有小圆洞，这种凿透器物底的丧葬习俗，至今在一些地区仍流行。目前，乌海地区发现的墓葬以两汉时期为主，并具有西汉早中期甚少，晚期至东汉占多数的特点，汉代墓葬不仅数量大，而且分布广泛，自南向北、自西向东均有分布。

2. 探索发展（1990～2000年）

这一时期代表性的文物考古调查工作主要是海勃湾遗址的发现。1991年8月，内蒙古自治区文物考古研究所研究员陆思贤在乌海境内发现一处新石器时代聚落遗址，面积近两万平方米，该遗址后被命名为海勃湾遗址。遗址地表多见磨制石器，器形为刀、斧、磨盘、磨棒、小型刮削器等。探方所见，灰土层厚达30厘米以上。海勃湾遗址为进一步研究乌海地区原始社会人类的生存生活、分布范围、原始思维、艺术、生产力发展状况等内容提供了参考资料，充分说明乌海市在当时是北方草原文明与中原农耕文明的交汇点。

1993年，乌海市文物工作站对桌子山岩画群召烧沟岩画开展保护工作，修建了召烧沟岩画保护大厅和接待室。

1996年5月28日，乌海市新地汉墓群、苦菜沟岩画被内蒙古自治区人民政府公布为自治区第三批重点文物保护单位。

1997年，乌海市与伊克昭盟行政划界后，乌海市第二次全国文物普查中调查的迪彦庙址、后毛尔沟岩画、苦菜沟岩画群、苏白音沟岩画、苏白音后沟岩画等5处文物点划入鄂尔多斯市鄂托克旗境内。

2000年7月，乌海市人民政府为自治区级文物保护单位召烧沟岩画和苦菜沟岩画划定并公布保护范围和建设控制地带。

2000年8月，乌海市文物工作站与西安文物保护修复中心合作对桌子山岩画进行了翻膜复制。

3. 稳步向前（2001～2010年）

这一时期，乌海的文物考古事业进入了茁壮成长的时期，野外文物保护和博物馆事业都取得了长足的进步。

2004年9月，乌海博物馆正式挂牌成立并对外开放，乌海没有博物馆的历史宣告结束。乌海市机构编制委员会办公室下发了关于《在乌海市文物站增挂乌海博物馆牌子的批复》（乌机编办发［2004］66号）的文件，批准乌海市文物工作站与乌海博物馆合署办公，一个机构，挂两块牌子，为乌海市文化局二级单位。乌海博物馆的常规展览有《乌海历史文物精华展》，在办好常规展览的同时，乌海博物馆每年还不定期举办各类临时性展览。

该阶段的主要成果是一些配合国家资源调查项目的实施和完成，主要包括全国长城资源调查和全国第三次文物普查工作。乌海对长城及其烽燧、障城的调查和研究由来已久，亦取得了可观的成果。

2004年8月，内蒙古自治区文物考古研究所主持，乌海市文物工作站配合，对乌海市秦汉长城凤凰岭段进行了剖析。探明此处长城为秦始皇嬴政时期（前221～前207年）所筑。考古发掘探明，这段秦长城遗址是此区目前已知最早的秦长城之一，同时也是最矮最窄的长城[1]。2007年4月，在国家长城项目组与内蒙古自治区文物局和自治区长城项目办的统一领导和部署下，乌海市正式开展长城资源调查工作。调查队利用近五年的时间，理清了乌海市境内秦长城与明长城的分布、走向、类型、数量、保存状况等方面的信息，为开展长城保护工程、加强保护管理和进行科学研究提供了数据依据。截至2010年底，乌海长城资源调查工作已圆满结束，长城总长度约为94722.1米（包含消失墙体）。其中秦长城全长77725米（包含消失墙体），明长城墙体总长约16997.1米（包含消失墙体）。《内蒙古自治区长城资源调查报告》已经出版，这些成果的出版必然加深对乌海地区长城资源的认识，将乌海长城的宣传、研究工作推向一个新阶段。

在2007年开展第三次全国文物普查工作中，乌海市共调查登录不可移动文物41处，市三区共辖15个街道办事处、5个镇，72个社区居委会、8个行政村，市文物普查队员全部到达。2010年3月，自治区第三次全国文物普查工作领导小组领导及专家来到乌海市，运用文本资料审核与现场实地考察的方式对乌海市文物普查工作进行全面验收，乌海成为第二个全面通过自治区专家组验收的盟市。同年8月份位于海南区的雀儿沟岩画被公布为内蒙古自治区第三次全国文物普查“二十大新发现”。随着《乌海市第三次全国文物普查工作报告》等成果的出版，乌海市完成了“三普”计划任务，取得了阶段性成果。

2009年6月～2010年10月，乌海博物馆开展全国馆藏珍贵文物调查和数据库建设工作。乌海博物馆共调查二、三级文物29件（套），其中二级文物8件（套），三级文物21件（套）。2010年12月底，乌海市二、三级馆藏文物文本数据录入完成上报自治区，馆藏文物调查及数据管理系统建设项目顺利结束。

2009年7月，为配合乌达区乌兰淖尔镇兰亭广场的施工建设，乌海市文物工作站对位于乌达区乌兰淖尔镇政府东北2千米处的敖包图庙遗址进行了抢救性清理，共发现一座佛塔遗址和两座墓葬。依所出遗物推断，马宝店遗址应为清早期藏传佛教建筑遗址，这与文献所载清康熙时，河套以西地区为蒙古和硕特部落的游牧地，康熙三十六年（1697年），始设阿拉善和硕特旗，乌达在其辖区之内的记载相符[2]。两座墓葬当与佛塔有较密切的联系，但未见陪葬品及墓主，应为被盗或为该塔衰败后废弃的未用墓葬。该遗址的发掘为研究内蒙古西部地区清代藏传佛教建筑技术、建筑材料等提供了新的实物资料。

2010年4月～2012年7月，乌海博物馆申请国家专项经费，实施“乌海博物馆馆藏文物抢救性保护修复”项目。共保护修复文物152件（套）。

4. 蓬勃向上（2012年至今）

这一阶段，乌海的文博事业进入了一个全新的发展阶段，在做好文物保护基础工作的同时，乌海市也针对本地区的特点和实情，有计划、有针对性地开展专项文物保护工程。

[1] 武俊生：《乌海市秦长城调查》.《固阳秦长城》，内蒙古大学出版社，2007年

[2] 宋志刚：《内蒙古疆域考略》，内蒙古文史馆，1981年。

2011年乌海市文物工作站对召烧沟岩画保护大厅开展修缮工作，将大厅原顶部材料全部换成新的彩光板。维修后，保护大厅内防风、防尘、防水、挡沙效果得到进一步提高。并对境内的重要文保单位和长城点断分别竖立蒙汉文保护碑。

2013年6月～2016年12月，开展乌海市第一次全国可移动文物普查工作。普查分为工作准备、普查实施、验收汇总三个阶段进行。乌海市第一次可移动文物普查于2016年8月31日前全部完成数据登录工作，全市共登记国有可移动文物7879件（套），数据报送进度为100%。2016年10月5日，乌海市文物普查数据通过自治区级普查办数据审核。2016年12月底编制完成《乌海市第一次全国可移动文物普查工作报告》。

为促进博物馆事业创新发展，加强合作，弘扬中华文明，乌海博物馆积极拓展馆际交流，近年来，共引进临时展览11个，主要有“饰美人生——苗族银饰”“瀚海珍衣——西域服饰的记忆”“美丽的草原我的家——蒙古族民族民俗文物精品”“‘一带一路’中亚彩陶精品”“丝路古国铜镜精品展”“丝路古国钱币展”“纵横万里　跨越千年——丝绸之路的璀璨文明”“中国古代北方民族带饰展”等。

2013年5月，由清华大学建筑设计研究院设计的《召烧沟岩画保护规划方案》经过文物保护专家论证正式通过并开始实施。7月，桌子山岩画群被国务院公布为第七批全国重点文物保护单位。乌海市对它的保护和研究工作力度也提到前所未有的高度。2013年8月，在乌海市政府的大力支持下，召烧沟岩画遗址保护大厅正式投入建设，目前已建成建筑面积2851平方米的展厅，这是中国首例在岩画原址上建立起来的文物保护工程，为我国岩画遗产抢救保护工作积累了极为宝贵的实践经验。

2015年7月，由乌海博物馆创办的《文博信息》创刊，是乌海市首个介绍文博动态的报刊。

2016年3月，召烧沟岩画遗址被自治区文物局认定为内蒙古自治区考古遗址公园。

2018年，国家文物局下拨文物保护经费用于二道坎烽火台保护工程项目修缮。该工程历时一年，主要对以下六个方面进行抢救保护加固。一是对烽火台东、南、北三面剥落的墙体按收分砌石补砌；对风化、碎裂、失稳的石块用毛石原位归安、砌筑替补；对木筋缺失的孔洞进行填补，对西侧坍塌体素土夯实，加固冲沟。二是对宇墙用原规格的土坯按收份补砌、加固。三是对台芯用三七灰土夯实，并做防雨处理。四是对西、北侧三道排水沟进行修整。五是设置防护围栏。六是设置保护标志碑、保护界桩和展示说明牌等。

伴随现代化建设的飞速发展，配合基本建设而开展的文物保护工作任务也十分艰巨，乌海市文物工作站倾注全力圆满完成了配合海勃湾发电厂、110国道、荣乌高速、包银高铁等众多大型基本建设开展的文物调查、发掘工作，抢救了一批珍贵的历史文化遗产。

2020年7月，为配合包银高铁乌海段的建设，内蒙古自治区文物考古研究所在乌海博物馆的配合下对三坝墓群进行了抢救性考古发掘，清理墓葬7座，出土各类遗物70余件。依据随葬仓、灶、井、灯等成套模型明器的特征来看，其年代已处于西汉末期甚至东汉初期。三坝墓群位于新地古城的东侧，据专家推测，新地古城应属于汉朔方郡的辖地，至于具体为何城，还有待今后的考古工作证实。新地古城和墓群之间的直线距离不足1千米，三坝墓群极有可能是安葬新地古城城内死者的一处墓地[1]。三坝墓群的发掘对认识当时的葬俗和社会经济发展程度等都具有重要意义。

截至2020年底，乌海市共有全国重点文物保护单位1处，内蒙古自治区级重点文物保护单位6处，市级重点文物保护单位4处。注册登记博物馆、纪念馆5家，乌海博物馆现为国家三级博物馆、内蒙古自治区爱国主义教育基地。

三、学术研究稳步发展

在做好文物保护的同时，乌海在文物研究方面也取得了积极的成果，1998年由时任乌海市文化局副局长的梁振华先生出版发行了《桌子山岩画》一书，该书是乌海文物工作历程上第一部由本地业务人员执笔编撰的专业研究书籍。除全面介绍了桌子山各个地点的岩画分布和内容外，更从文化内涵和美学价值方面进行了比较深入的研究和探索，向读者展示了桌子山岩画的丰富多彩和重大学术价值。2014年8月由乌海博物馆编写的《乌海文化遗产》详细介绍了乌海市境内的文物遗址，包括了文物的基本情况、前人工作与研究成果等内容，并配有文物遗址本体照片以及出土文物照片等，这本书是乌海市文博工作三十年来的一次总结。乌海博物馆编写的《拾贝摭珍——乌海博物馆文物精华》，选取了多年来的馆藏精品，旨在通过解读文物所承载的历史文化内涵，领略文物独有的艺术魅力，提升民众的文化修养，从而增强民族自信心与文化认同感。

为进一步提升业务研究水平，乌海文博人先后主办并参与了多次学术研讨会，发表学术论文20余篇。2013年12月，由乌海市人民政府主办，清华大学文化遗产保护研究所、中央民族大学中国岩画研究中心、内蒙古岩画研究学会和乌海博物馆承办的“乌海市桌子山岩画普遍价值论证研讨会”在乌海召开，会议邀请岩画研究领域国际组织和专家共同探讨桌子山岩画文化内涵和突出的普遍价值，同时对桌子山范围内的召烧沟、苦菜沟、摩尔沟等7条沟谷以及周边史前人类定居的遗迹、墓葬等相关遗址进行了调研，为今后推动桌子山岩画群的相关工作奠定了坚实基础。2020年10月，召开了“铸牢中华民族共同体意识·乌海市黄河文化保护与传承研讨会”，此次会议由乌海市文体旅游广电局主办，市博物馆承办，会议邀请国内各方面的学术专家对乌海在历史、文化、黄河、水利、草原、文物等方面进行了集体调研、现场勘察，调研过程中专家们畅所欲言，就乌海文化遗产的历史定位、文物保护、文化与旅游的融合等方面都发表了真知灼见，并就各自的研究领域结合实地调研情况撰写了研究论文，以挖掘博大精深的乌海市黄河历史文化。这些学术交流活动持续扩大了对外影响，使我们在研究历史、传承文明等方面越来越主动，推动文博工作向前发展的作用也日益明显。

四、结　　语

文物承载灿烂文明，传承历史文化，维系民族精神，是弘扬中华优秀传统文化的珍贵财富。随

[1] 内蒙古自治区文物考古研究所：《2020年内蒙古文物考古年报》，2020年内部资料。

着近年来国家对文物事业、博物馆发展的高度重视，关于文博事业的相关法律、政策也集中出台，文博事业遇到了前所未有的发展机遇。好风凭借力，送我上青云。作为新一代的文博工作者，我们必须继承老一代文物工作者不辞劳苦、勇于奉献的精神，承前启后，抓住机遇，开拓创新，谱写乌海文博事业新的辉煌。

乌海市654“小三线”遗存的保护与再利用研究报告

张百会
（乌海市政协文史委）

乌海市是国家“一五”“二五”“三线建设”时期的老工业基地。内蒙古的第一支枪、第一吨焦煤、第一炉铅、第一吨水泥、第一块玻璃等多个“第一”均诞生于此，与包头市一道是内蒙古工业的“摇篮”。随着经济社会的转型发展，遗留了大量具有时代和地域特征的工业遗址。这些工业遗址对于乌海来说是发展中的重要环节、历史胎记。如果将乌海比作一部史书，那一座座工业遗址就是一卷卷的分册，留存着乌海的生命信息和“活化基因”，形成一页一页叠加起来的一部生动历史。一甲子工业化历程是乌海城市发展的重要篇章。工业遗产这宝贵篇章绝对不能丢弃，而要使之成为乌海城市发展生命链条中的重要一环。保护工业遗产，就是弘扬乌海城市特色，就是保护乌海的生产力。要对保护工业遗产认真研究、科学规划、抓好落实，真正体现“应保尽保”。工业遗产是乌海这座城市的重要组成部分，抛弃它们就会忘记我们“回家的路”。其中保护乌海市654“小三线”遗存就是乌海工业遗产保护工作的一项重要内容。如何对原654“小三线”厂区内大量濒临破坏和消亡的老厂房、老仓库、老机器进行有效保护与利用，已成为当前亟待破解的重要课题之一。

一、“三线”与“小三线”建设之缘起

三线建设是从1964年开始由中共中央、毛泽东主席根据当时中国所处的国际环境和紧张局势提出的。在20世纪60年代初期，毛泽东多次指示“要准备打仗”[1]，“第一线和第二线要搞三线”，“沿海各省市都要搞点小三线，属于地方军工厂”，“三线建设要抓紧”[2]。根据毛泽东上述指示精神，1964年，中共中央、国务院、中央军委指示在三线地区进行大规模新建和扩建时，要从一线往内地搬迁一批工厂、设备和技术力量，以尽快建成战略后方基地，完成备战任务和改善工业布局[3]。一线地区指位于沿边沿海的前线地区；二线地区指一线地区与京广铁路之间的安徽、江西及河北、河南、湖北、湖南四省的东半部；三线地区指长城以南、广东韶关以北、京广铁

[1] 中共中央文献研究室编撰：《毛泽东年谱（1949—1976）》（第5卷），中央文献出版社，487页。
[2] 中共中央文献研究室编撰：《毛泽东年谱（1949—1976）》（第5卷），中央文献出版社，473页。
[3] 中共中央文献研究室编撰：《毛泽东年谱（1949—1976）》（第5卷），中央文献出版社，391页。

路以西、甘肃乌鞘岭以东的广大地区，其中西南的川、贵、云和西北的陕、甘、宁、青俗称为“大三线”，一、二线地区的腹地俗称为“小三线”。地处一线二线的省份，各自建一批省属的“小三线地方军工企业”，“小三线”建设是全国三线建设的重要组成部分，其目的是保证各省、自治区、直辖市在外敌入侵的情况下仍能各自为战。例如，内蒙古周边地区黑龙江小三线是阿城和尚志、吉林小三线是辉南、辽宁小三线在朝阳凌源、河北小三线沿太行山麓、甘肃小三线是平凉等。内蒙古“小三线”建设主要布局在当时的海勃湾市。

二、内蒙古“小三线”概况

从1964年开始，内蒙古自治区“小三线”项目开始逐步在黄河几字湾上进行建设，内蒙古第一通用机械厂、第二通用机械厂、第三通用机械厂、715TNT炸药厂、清水河县内蒙古红旗化工厂等9个军工企业，以及内蒙古跃进火力发电厂、清水河先锋电厂、六五四医院、六五四供应站、内蒙古军事工业局招待所、国防工业技工学校等后勤基础配套项目相继开工投产。黄河几字弯上布局的“小三线”建设不仅对内蒙古地区工业经济的发展做出了贡献，为当地医疗、职业教育事业提供了支持，而且推动了黄河几字弯地区的城市化发展。内蒙古“第一枪”在这里响起，中国奥运“第一枪”（奥运首金所用之枪）在这里诞生。更为重要的是给后人留下了宝贵的“艰苦奋斗、勇于创新、团结协作、无私奉献”的“三线”精神。为了传承和弘扬“小三线”精神、铭记黄河几字弯“小三线”地区建设的丰功伟绩、艰苦创业业绩和吃苦耐劳的精神，“小三线”遗存作为城市的工业印记或历史遗存，是新时期文化艺术、科技创新、休闲消费等新经济行为的重要空间载体。对乌海市654“小三线”遗存的保护与再利用可以使人们更多地了解小三线建设及调整的艰辛创业和改革发展历程、内蒙古小三线建设的成就、重要而深远的影响以及典型人物与感人事迹，可以促进当前和未来的发展，推进大国复兴等。

然而，目前乌海市654“小三线”长期处于闲置状态，甚至面临消失的危险。由于地理位置偏僻、隐蔽、周边环境设水平普遍不高等原因，人们对654小三线工业遗存及其所蕴含的多重价值仍旧缺乏认识。因此，为拯救这一工业遗存，加强对它的调查与研究显得尤为重要。而如何保护和利用654小三线工业遗存，使之融于社会并合理展现自身价值应成为专家学者思考的一个问题。2018年11月5日工业和信息化部印发了《国家工业遗产管理暂行办法》[1]，对开展国家工业遗产保护利用及相关管理工作进行了明确规定。2020年6月9日国家发展改革委、工业和信息化部、国务院国资委、国家文物局、国家开发银行又印发了《推动老工业城市工业遗产保护利用实施方案》[2]的通知。按照这两个文件的要求，通过实地调查研究，分析总结遗存特征，以“回顾建设历程，弘扬小三线精神，促进转型升级，实现高质量发展”为主题，就乌海市654“小三线”遗存的保护与再利用展开研究，并以此为基础探讨可借鉴的乌海市654“小三线”遗存的保护与再利用思路。

［1］工信部网站https://www.sohu.com/a/277110102_99902814。

［2］国家发改委网站https://www.ndrc.gov.cn/xwdt/tzgg/202006/t20200609_1235883。

三、内蒙古“小三线”建设历程

1964年，国际局势动荡，战争因素急剧增长。美国扩大越南战争，直接威胁中国安全；苏联在中国边境陈兵百万；我国台湾当局制造台湾海峡的紧张局势。面对迫在眉睫的战争形势，国防安全已经成为头等大事。1965年4月，中共中央发出了《关于加强备战工作的指示》，明确指出：“美帝国主义在越南采取扩大侵略的步骤，直接侵犯越南，严重地威胁着我国的安全，全党、全军和全国人民在思想上和工作上要准备应付最严重的局面，要加强备战。”[1]内蒙古自治区根据中央有关备战的指示，决定在当时的海勃湾市等地建立“小三线”军工企业，建设生产轻武器的地方军事企业[2]。因落实中共中央发出的《关于加强备战工作的指示》，该项军工工程代号称为654工程，这个工程所在的区域被称为“654”。其中，军工企业分别为内蒙古第一、二、三通用机械厂，配套辅助企业为跃进火力发电厂，并逐步形成了“小三线”军工企业系统。现在的海南区六五四地区被定为654军工系统半自动步枪生产厂和配套的子弹生产厂址，即后来的内蒙古第一通用机械厂（军工代号国营九六四厂）和内蒙古第二通用机械厂（国营九五四厂）。同时在距离海勃湾市6千米处建立生产地雷、手榴弹厂，即内蒙古第三通用机械厂（国营五五六厂），以及在海勃湾市区建立的木器厂、工具厂、机修厂、铸锻厂、715TNT炸药厂（国营五四四五厂）、654供应站等企业，形成了以内蒙古第一通用机械厂为主干的内蒙古自治区小三线军工企业系统[3]。

这些军工企业从事军工生产达15年之久，其后随着国家政策的调整，大约1979年时，企业“军转民”转产，内蒙古第一通用机械厂转产后生产小手枪、气枪、猎枪等。1982年，缝纫机生产线建成。1994年，内蒙古第一通用机械厂搬迁到海勃湾区，主要生产摩托车前减震器。内蒙古第二通用机械厂转产洗衣机等。1987年，将原七一五黄河化工厂的资产全部移交内蒙古第二通用机械厂管理使用，工厂厂部搬迁至“七一五”地区，生产产电石、烧碱和聚氯乙烯树脂。内蒙古第三通用机械厂生产民品工业导火索、元明粉、岩棉、警用催泪弹、增雨火箭等[4]。

四、乌海“小三线”工业遗存情况

1. 物质遗存

内蒙古“小三线”的主要工业遗存大部分处在远离城市的偏远的海南区，其中内蒙古第一通用机械厂部分厂房保存较好。内蒙古第一通用机械厂厂房又分为海南片区（南区）和海勃湾片区（北区）。海南片区内蒙古第一通用机械厂建筑结构形式为砖混为主，占地面积98365.7平方米，

[1] 中共中央文献研究室编辑：《建国以来毛泽东文稿》，中央文献出版社，1996年。

[2] 中共内蒙古自治区党史研究室：《六十年代国民经济调整·内蒙古卷》，中共党史出版社，2001年。

[3] 2012年11月5日《人民网》中国共产党历史大事记（1921年7月～2011年6月）。

[4] 乌海市政协：《文史资料》（第四辑），海勃湾矿务局印刷厂，1988年。

现有建筑建筑面积12648.6平方米；内蒙古第一通用机械厂生活区建筑结构形式为砖混为主，占地面积21344.5平方米，现有建筑建筑面积5510.8平方米；经建筑行业专业人员初步测定，认为主体结构完好；部分墙体、屋顶瓦、防水、门窗破损；水电暖等配套设施须已废弃。海勃湾片区是内蒙古第一通用机械厂在1992年9月，根据市委、市政府要求，以承担债务形式兼并了本系统的两个军工企业——内蒙古工具厂和内蒙古机修厂后形成，兼并后企业从海南区迁入市区，利用被兼并企业场地进行了大规模技术改造。1998年12月，内蒙古第一通用机械厂转制为股份制企业“内蒙古一通机械有限责任公司”，属国有控股企业，2000年后，由于国内摩托车市场的滑坡及国企自身存在的体制和机制等矛盾和问题，公司亏损严重，资不抵债，经乌海市政府逐级上报国家申请政策性破产，2004年12月，国家正式批准破产。破产后遗留厂区占地面积86357平方米，现有建筑建筑面积32000平方米；主体结构完好；部分墙体破损；水电基本配套，道路通畅，依山靠路，位置较佳。

内蒙古第二通用机械厂企业遗存也分为内蒙古第二通用机械厂片区和七一五片区。内蒙古第二通用机械厂片区主要有部分厂房，周边有木瓜古树。据考证，生长于海南区原654的这三棵木瓜树栽种于清朝雍正年间（1723～1735年），树龄已经近300年。据记载，这里原本有座香火旺盛的寺庙，即拉僧仲庙，人们每逢庙会节庆都到这里来烧香祈福，“文化大革命”时期寺庙被毁，只留下庙门前的这三棵木瓜古树。1987年，市政府决定将原七一五黄河化工厂的资产全部移交内蒙古第二通用机械厂管理使用，进行此项技改项目。1988年，为适应“军转民”技改项目的发展趋势，加速项目建设，工厂厂部搬迁至“七一五”地区，形成一厂两地的局面。2002年7月，经国家经贸委批准实施债转股，内蒙古黄河化工（集团）有限公司成立，公司下设6个分厂：氯碱分厂、树脂分厂、电气分厂、电石分厂、机修分厂和固碱分厂。2004年10月，公司按照国家、自治区国有资本和国有股权退出竞争领域和职工退出国有序列的改革精神，进行产权制度改革，依法将公司转让给乌海君正实业有限责任公司。内蒙古君正能源化工股份有限公司搬迁后七一五片区改为实训基地。

跃进火电厂始建于1968年，主要为解决军工企业用电问题，这是一座建在山洞中的电厂。电厂建设难度大，建设者们在建设过程中克服了难以想象的困难，仅用了两年时间，就完成了艰巨的建设任务。洞穴使用面积达到1100多平方米；房舍建筑总面积为16441.58平方米。1970年10月1日和1971年9月1日，跃进电厂两台容量均为1500千瓦的机组顺利投产发电。1985年初，跃进电厂划归电业局管理。现在处于闲置废弃状态。

第三通用机械厂在距离海勃湾市6千米处建立，主要生产地雷、手榴弹。内蒙古第三通用机械厂早在1966年军品任务饱和时，就开发生产民品工业导火索，在这个基础上逐步转化为化学工业企业，更名为内蒙古北方民用爆破器材有限责任公司。军品任务取消后，于1980年开发出化工产品元明粉。1986年与山西太原岩棉总厂联合，投资150万元上年产5000吨的岩棉生产线。1985年成功开发警用催泪弹新产品，并进入国际市场，成为企业的主导产品之一，内蒙古第三通用机械厂已由机械工业企业转为化学工业企业。内蒙古北方民用爆破器材公司在2003年进行了规范转制，转制为内蒙古北方民用爆破器材有限责任公司，各项事业得到全面发展。2004～2005年，公司人均产值、销售收入首次跨入同行业先进行列。2008年，内蒙古北方民用爆破器材有限责任公司成为北京奥运会开（闭）幕式消减雨作业装备唯一供应单位。在取得巨大经济效益的同时，也取得了无可估量的社会效益。公司还不断进行新产品开发，研究改进生产技术，拓宽业务范围，2012年，公司实施了生产线改造工程，开始生产增雨防雹火箭等新产品，工业产值逐年提高[1]。

位于海南区的654医院是海南区的摇篮，海南区刚刚建区时，海南区几大班子曾借住在654医院办公，后来改为海南区人武部民兵武器库，现在已经闲置。

在海勃湾市区建立的木器厂、铸锻厂、654供应站随着城市建设的发展，已被拆迁，基本没有遗存。

综上所述，乌海市654“小三线”遗存的保护与再利用主要研究的是内蒙古第一通用机械厂、跃进电厂、内蒙古第二通用机械厂和654医院遗存的保护与再利用。

2. 非物质遗存

三线精神　20世纪60年代，内蒙古启动“小三线建设”后，来自祖国四面八方的工人、科技人员和干部听从党和政府的召唤，义无反顾地奔赴恶劣艰苦环境的内蒙古西部地区，是中国经济史上一次极大规模的工业迁移过程，为我市工业化做出了极大贡献；为21世纪的重大国家战略西部大开发奠定了深厚的工业基础。他们无私地奉献才华、心血和青春，与“大三线”建设者一同创造了“艰苦创业、无私奉献、团结协作、勇于创新”的“三线精神”。2018年10月，中宣部将“三线精神”与“两弹一星”精神、载人航天精神、抗洪救灾精神等一起，列为新时代大力弘扬的民族精神、奋斗精神，号召全社会特别是广大干部职工，在新时代坚守初心、牢记使命，让“三线精神”持续传承，这也将永远是我们乌海人民干事创业的不竭动力。

内蒙古第一枪精神　内蒙古一通厂自1965年开始建设，在一片黄沙漫漫的土地上，“先生产，后生活”，仅仅花了1年半的时间，便建起了“小三线”兵工城。内蒙古第一通用机械厂是内蒙古自治区唯一的步枪生产厂，无论从规模还是时间上看，称之为中华人民共和国内蒙古第一枪是不为过的。内蒙古第一通用机械厂自1966年开始投产，至80年代停止生产，以平均一年1万支的生产速度，总计生产半自动步枪170140支。足足可以装备5个集团军。

中国奥运“第一枪”精神　1984年7月29日，第23届洛杉矶奥运会，许海峰获男子手枪60发慢射冠军，成为该届奥运会首枚金牌得主，同时也是中国奥运会历史上的首位冠军得主，打破了中国奥运史上金牌“零”的纪录。许海峰奥运会夺冠归来后给内蒙古第一通用机械厂写来了一封感谢信，感谢内蒙古第一通用机械厂生产的“双菱牌”气手枪为他夺冠做出的贡献。当初还是下乡知青的许海峰，拿着一支“双菱牌”气手枪参加了安徽省第四届运动会并赢得了气步枪组冠军，但由于年龄超过国家规定，省射击队并没有录取他。三年后，在和县供销社上班的许海峰第二次参加了安徽省运动会的射击比赛，并再次赢得冠军。不幸的是，许海峰在工作中为保卫国家财产双眼受伤，险些失明。在这样的情况下，他仍带着一支“双菱牌”气手枪到了省队直至参加奥运会取得冠军。所以内蒙古第一通用机械厂生产的“双菱牌”气手枪便称为中国奥运“第一枪”。国家一级电影编剧、中国电影文学学会会长、全国政协委员王兴东锁定中国奥运“第一枪”创作了《许海峰的枪》

[1] 樊来娣：《乌海军工发展历程》，《文史资料——改革纪事》（第十二集），宁夏润丰印刷厂，2015年。

这一电影。电影《许海峰的枪》不仅重现了中国奥运史上首枚金牌获得者许海峰夺冠领奖的历史性时刻，还着重展现了许海峰夺冠道路上的艰辛历程，是一部具有激励和教育意义的影片。透过该片，观众会深刻感受到中华民族顽强拼搏、自强不息的奋斗精神，以爱国主义为核心的民族精神，它是一部具有深刻教育意义和时代意义的励志型影片。

2019年1月9日，我国首位奥运冠军、改革先锋称号获得者许海峰走进内蒙古师范大学，为500多名师生作了以“改革先锋进校园”为主题的宣讲报告。现场，许海峰生动讲述了他的成长经历，介绍了他在训练、工作中积累的宝贵经验，分享了他获得我国奥运首金的喜悦。再次提到了乌海市内蒙古第一通用机械厂生产的“双菱牌”气手枪。

“顽强拼搏、自强不息”也成为中国奥运“第一枪”精神，激励着我们干事创业建设新乌海。

五、乌海“小三线”遗存的保护与再利用

乌海“小三线”654企业的核心价值在于工业生产记忆的传承，而不是单纯的厂房的保护。不能单纯套用传统文物的保护模式，需要探索新的展陈模式，拓宽展陈内容，加深展示内涵。在指导思想方面，按照弘扬“小三线”精神，促进转型升级，实现高质量发展要求，要认真落实工业和信息化部印发的《国家工业遗产管理暂行办法》和国家发展改革委、工业和信息化部、国务院国资委、国家文物局、国家开发银行印发的《推动老工业城市工业遗产保护利用实施方案》[1]，以打造特色小镇为基础，以爱国主义教育基地为目标，开发乌海“小三线”654企业，形成既能看见三线建设的历史、留住乌海文化记忆、感悟三线建设的文化，又能见证一个资源型城市的转型升级，开展现代旅游目的地。

1. 完善工业遗产保护领导体制和工作机制。

组建由国有资产管理、发改委、工信部和文物部门相关部门共同参与的工业遗产保护和利用工作领导小组，对涉及乌海“小三线”654企业的搬迁和开发项目进行严格把关，领导小组要对涉及的乌海“小三线”654企业统筹研究，指导保护和利用。在海南区、海勃湾区涉及乌海“小三线”654工业遗产较为集中的地区，建立健全保护机制。

2. 深入调查研究，全面掌握现状，建立工业遗产名录

扎实做好基础工作。由国有资产管理、工信部和文物部门联合开展“小三线”军工厂等工业遗产资源专项调查，将价值较高的“小三线”军工厂如内蒙古第一通用机械厂、跃进电厂和654医院等工业遗产资源列为文物保护单位，抓紧研究制订工业遗产价值评估体系和保护技术标准，加强对“小三线”军工厂等工业遗产资源分布进行深入调查研究，全面掌握乌海市“小三线”军工工业遗

[1] 工信部网站https://www.sohu.com/a/277110102_99902814；国家发改委网站https://www.ndrc.gov.cn/xwdt/tzgg/202006/t20200609_1235883。

产资源现状，推动其保护利用开发工作。积极推动654工厂遗址作为“三线建设”的重要遗存进行保护。指导利用654工厂现有的工业遗产资源遗存进行甄别，遴选出有价值的建筑或建筑群申报文物保护单位或优秀历史建筑，建设“三线建设”博物馆，并积极申报国家工业遗产和市级、自治区级乃至国家级爱国主义教育基地。目前来看，乌海市“小三线”军工工业遗产资源现状不容乐观。十二个企业目前仅内蒙古第一通用机械厂新旧两个片区、654医院和跃进电厂保存比较完整（海勃湾片区包括了原内蒙古机修厂、工具厂）。乌海市“小三线”军工厂等工业遗产资源分布主要就是内蒙古第一通用机械厂、跃进火电厂、654医院和内蒙古第二通用机械厂海南片区。

乌海市应由主管部门对现存工业遗产进行详细普查，建立《乌海市工业遗产名录》，对乌海市“小三线”军工厂等工业遗产资源立碑确认。加强内蒙古第二通用机械厂、654医院周边工业固体废物利用和无害化处理以及采煤沉陷区治理，适度开发利用工业遗产资源，将“小三线”军工厂等工业遗产资源保护利用与产业结构调整、城市建设、旅游业发展、环境治理相结合，有序推进各项工作，使之成为乌海市绿色发展的城市名片。

3. 抓好规划，建设特色兵工小镇

在深入调查研究，全面掌握现状，建立《乌海市工业遗产名录》的基础上，要加紧制定《乌海市工业遗产保护规划》，形成一张完整统一的“保护网”，“一揽子”解决所有工业遗产保护与利用问题，真正做到“应保尽保”。落实责任，通过规划和实施意见，把乌海市“小三线”军工厂等工业遗产资源保护与利用的责任落实到相关区委、区政府和市级有关部门、有关单位及仍在使用这些工业遗产的企业身上。搞好设计，通过建筑设计或城市设计，明确工业遗产保护与利用的路径与目标。完善体制，通过认真研究探索工业遗产保护与利用的体制机制，确保工业遗产保护、利用、管理和经营落到实处。

将乌海“小三线”654企业开发纳入《乌海市工业遗产保护规划》，纳入乌海市工业旅游产业范围。开发以工业旅游为核心的旅游线路、活动，积极利用工业遗产的场地，打造理念超前、项目创新、具有强吸引力的旅游目的地，将工业旅游打造成城市旅游新亮点。借鉴西方如德国、英国一些老牌工业国家和我国山西省侯马市和运城市、贵州省攀枝花市、新疆托克托海对遗留下来的厂房旧址改造的经验和大三线旧址改造的经验，对海南区654地区进行策划改造。通过对兵工厂原有旧建筑进行结构加固、维护改造、精心规划设计，全力打造建设特色兵工小镇。

4. 突出特色，成为多功能基地

一是将其建设成为内容丰富、主题突出、特色鲜明的红色教育基地；二是通过对厂区环境及原设施进行“修旧如旧”的规划设计和复原式建筑施工，打造“国防教育”“党建活动”“军工工业”等基础园区；三是通过积极开展招商引资，利用外部资金及专业团队，通过对其余厂房、宿舍、学校、礼堂等设施的充分开发利用，打造较具规模、档次的拓展训练、模拟CS、军事训练场地等商业项目；四是认真把握百姓对特定时代的怀旧心理，通过深入市场调研和消费群体细分，努力探索体验式“军工怀旧游”新模式。

5. 有效开发“山、散、洞”，增加旅游吸引力

“小三线”的特点就是“山、散、洞”。据《毛泽东年谱（1949～1976）》记载，毛泽东依据他对于三线建设的总构想，确定了三线建设的方针，这就是：三线建设要“大分散、小集中”，要“依山傍水扎大营”[1]。要根据当地的地形、地貌条件确定建设项目，要使三线建设的企业适应现代战争的需要，要远离大中城市，分散布点，做到即使在打核战争的情况下，这些工厂和科研单位也打不烂、炸不垮，能继续坚持生产和科研，支援前线。1964年8月，国家建委召开一、二线搬迁会议，提出要大分散、小集中，少数国防尖端项目要“靠山、分散、隐蔽”（简称山、散、洞）。有的还要进洞。中央进而确定的“靠山、分散、隐蔽”的建设方针，当时主要首先从其隐蔽性考虑。跃进火电厂的山洞都有“山、散、洞”的特点。本身兵工企业就具有很强的神秘感，加上人本身与生俱来的对山、洞的归属感和它们自身的神秘感，一定会增强旅游的吸引力。所以我们在开发跃进火电厂的时候要把“山、散、洞”的文章做好，吸引人们到这里去探究奥秘。

6. 突出重点，保护与利用原内蒙古第一通用机械厂南北两个片区

鉴于目前乌海市“小三线”654遗存仅原内蒙古第一通用机械厂南北两个片区保留相对完整的实际情况，我们要突出重点，保护与利用原内蒙古第一通用机械厂南北两个片区。

内蒙古第一通用机械厂南片区（含跃进火电厂和654医院）临近海南区政府，是“小三线”654企业的主厂区，留下的传说和故事也最多，要以集教育、展览和互动体验三位为一体的目标加以利用和保护。首先，这里最有条件建立红色教育基地。鉴于海南区目前没有党校和干部教育基地的现实，首先应该在这里成立内蒙古“小三线”干部学院，除了培训海南区的党员干部外，面向全国开展干部培训。其次，应在内蒙古第一通用机械厂南片区设立内蒙古小三线博物馆，将内蒙古“小三线”包括乌海12个企业以及清水河两个企业的有关文物图片征集整理在此陈列展览。同时在此建立乌海工业博物馆。再次，修复部分厂房，特别是要恢复当年内蒙古第一支枪的生产车间和奥运第一枪的生产车间，再现当年军工生产的情景。然后，建立原跃进火电厂山洞国防教育拓展基地，在这里进行军事训练，将原来的靶场和验枪弹道予以恢复。最后，将654医院改建为海南区开发与建设陈列馆。

原内蒙古第一通用机械厂北片区（含工具厂、机修厂）位于主城区，虽然闲置16年，但保存相对完好。格局与位于北京市朝阳区三环东路静安庄中国国际会展中心非常相像。范围东起东环路，南至狮城东街，西至青年路，北至和平东街，可改建为作为会展中心和博览中心和文化创意园区，内容主要包括创意设计工场、孵化基地、书法艺术创意以及电商开发四大板块。业态涵盖书法等艺术创作、影视创作、动漫设计、新媒体研发设计、电商软件设计、包装设计、平面设计、信息技术研发设计等诸多创意产业；公共艺术交流中心、产业技术孵化基地、会展中心、创意设计高峰论坛；生活配套服务设施等中心内容。结合乌海社会发展所需，结合地区企业经济实力、业务领域及

[1] 中共中央文献研究室编撰：《毛泽东年谱（1949～1976）》（第5卷），中央文献出版社。

文化资源特点，通过对既有厂房建筑与环境的完美打造，使园区产业链达到高度融合，从而成功塑造一个文化创意化、创意产业化、创意城市化为一体的文化园区、创意工场园区。从非公有制经济发展基金切块给予乌海市“654”创意产业园以支持；对入驻创意产业园企业和个人三年内不收取任何费用，创意产业园开通网络，入驻企业和个人免费使用流量；任何部门不得进入创意产业园进行检查和干扰入驻企业和个人的创意活动。

7. 加大宣传，展现中国奥运“第一枪”的风采

加强“小三线”654兵工遗存的保护教育与宣传，调动社会各界保护工业遗产的积极性。要尽快组织人员编写收集内蒙古“小三线”的历史资料，创作反映乌海“小三线”的文艺作品，拍摄654艰苦创业的影视作品，征集相关的文物资料。乌海“小三线”654兵工小镇的宣传广告语可使用“中国奥运第一枪在这里打响！”。电影《许海峰的枪》不仅重现了中国奥运史上首枚金牌获得者许海峰夺冠领奖的历史性时刻，还着重展现了许海峰夺冠道路上的艰辛历程，是一部具有激励和教育意义的影片。该片全剧洋溢着浓烈的爱国主义情怀和自强不息、奋力拼搏的奥林匹克精神，对引导广大观众特别是中小学生树立正确的人生观、价值观具有重要的现实意义和教育意义。作为许海峰的枪的诞生地，要将电影《许海峰的枪》作为重要的宣传材料，天天放映，使之成为旅游的重要内容，使游客深刻感受到中华民族顽强拼搏、自强不息的奋斗精神，以及以爱国主义为核心的民族精神。

8. 加大资金投入，鼓励社会力量参与

要充分调动社会各方面积极性，激发全社会文化创造活力，让更多的人关心、参与乌海市654“小三线”遗存的保护与再利用建设，引导更多的资源资金投向乌海市654“小三线”遗存地保护，挖掘释放蕴藏于人民群众中的智慧和力量为原则，通过有效的手段，建立能够彰显乌海市654“小三线”发展历程和文化特色的工业遗产保护利用体系。构建乌海市654“小三线”遗存地保护全民共建共享的发展格局健全充满活力的运行机制。充分发挥社会力量在人才、资金、技术、项目等方面的优势，鼓励社会力量参与乌海市654“小三线”遗存地保护，鼓励社会力量以冠名、合作经营、股份制、股份合作制、捐赠等形式参与乌海市654“小三线”遗存地保护基础设施建设。同时吸纳有关专家、学者、知名人士以及乌海市654“小三线”的参与者、建设者参与遗存地保护发展规划、政策制定、课题研究、制度设计、重大项目以及带有重点、难点问题的专项工作方案的论证和咨询。

如今，三线建设已成历史，三线人渐渐老去，作为“小三线”所在地乌海的每个人，应为保存那段历史遗存尽一份力，留下一点儿乡愁，从而不忘来时的路。真正把这件好事办好，努力打造乌海工业遗产保护与利用的样板与示范，使其成为乌海城市的又一新地标。

总之，只有从根本上认识到乌海“小三线”遗产在形成背景、价值特征、保护内容等方面的重要性，才能对乌海“小三线”遗产保护提出科学合理的保护策略、方式。随着时代变迁与政策改变，企业逐步迁出外移，当时荒漠里的“繁华厂区”成了如今的“隐秘空城”。作为乌海市工业化历程的重要见证，这部分工业遗产具有独特的历史价值和人文价值，理应受到合理的保护与再利用，与地方经济建设和社会发展相适应。

后　　记

为认真学习贯彻习近平总书记在黄河流域生态保护和高质量发展座谈会上的讲话精神，2020年10月，有关专家学者应邀聚会在乌海市，共商乌海地区黄河流域历史文化遗产的保护、研究、宣传、利用大计。

通过重点考察，专家学者进一步加深了对乌海历史文化遗产的认识。乌海作为内蒙古的第三个地级市，不但拥有河流、高原、山川和沙漠等多种地貌景观，而且有丰富的历史文化底蕴与文物古迹。乌海地区宝贵的文物遗产，是中华黄河文化的宝贵实证，也是乌海地区各族人民宝贵的财富。大家在考察、交流、研讨的基础上，提交了20篇论文，结集为《乌海历史文化研究文集》。

这部文集的重点，是认真贯彻习近平总书记关于黄河文化遗产保护和加强文物考古工作的重要讲话精神，通过对乌海地区历史文化遗产的梳理、研究、论证，让乌海的考古发掘研究成果得到厘清，让分布在乌海大地上的文物以及收藏在乌海市各级博物馆的文物活起来。同时，也为今后开展乌海地区黄河流域文物遗产保护、传承、宣传以及文物旅游展示工作提供了科学而全面的参考依据。

乌海市委、市政府高度重视文化遗产文物保护工作。此次学术活动由乌海市文体旅游广电局主办，内蒙古自治区文物考古研究院、乌海博物馆承办。专家汇聚，先考察，后讨论，再酝酿成文，有利于突出解决问题，为乌海市的文化建设、文化遗产保护事业做出新的贡献。

历史证明，中华文明源远流长，乌海在中华民族多元一体的历史发展进程中做出了积极贡献，起到了重要的作用。

编　者

2021年10月

彩　版

1. 包头市固阳县阿塔山“板凳羊”岩画

2. 巴彦淖尔市乌拉特前旗马鬃山“板凳羊”岩画

乌海地区“板凳羊”岩画

1.巴彦淖尔市乌拉特前旗海流斯太二区“板凳羊”岩画

2.召烧沟人面像岩画

巴彦淖尔市乌拉特前旗海流斯太八区“板凳羊”岩画

1. 桌子山秦长城

2. 包头市固阳县色尔腾山汉长城

秦、汉长城

鄂尔多斯市鄂托克旗凤凰山汉墓壁画羌胡人形象

枭子山远眺

苏默图阿尔寨山

彩版八

唐代中后期草原丝绸之路示意图

1. 二道坎烽火台航拍图（俯拍，上为北）

2. 二道坎烽火台侧视图（东南—西北向拍摄）

二道坎烽火台

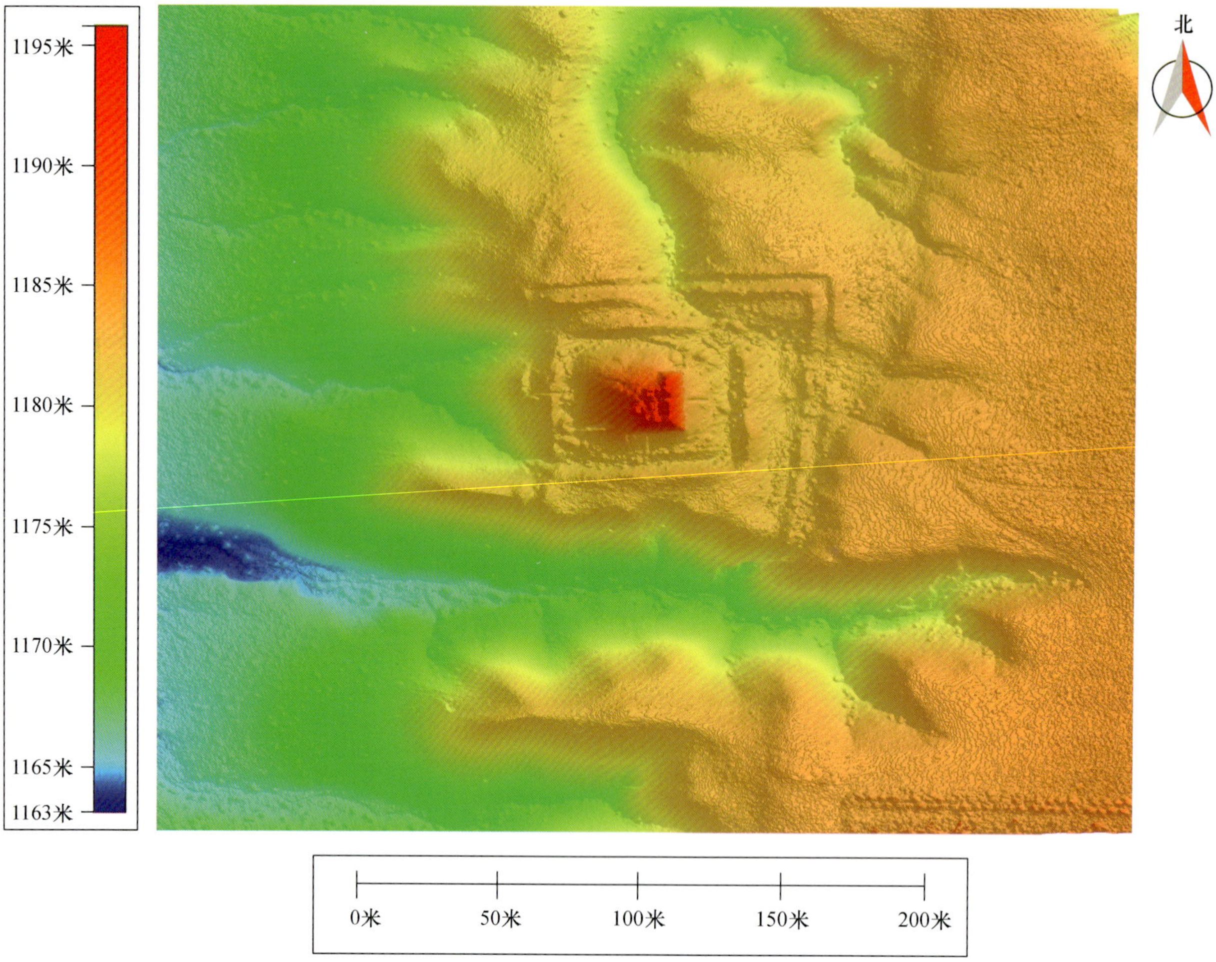

二道坎烽火台DEM地形图

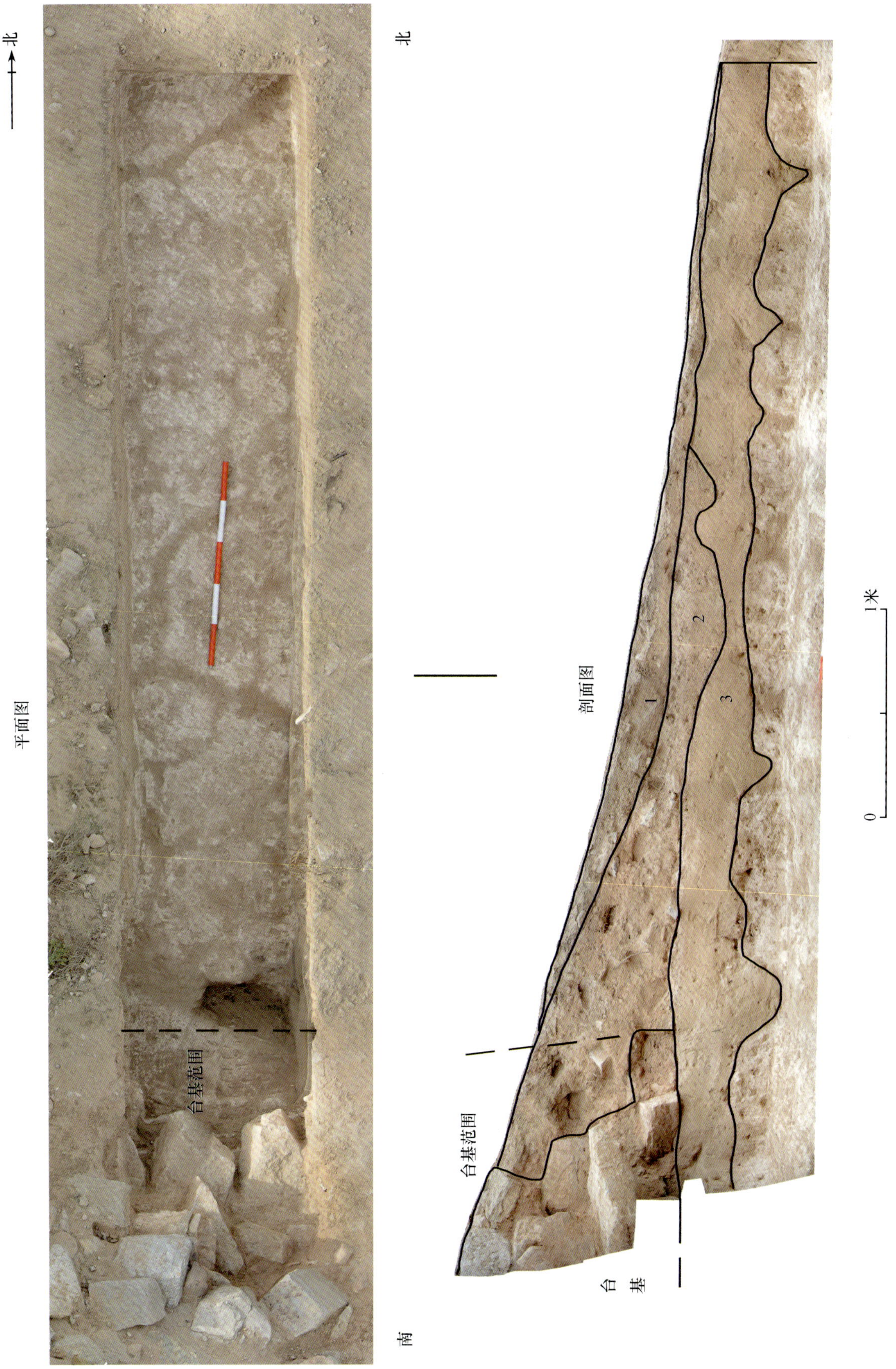

二道坎烽火台TG3平面及探沟西壁剖面图

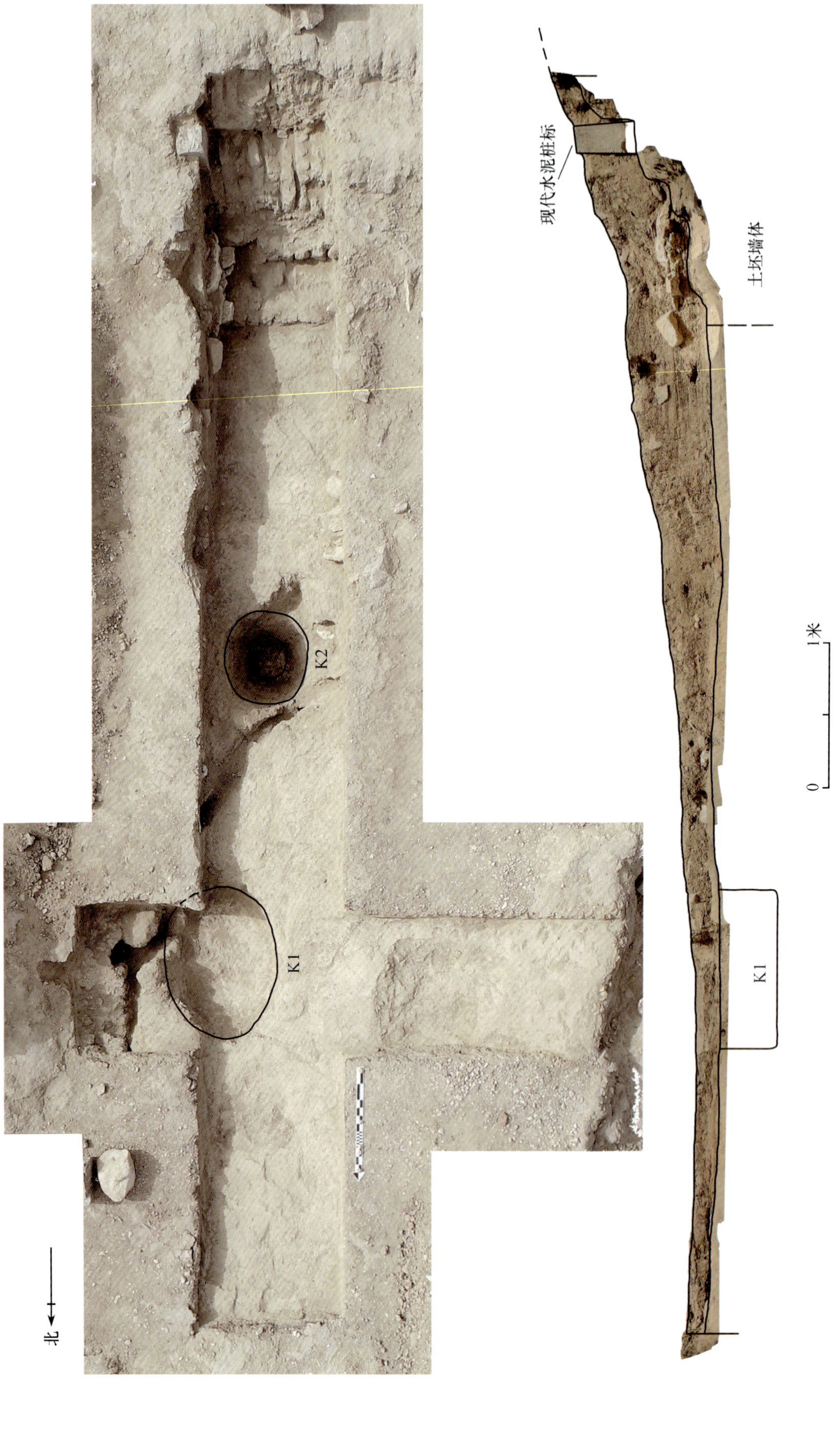

二道坎烽火台TG5平面及探沟东壁剖面图

二道坎烽火台TG6东壁剖面

1. TG5出土瓷片

2. TG2第2层出土瓷片

二道坎烽火台出土瓷片

长城墙体

红墩烽火台

二道坎烽火台

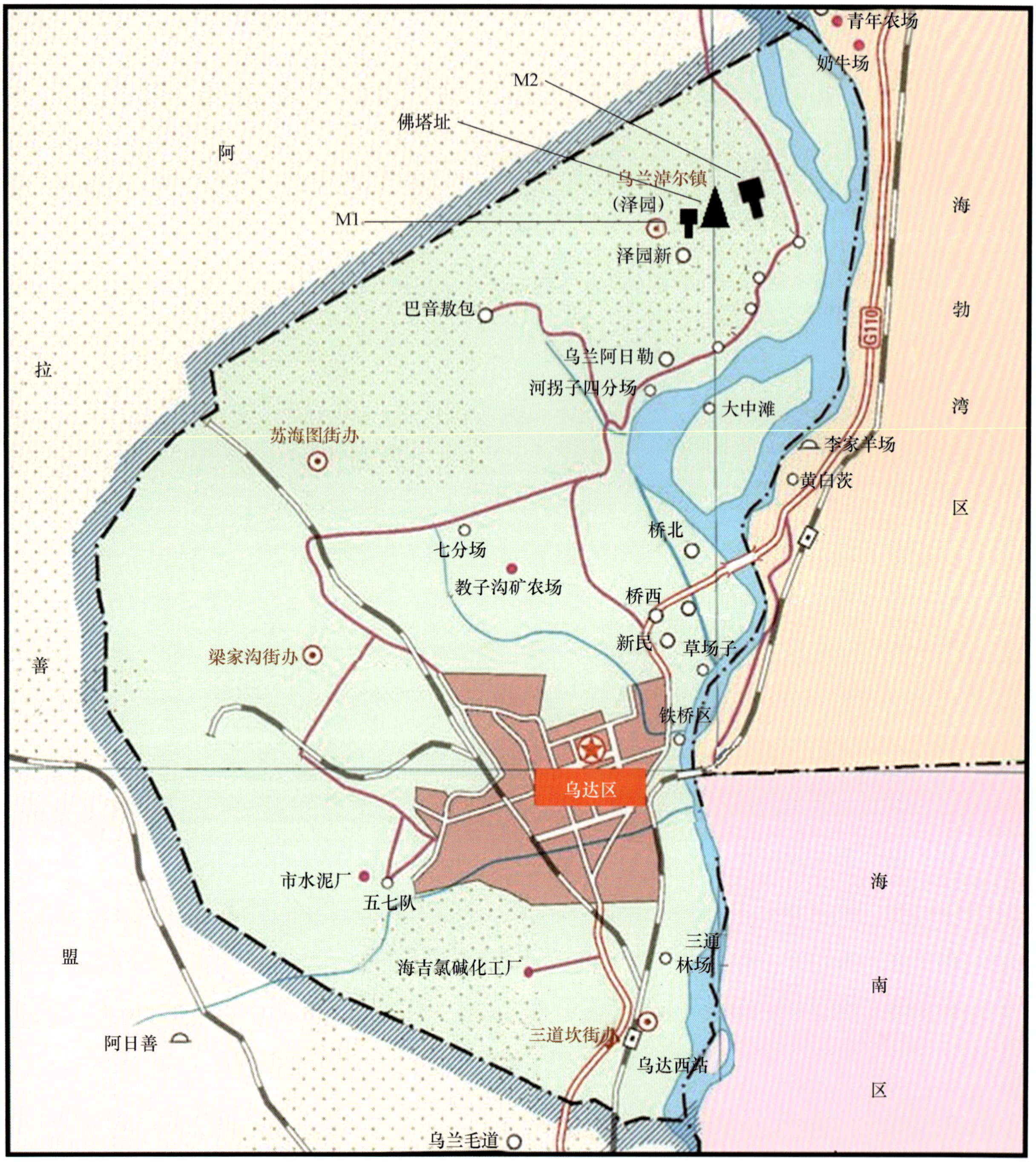

马宝店佛塔遗址位置示意图

马宝店佛塔清理前

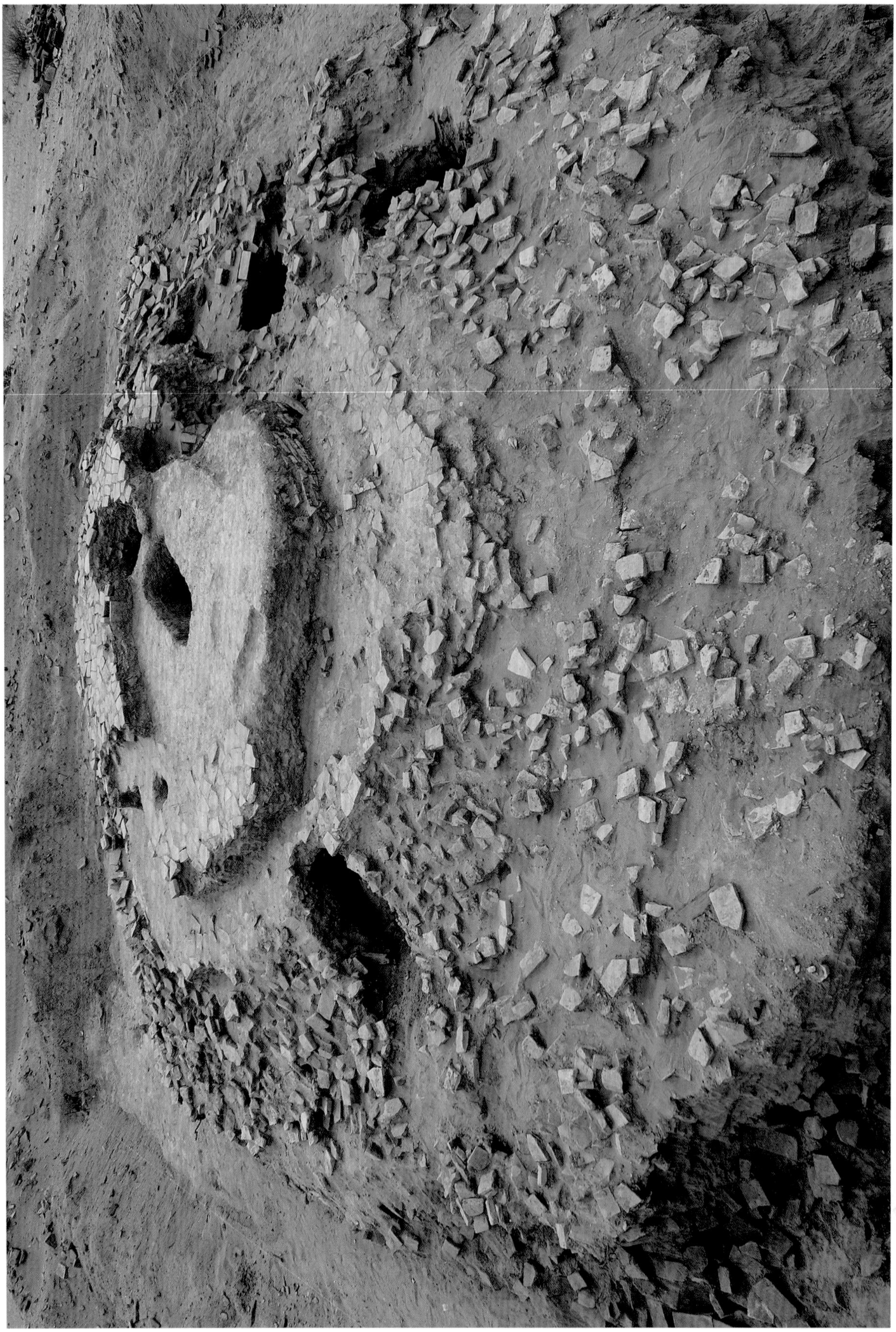

马宝店佛塔清理后

1. 泥佛饼

2. 陶罐

3. 雍正通宝

马宝店佛塔遗址出土器物

1. 战国双熊纹鎏金铜饰牌

2. 汉绳纹陶水管

1. 汉车马人物纹骨尺

2. 北朝—燕神面纹鎏金铜箭箙饰

1. 北朝—燕鎏金铜当卢

2. 北朝—燕鎏金铜马镫

乌海博物馆馆藏精品文物

1. 北朝—燕鎏金铜鞍桥包片

2. 北朝—燕鎏金铜鞍桥包片

3. 北朝—燕鎏金铜鞍桥包片

1. 辽绿釉皮囊壶

2. 元剔犀如意云纹高足杯

3. 辽莲花宝子柄铜香熏

1. 辽飞天石雕

2. 西夏卧羊石雕

3. 西夏立马石雕

乌海博物馆馆藏精品文物

1. 西夏文臣雕像

2. 西夏武将雕像

3. 西夏武将雕像

4. 元胡人戏狮砖雕

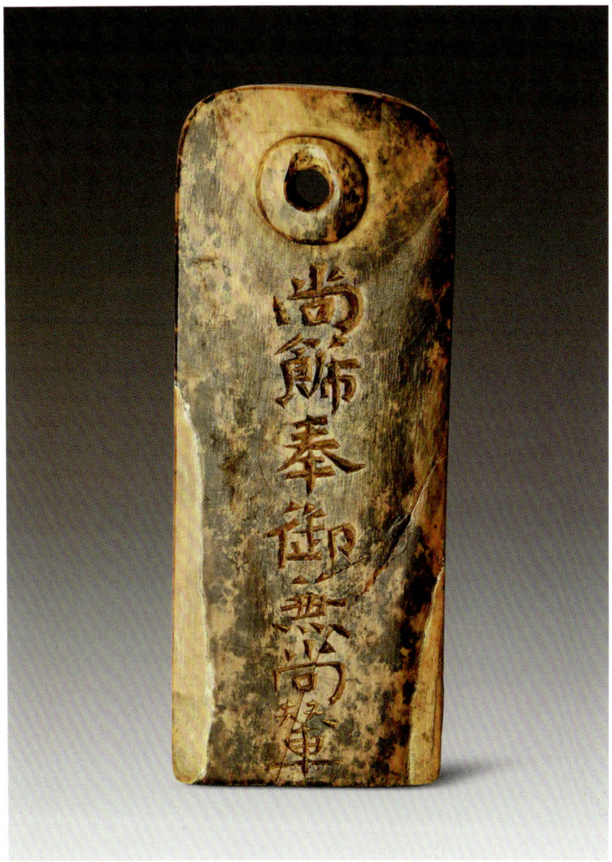

1. 元“尚飾奉御兼尚輦”象牙牌

2. 元“至元二年上都路菩萨阁”鎏金铜铎

3. 元“趙二□至元二年八月廿二日趙家造”镂空卍字纹三足铜火盆

乌海博物馆馆藏精品文物

1. 清浮雕降阎魔尊石碑

2. 清浮雕六臂大黑天石碑